# ¡CIENCIA!

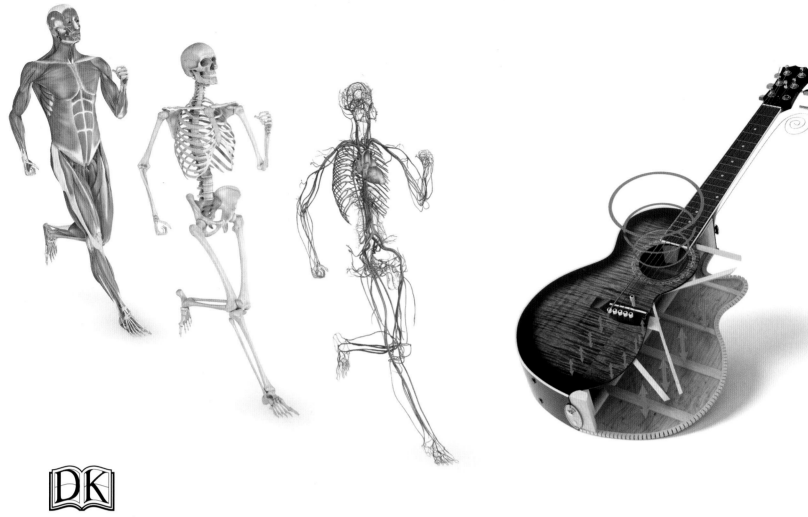

# ¡CIENCIA!

**Escrito por:** Abigail Beall, Jack Challoner, Adrian Dingle, Derek Harvey, Bea Perks
**Asesoramiento:** Jack Challoner

**Ilustraciones**: Peter Bull, Jason Harding, Stuart Jackson-Carter – SJC Illustration,
Jon @ KJA, Arran Lewis, Sofian Moumene, Alex Pang, Jack Williams

**DK Reino Unido:**

**Edición sénior** Georgina Palffy

**Edición de arte sénior** Stefan Podhorodecki

**Edición** Vicky Richards, Anna Streiffert Limerick, Alison Sturgeon

**Diseño** David Ball, Gregory McCarthy, Sadie Thomas

**Edición ejecutiva** Francesca Baines

**Edición ejecutiva de arte** Philip Letsu

**Desarrollo del diseño de cubierta** Sophia MTT

**Edición de cubierta** Amelia Collins

**Diseño de cubierta** Surabhi Wadhwa Gandhi

**Producción (Preproducción)** Jacqueline Street

**Producción** Jude Crozier

**Dirección editorial** Andrew Macintyre

**Dirección de arte** Karen Self

**Subdirección editorial** Liz Wheeler

**Dirección de diseño** Philip Ormerod

**Dirección general editorial** Jonathan Metcalf

**DK India:**

**Edición ejecutiva de cubierta** Saloni Singh

**Diseño de cubierta** Tanya Mehrotra

**Diseño DTP sénior** Harish Aggarwal

**Coordinación editorial de cubiertas** Priyanka Sharma

**Dirección de búsqueda iconográfica** Taiyaba Khatoon

**Búsqueda iconográfica** Deepak Negi

**Servicios editoriales** Tinta Simpàtica

**Traducción** Ruben Giró Anglada

Publicado originalmente en Gran Bretaña en 2018 por Dorling Kindersley Ltd, 80 Strand, Londres, WC2R 0RL

Parte de Penguin Random House

Copyright © 2018 Dorling Kindersley Ltd
© Traducción española: 2019 Dorling Kindersley Ltd

Título original: *Knowledge Encyclopedia Science*

Primera edición: 2019

ISBN: 978-1-4654-8281-5

Impreso y encuadernado en China

**www.dkespañol.com**

# CONTENIDOS

## MATERIA

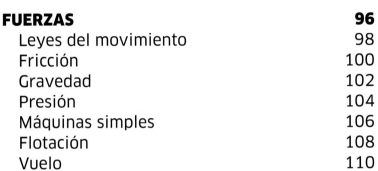

# VIDA

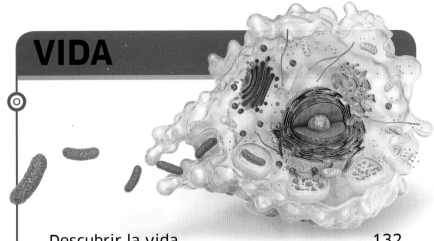

# REFERENCIA

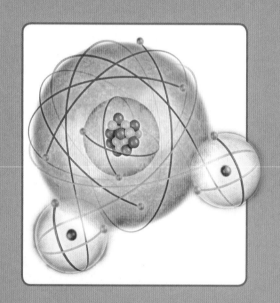

# MATERIA

El suelo que pisamos, el aire que nos envuelve y las estrellas del cielo están hechas de materia. Nosotros también estamos hechos de materia. Toda la materia se compone de unas partículas diminutas, los átomos, que se unen de múltiples maneras para formar una increíble variedad de sustancias.

**1855** El científico alemán **Robert Bunsen** inventa el **quemador de Bunsen.**

**1909**

**Se inventa la escala de pH**
El químico danés Søren Peder Lauritz Sørensen inventa la escala de pH, que sirve para determinar si una sustancia es ácida, neutra o básica.

**1913**

**Capas de electrones**
Niels Bohr, un científico danés, propone un modelo de átomo con los electrones distribuidos en capas y que orbitan alrededor del núcleo.

**ÉPOCA ACTUAL**

**Química moderna**
Los avances tecnológicos permiten a químicos y demás científicos inventar nuevos materiales reproduciendo sintéticamente materiales naturales o reordenando los átomos a través de la nanotecnología.

**Nuevos elementos**
La científica polaca-francesa Marie Curie y su marido Pierre descubren dos elementos radiactivos: el radio y el polonio. El radio se usará más adelante en radioterapia para tratar el cáncer.

**1898**

**1897**

**TUBO DE RAYOS CATÓDICOS**

**La era atómica**
Descubrir la radiactividad permitió entender mejor el interior del átomo y estudiar más las partículas subatómicas, lo que se ha aprovechado en la medicina y la sanidad.

**Descubrimiento de los electrones**
El científico inglés J. J. Thomson descubre los electrones con un tubo de rayos catódicos, un primer paso para entender la estructura de los átomos.

**1 8 9 0 - 1 9 4 5**

# Descubrir la materia

**Hoy en día conocemos la materia tras miles de años de preguntas, experimentación e investigación.**

Tras los primeros contactos rudimentarios con la materia por parte de nuestros ancestros prehistóricos, los filósofos griegos fueron los primeros que intentaron clasificar la materia y explicar su conducta. Con el paso del tiempo, los científicos descubrieron maneras más sofisticadas de analizar diferentes tipos de materia y descubrieron muchos elementos. La Revolución Industrial vivió la invención de nuevos materiales sintéticos con estos elementos. Se produjeron avances significativos en medicina tras entender mejor la estructura de los átomos. Incluso hoy mismo se continúan descubriendo nuevas sustancias y materiales con propiedades especialmente útiles.

**1772 / 1774**

**Descubrimiento del oxígeno**
El químico sueco Carl Scheele construye un artilugio para capturar el oxígeno calentando varios compuestos juntos. El científico inglés Joseph Priestley también descubre el oxígeno demostrando que una vela se apaga sin él.

**1789**

**Antoine Lavoisier**
El químico francés Antoine Lavoisier publica su *Tratado elemental de química*, en el que agrupa los 33 elementos conocidos en gases, metales, no metales y tierras.

**APARATO DE OXÍGENO DE SCHEELE**

## Cronología de los descubrimientos
Desde la prehistoria hasta la actualidad hemos intentado entender y clasificar el comportamiento de la materia. Con el paso de los años hemos descubierto nuevas materias y materiales.

**De la prehistoria a la Antigüedad**
Los primeros descubrimientos sobre la materia los hacen nuestros antepasados prehistóricos que intentan sobrevivir. En la Antigüedad, los filósofos dedicaron mucho tiempo a discernir qué era la materia.

**Dominio del fuego**
Nuestros ancestros aprenden a hacer fuego con la combustión (aunque entonces lo desconocen).

**Cobre y bronce**
Se descubre cómo fundir el cobre (extraerlo del mineral mediante calor). Se produce bronce (cobre con estaño) por primera vez el 3200 a.C.

**Filósofos griegos**
Empédocles sugiere que todo está compuesto por cuatro elementos: aire, tierra, fuego y agua. Demócrito sugiere que toda la materia está compuesta por átomos.

**A N T E S   D E L   5 0 0   D. C.**

**790 000 a.C.**

**3200 a.C.**

**420 a.C.**

**1661** En *El químico escéptico*, Robert Boyle desarrolla una **teoría atómica.**

**1958**

**Dióxido de carbono**
El científico estadounidense Charles David Keeling empieza a controlar el aumento de dióxido de carbono en la atmósfera. Su gráfica de la curva de Keeling continúa usándose para estudiar el cambio climático.

**1985**

FUTBOLENO

**Descubrimiento del futboleno**
Los científicos de la Rice University de Houston, EE.UU., descubren una nueva forma de carbono denominada buckminsterfullereno, o futboleno.

**2004**

**El material más fino del mundo**
La Universidad de Mánchester, Reino Unido, produce grafeno, una capa de átomos de carbono de un átomo de grosor. Es el material más fino, pero doscientas veces más fuerte que el acero.

GRAFENO

## 1945 - ACTUALIDAD

**1870**

**Materiales sintéticos**
Se inventan los primeros materiales sintéticos a partir de celulosa: el celuloide (plástico moldeable) en 1870 y el rayón o viscosa en 1890.

VISCOSA, SEDA SINTÉTICA

**1869**

**Tabla periódica de Mendeléiev**
El químico ruso Dimitri Mendeléiev ordena los 59 elementos conocidos en grupos basándose en su masa atómica y sus propiedades. Esta tabla periódica le permite predecir el descubrimiento de tres elementos más.

GAY-LUSSAC EXPERIMENTA CON LA PRESIÓN DEL AIRE CON UN GLOBO DE AIRE CALIENTE

**1890-1945**

**Revolución Industrial**
Los químicos, impulsados por la sed de modernización, identifican más elementos e inventan formas de usarlos en medicina, para crear nuevos materiales y en tecnologías industriales avanzadas.

**1803**

MODELOS ATÓMICOS DE DALTON

**Teoría atómica de Dalton**
John Dalton, un químico inglés, sostiene que la materia se compone de átomos, y que todos los átomos del mismo elemento son idénticos. Compila una lista de elementos según su masa atómica, conocida después como peso atómico.

**Estructura del agua**
El químico francés Joseph-Louis Gay-Lussac experimenta con gases y presión, y descubre que el agua está compuesta por dos partes de hidrógeno y una de oxígeno.

**1805**

*SIGLO XIX*

## 1800 - 1890

**Era de los descubrimientos**
El Renacimiento trajo el redescubrimiento del conocimiento antiguo y una oleada de nuevas ideas. Los científicos empezaron a probar, experimentar y documentar sus ideas, publicar descubrimientos y esforzarse para clasificar la materia.

*SIGLO XVII*

**1527**

**Sales, azufres y mercurios**
El químico suizo Teofrasto Paracelso elabora una nueva clasificación para los agentes químicos basada en sales, azufres y mercurios.

## 1600 - 1800

**Edad Media**
En Asia y el mundo islámico, los alquimistas experimentaron para descubrir el elixir de la vida y crear oro, igual que los alquimistas europeos al final de la Edad Media.

*EDAD MEDIA*

**Pólvora**
Unos alquimistas químicos inventan la pólvora de manera accidental mezclando salitre con azufre y carbón mientras buscan el elixir de la vida.

**Clasificación de los elementos**
El médico árabe Al-Razi divide los elementos en espíritus, metales y minerales según cómo reaccionan con el calor.

## 500 D. C. - 1600

**855 d.C.**

**900**

# ¿QUÉ ES LA MATERIA?

El aire que nos rodea, el agua que bebemos, los alimentos que comemos, el cuerpo, las estrellas y los planetas: todo es materia. Está claro que existe una descomunal variedad de tipos de materia, pero toda está formada por átomos, partículas diminutas demasiado pequeñas para ser vistas. Unos 90 tipos diferentes de átomos forman combinaciones ilimitadas para crear toda la materia del universo.

## PARTÍCULAS DE MATERIA

La materia está compuesta por átomos; sin embargo, en muchas sustancias estos átomos se combinan en grupos, o moléculas, y en otras existen en forma de iones, átomos con carga eléctrica. Los átomos y los iones se pueden unir para formar compuestos.

### Átomos y moléculas

Un átomo es increíblemente pequeño: una fila de 100 000 átomos será ancha como un cabello. Por diminutos que sean, están compuestos por partículas incluso más pequeñas: protones, neutrones y electrones. Los diferentes tipos de átomos tienen cantidades diversas de estas partículas. Los átomos se suelen unir en grupos o moléculas, que pueden contener átomos del mismo tipo o distintos.

### Agua y más agua

El agua es una de las sustancias más abundantes de la Tierra. Más de dos tercios de la superficie de la Tierra están cubiertos de agua. Los animales también tienen mucha agua: casi dos tercios de la masa de un gato son agua, por ejemplo. El agua está compuesta por moléculas de $H_2O$, cada una compuesta por átomos de oxígeno e hidrógeno.

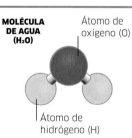

**MOLÉCULA DE AGUA ($H_2O$)**

Átomo de oxígeno (O)

Átomo de hidrógeno (H)

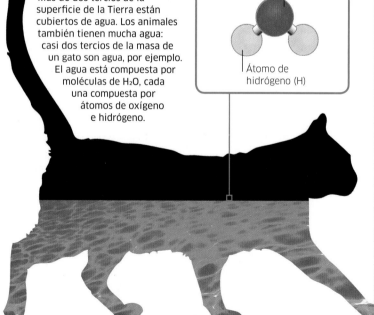

## ELEMENTOS, COMPUESTOS Y MEZCLAS

Todo lo que nos rodea es materia, pero la cosa se complica un poco. Los elementos pueden existir por separado, pero suelen establecer enlaces químicos con otros para formar compuestos, o aparecen en mezclas (sustancias cuyas partes no comparten enlaces químicos, y se limitan a estar juntas). Una mezcla puede ser de dos o más elementos, un elemento y un compuesto o dos o más compuestos separados.

### ¿Qué es cada cosa?

Todo se puede clasificar en diferentes categorías de materia, según sea una sustancia pura o una mezcla de varias sustancias. Este diagrama muestra los tipos principales.

Diamante tallado

**Sustancias puras**
La materia se considera pura si está compuesta por un único tipo de sustancia, que puede ser un elemento o un compuesto. El diamante, una forma del elemento carbono, es una sustancia pura, igual que la sal (cloruro sódico), un compuesto de sodio y cloro.

**Elementos**
Un elemento, como el oro, es una sustancia pura, compuesta por un único tipo de átomo. Otros ejemplos de elementos son hierro, aluminio, oxígeno, carbono y cloro. Todos los elementos tienen propiedades diferentes y se ordenan en forma de reja en la tabla periódica (ver pp. 28-29).

**Compuestos**
Un compuesto es una sustancia pura con átomos de diferentes elementos unidos. En cualquier compuesto concreto, la proporción de los diferentes tipos de átomos siempre es la misma. La sal contiene el mismo número de átomos de sodio y cloro (1:1), mientras que el agua contiene el doble de átomos de hidrógeno que de oxígeno (2:1).

El acero inoxidable, una aleación de hierro, carbono y cromo, es una mezcla homogénea.

**Mezclas homogéneas**
En una mezcla homogénea se mezclan por igual las partículas de sustancias diferentes, por eso la mezcla tiene siempre la misma composición. Pueden ser de tipo sólido (acero), líquido (miel) o gaseoso (aire).

**Soluciones**
Toda mezcla homogénea es una solución. Las más conocidas son las de un sólido que se disuelve en un líquido. Por ejemplo, el agua salada: la sal se descompone en iones que se mezclan de manera uniforme con las moléculas de agua. En las bebidas azucaradas el azúcar también queda disuelto: no quedan granos de azúcar flotando en la solución.

El aire de un globo es una mezcla homogénea de diferentes gases, principalmente nitrógeno y oxígeno.

### Materia

La materia puede ser sólida, líquida o gaseosa. Casi toda la materia a nuestro alrededor, desde los planetas a los animales, se compone de mezclas de diferentes sustancias. En la naturaleza existen muy pocas sustancias completamente puras.

Esta rana está hecha de compuestos y mezclas.

Un helado es una sustancia impura: una mezcla de muchos ingredientes diferentes.

Un bocadillo es una mezcla de varias sustancias.

### Sustancias impuras

Una sustancia es impura cuando se mezcla con algo. Por ejemplo, el agua pura contiene solo hidrógeno y oxígeno. En cambio, el agua del grifo también contiene minerales, lo que hace que sea impura. Todas las mezclas son sustancias impuras.

### Mezclas

Existen muchos tipos de mezclas diferentes, según las sustancias que contengan y su uniformidad. Las sustancias de las mezclas no forman enlaces químicos y se pueden separar. Las rocas son mezclas sólidas de diferentes minerales que se han prensado o calentado juntos.

Las hojas son mezclas heterogéneas muy complejas.

El agua con barro es una suspensión: al principio parece bien mezclada, pero pronto se separan las partículas más grandes.

### Mezclas heterogéneas

En una mezcla heterogénea, las partículas de diferentes sustancias no se mezclan por igual. Algunos ejemplos: hormigón (mezcla de arena, cemento y piedra) o arena de playa (diminutas partículas de diferente tamaño de rocas, conchas y fragmentos de cristal erosionados).

### Suspensiones

Las suspensiones son líquidos con pequeñas partículas que no se disuelven. Al agitarlas parece que se mezclen de manera uniforme durante un breve período de tiempo, pero las partículas acaban separándose ante nuestros propios ojos.

### Coloides

Un coloide parece una mezcla homogénea, pero sus partículas no se disuelven por completo. Así, la leche se compone de agua y grasa, pero esta no se disuelve en el agua, sino que flota en minúsculas gotitas que no se ven sin un microscopio. Las nubes son un coloide de diminutas gotas de agua mezcladas con aire.

## ESTADOS DE LA MATERIA

La mayoría de las sustancias existen en forma de sólido, líquido o gas, o como mezclas de estos tres estados de la materia. Las partículas que lo componen (los átomos, moléculas o iones) están en movimiento constante. Las partículas de los sólidos vibran pero se mantienen en su sitio; por eso son rígidos y conservan su forma. En un líquido, las partículas continúan atrayéndose, pero se pueden mover, mezclar y fluir. En cambio, en un gas las partículas están totalmente libres y se desplazan a gran velocidad.

### Cambios de estado de la materia

Con los cambios de temperatura, y a veces de presión, se puede pasar de un estado a otro. Si hace calor, un cubito de hielo sólido se convierte en agua líquida, que si se hierve, se convierte en vapor gaseoso. Cuando el vapor se enfría, vuelve a convertirse en líquido, como por ejemplo las minúsculas gotas de vaho en el espejo del baño. Existen pocas sustancias, como la cera de una vela, que estén en los tres estados a la vez.

**Gas**
Cerca de la mecha la temperatura es bastante alta como para vaporizar la cera líquida y formar un gas de moléculas que reaccione con el aire y mantenga encendida la llama.

**Líquido**
El calor de la llama funde la cera, las moléculas pueden moverse libremente y fluir.

**Sólido**
La cera sólida está compuesta por moléculas juntas de átomos de carbono e hidrógeno.

### Plasma, el cuarto estado de la materia

Cuando un gas llega a una temperatura muy elevada, sus electrones se separan de sus átomos. El gas se convierte en una mezcla de iones con carga positiva y electrones con carga negativa, o plasma. Los relámpagos son tubos de plasma por la temperatura de su interior, extremadamente alta. En el espacio, la mayor parte del gas que compone el Sol y el resto de las estrellas del universo está tan caliente que se convierte en plasma.

# Átomos

**Tú y todas las cosas a tu alrededor están compuestas por átomos, unas partículas diminutas y tan minúsculas que incluso un granito de arena los contiene a billones.**

Antes se creía que los átomos eran las partes más pequeñas de las materia, imposibles de dividir en algo más pequeño, pero de hecho están compuestos por partículas aún más pequeñas, los protones, neutrones y electrones. Los átomos se unen, o enlazan, de maneras diferentes para crear todos los tipos de materiales diferentes. Un elemento es una sustancia pura compuesta por un único tipo de átomo. Algunos elementos famosos son el oro, el hierro, el carbono, el neón y el oxígeno. Para más información sobre elementos, consulta las páginas 28-41.

## Proporciones atómicas

Haría falta ampliar un billón de veces un átomo para que fuera del tamaño de un estadio de fútbol. Incluso a esa escala, los electrones del átomo serían como motas de polvo flotando por el estadio y el núcleo tendría el tamaño de una canica.

Tamaño del núcleo si el átomo tuviera el tamaño de un estadio.

## Estructura atómica

El núcleo del centro del átomo está compuesto por protones y neutrones. Los protones tienen carga eléctrica positiva. Los neutrones no tienen ninguna carga, son neutros. Los electrones, con su carga eléctrica negativa, giran alrededor del núcleo. La fuerza entre los protones de carga positiva y los electrones de carga negativa es lo que mantiene el átomo unido.

El núcleo del átomo de carbono tiene 6 protones y 6 neutrones.

La capa exterior del átomo de carbono contiene 4 electrones.

## Partículas de un átomo

Cada átomo de un elemento tiene el mismo número de electrones que de protones; el número de neutrones, en cambio, puede variar. Estas son las partículas de un átomo de carbono.

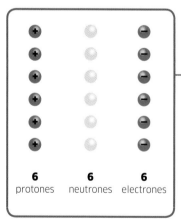

| **6** | **6** | **6** |
|---|---|---|
| protones | neutrones | electrones |

## Átomo de carbono

El número de protones del núcleo de un átomo se conoce como número atómico y define cómo es cada elemento, ya que cada uno tiene un número atómico diferente, como muestra la tabla periódica (ver pp. 28-29). El elemento carbono, –a la derecha– tiene número atómico 6. El número de electrones de un átomo también coincide con su número atómico.

En la capa interior del átomo de carbono hay dos electrones.

Los átomos del elemento **helio** son **los átomos** más **pequeños**.

**1803** Año en el que **el maestro John Dalton** presentó su **teoría** sobre **qué son los átomos** y qué hacen.

**13**

## Electrones y capas de electrones

Los electrones de un átomo se disponen en capas alrededor del núcleo. Cada capa puede contener un número concreto de electrones antes de llenarse: la primera puede tener 2, la siguiente 8, la tercera 18... Los átomos más pesados, con un gran número de electrones, tienen 7 capas.

Si la capa exterior no está llena, los átomos son inestables: intentan compartir o intercambiar electrones con otros átomos para formar compuestos en una reacción química. Los átomos con la capa exterior llena son estables y, por tanto, muy poco reactivos.

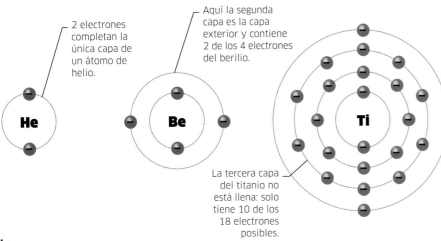

2 electrones completan la única capa de un átomo de helio.

Aquí la segunda capa es la capa exterior y contiene 2 de los 4 electrones del berilio.

La tercera capa del titanio no está llena: solo tiene 10 de los 18 electrones posibles.

**He**

**Be**

**Ti**

### Helio
El gas helio tiene número atómico 2. Todos sus átomos tienen 2 electrones, el número máximo que puede contener la primera capa. Con esta capa exterior llena, los átomos de helio son muy poco reactivos.

### Berilio
La segunda capa de un átomo puede contener hasta 8 electrones. El metal berilio (número atómico 4) tiene la capa interior llena, pero solo 2 electrones en la capa exterior, lo que le hace bastante reactivo.

### Titanio
El metal titanio (número atómico 22) tiene 4 capas. Tiene 2 electrones en la capa exterior, aunque la tercera capa no está llena. Es bastante habitual que los metales no tengan llenas las capas interiores.

## Masa atómica e isótopos

La masa de un átomo se calcula contando las partículas que lo componen. Los protones y neutrones pesan más de 1800 veces lo que pesan los electrones; por eso los científicos solo tienen en cuenta las partículas más pesadas y descartan los electrones. Todos los átomos de un elemento concreto tienen el mismo número de protones, pero hay diferentes versiones de los átomos, o isótopos, con números diferentes de neutrones. La masa atómica relativa de un elemento es el promedio de las diferentes masas de sus átomos.

### Isótopos del sodio
Todos los átomos del elemento sodio (número atómico 11) tienen 11 protones; casi todos tienen 12 neutrones. Por tanto, la masa atómica relativa se acerca mucho a 23, pero no corresponde a esa cifra exacta.

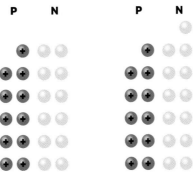

**Sodio-22**
El isótopo del sodio con átomos de 11 neutrones tiene una masa de 22.

**Sodio-23**
El sodio-23, el isótopo más habitual del sodio, tiene 11 protones y 12 neutrones.

**Sodio-24**
Este isótopo del sodio tiene una masa de 24: 11 protones y 13 neutrones.

## Átomos y materia

Es difícil imaginar cómo componen el mundo los átomos. Los objetos cotidianos no parece que consistan en microscópicos puntos redondos juntos, sino que parecen continuos. Para captar bien la idea es útil ampliar más y más la imagen de un material cotidiano, como el papel.

### Papel
La mayor parte del papel corresponde a un material conocido como celulosa, que producen las células vegetales, normalmente de árbol. La celulosa es muy resistente y absorbe tintas y pinturas.

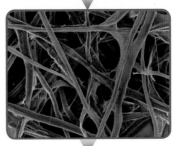

### Fibra de celulosa
La celulosa forma fibras minúsculas de una milésima de milímetro de diámetro. Las fibras se unen para darle fuerza y flexibilidad al papel.

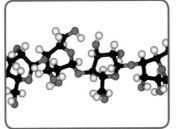

### Molécula de celulosa
Cada fibra de celulosa se compone de miles de moléculas. Las moléculas tienen una anchura de pocas millonésimas de milímetro y se componen de átomos de diferentes elementos: carbono (negro), oxígeno (rojo) e hidrógeno (blanco).

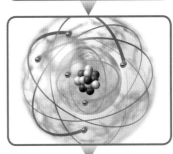

### Átomo de carbono
La molécula típica de celulosa contiene unos miles de átomos de carbono. Cada átomo de carbono tiene 6 electrones que forman enlaces con átomos de los otros dos elementos.

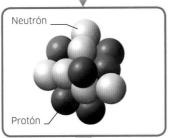

Neutrón

Protón

### Núcleo
La mayor parte del átomo de carbono es espacio vacío. Justo en su centro y con una anchura aproximada de la billonésima parte de un milímetro se encuentra el núcleo, compuesto por 6 protones y 6 neutrones.

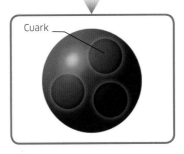

Cuark

### Cuarks
Cada partícula del núcleo se compone de partículas aún más pequeñas: los cuarks. Cada protón y cada neutrón está compuesto por 3 cuarks y unidos por gluones, otras partículas.

# Moléculas

**Una molécula consiste en dos o más átomos unidos. Muchas sustancias habituales, como el azúcar o el agua, están compuestas por moléculas. Las moléculas son tan diminutas que una pequeña gota de agua las contiene a billones.**

Todas las moléculas de un compuesto concreto (sustancia que comparte enlaces químicos) son idénticas. Cada una tiene el mismo número de átomos de dos elementos como mínimo (ver pp. 28-29) combinados del mismo modo. Los enlaces que mantienen juntas las moléculas se forman con las reacciones químicas, pero también pueden romperse, ya que los átomos reaccionan con otros átomos y se reordenan para formar moléculas nuevas. Los compuestos no son lo único que existe en forma de molécula: muchos elementos también existen como moléculas. En tal caso, todos los átomos que forman la molécula son idénticos, como el par de átomos de oxígeno que componen el oxígeno puro ($O_2$).

**Núcleo del átomo de oxígeno**
El átomo de oxígeno tiene 8 protones y 8 neutrones en el núcleo. Los protones (en verde) tienen carga positiva; los neutrones (en blanco) son neutros.

**Núcleo del átomo de hidrógeno**
El átomo de hidrógeno es el único átomo cuyo núcleo tiene un único protón y ningún neutrón.

**Molécula de agua**
Imagínate dividir una gota de agua por la mitad, y después otra vez por la mitad. Si pudieras hacerlo sin parar, acabarías con la cantidad mínima de agua: una molécula de agua. Cada molécula de agua está formada por 1 átomo de oxígeno y 2 átomos de hidrógeno. Los átomos se mantienen juntos en forma de molécula porque comparten electrones en un enlace químico denominado enlace covalente (ver también p. 16).

**Electrones**
Todos los átomos tienen el mismo número de electrones y protones, 8 en el caso del oxígeno.

Unos **90 tipos de átomo** se combinan para formar **millones de tipos de moléculas**.

El ADN es una enorme molécula compuesta por unos **10 mil millones de átomos**.

**15**

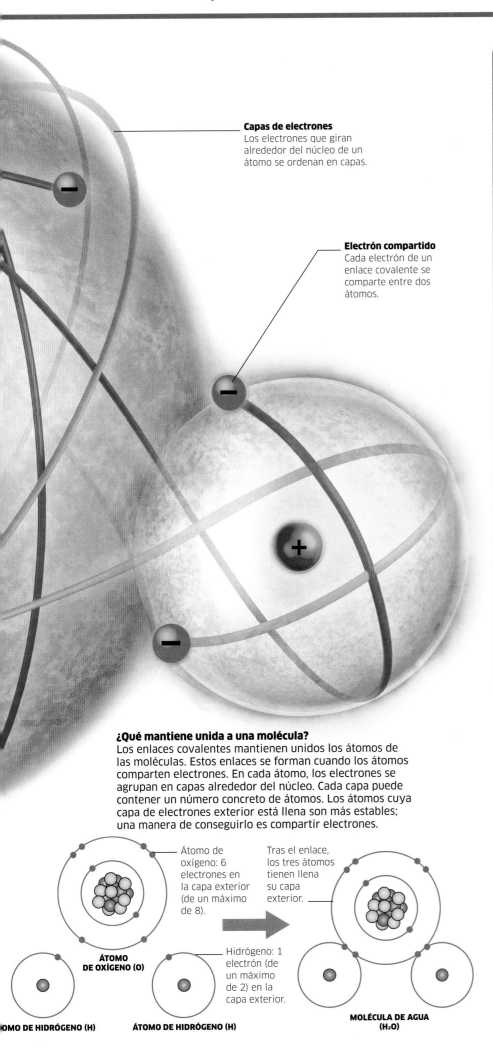

**Capas de electrones**
Los electrones que giran alrededor del núcleo de un átomo se ordenan en capas.

**Electrón compartido**
Cada electrón de un enlace covalente se comparte entre dos átomos.

## ¿Qué mantiene unida a una molécula?

Los enlaces covalentes mantienen unidos los átomos de las moléculas. Estos enlaces se forman cuando los átomos comparten electrones. En cada átomo, los electrones se agrupan en capas alrededor del núcleo. Cada capa puede contener un número concreto de átomos. Los átomos cuya capa de electrones exterior está llena son más estables; una manera de conseguirlo es compartir electrones.

Átomo de oxígeno: 6 electrones en la capa exterior (de un máximo de 8).

Tras el enlace, los tres átomos tienen llena su capa exterior.

Hidrógeno: 1 electrón (de un máximo de 2) en la capa exterior.

**ÁTOMO DE OXÍGENO (O)**

**ÁTOMO DE HIDRÓGENO (H)**

**ÁTOMO DE HIDRÓGENO (H)**

**MOLÉCULA DE AGUA ($H_2O$)**

## Elementos y compuestos

La mayoría de los elementos se componen de átomos individuales, pero algunos están hechos de moléculas con dos o más átomos idénticos. Cuando reaccionan dos elementos, sus compuestos forman un compuesto nuevo.

### Oxígeno
El gas oxígeno ($O_2$) se compone de moléculas; cada una contiene dos átomos de oxígeno.

### Azufre
El azufre (S) puro, un sólido, suele existir en forma de moléculas de ocho átomos de azufre enlazados.

### Dióxido de azufre ($SO_2$)
Cuando las moléculas de azufre y oxígeno reaccionan, se rompen sus enlaces para crear nuevos enlaces, lo que forma una nueva sustancia.

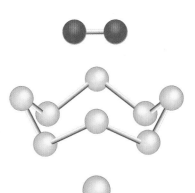

## Representación de moléculas

Los científicos representan las moléculas de distintas formas para entender cómo se producen las reacciones químicas. Aquí se muestra de tres maneras una molécula de metano ($CH_4$), con un átomo de carbono y cuatro átomos de hidrógeno.

### Estructura de Lewis
La manera más simple de representar una molécula es usar símbolos químicos (letras) y líneas para indicar los enlaces covalentes.

### Bolas y varillas
Con los átomos como bolas y los enlaces como varillas, aporta una representación tridimensional de la molécula.

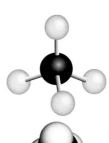

### Espacio lleno
Este método se usa cuando es más importante mostrar el espacio y la forma de los átomos de una molécula que sus enlaces.

## Macromoléculas

Aunque algunos compuestos se componen de pequeñas moléculas de tan solo unos átomos, existen muchos compuestos cuyas moléculas consisten en miles de átomos. Este modelo molecular muestra una única molécula de albúmina, una proteína de la sangre. Contiene átomos de muchos elementos diferentes, como oxígeno, carbono, hidrógeno, nitrógeno y azufre.

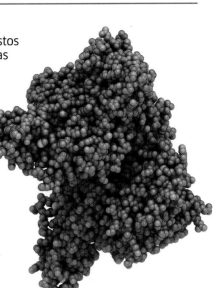

**16** materia ○ **ENLACES**

**1649** Año en el que **el científico y filósofo francés** Pierre Gassendi sugirió que **los átomos se pueden unir** y formar moléculas.

# Enlaces

**La materia está compuesta por átomos. La mayoría están unidos, o enlazados, juntos. Los enlaces que mantienen juntos a los átomos se forman en la parte más externa de cada átomo: los electrones de su capa exterior.**

Existen tres tipos de enlaces principales: iónico, covalente y metálico. El enlace iónico se forma cuando se transfieren los electrones de un átomo a otro, de manera que los átomos quedan cargados eléctricamente y se unen. El enlace covalente se forma cuando dos o más átomos comparten electrones. En un metal, diversos átomos metálicos comparten libremente los electrones. Todas las reacciones químicas implican romper y formar enlaces.

## Enlace: ¿sí o no?

El número de electrones de un átomo depende del número de protones de su núcleo, que es diferente en cada elemento (ver p. 28). Los electrones se ordenan en capas; los responsables de establecer enlaces son los electrones de la capa exterior. La estabilidad del átomo se consigue cuando su capa exterior está llena (ver p. 13). Los átomos de algunos elementos tienen la capa exterior siempre llena y no establecen enlaces con facilidad. No obstante, la mayoría de los átomos pueden perder o ganar electrones, o compartirlos con otros átomos para conseguir llenar la capa exterior, formar enlaces y participar en las reacciones químicas.

10 electrones dispuestos en dos capas

**Átomo de neón**
Todos los átomos del elemento neón tienen dos capas; la exterior, con 8 electrones, está llena y por eso el neón no forma enlaces.

La capa exterior puede contener hasta 18 electrones.

**Átomo de calcio**
La capa exterior del átomo de calcio está casi vacía; el calcio pierde con facilidad sus 2 electrones exteriores y forma enlaces con rapidez.

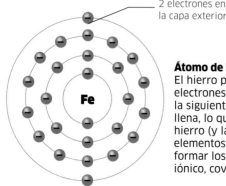

2 electrones en la capa exterior

**Átomo de hierro**
El hierro puede perder sus dos electrones exteriores; además, la siguiente capa tampoco está llena, lo que significa que el hierro (y la mayoría de los elementos de transición) puede formar los tres tipos de enlace: iónico, covalente y metálico.

## Enlace iónico

Muchos sólidos se presentan como iones: átomos o grupos de átomos con carga eléctrica: tienen más o menos electrones negativos que protones positivos. Los iones se forman cuando los átomos (o grupos de átomos) pierden o ganan electrones para conseguir llenar de electrones las capas exteriores. La atracción eléctrica entre iones positivos (+) y negativos (-) hace que se unan y formen un cristal.

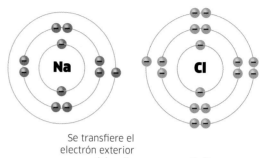

**Dos átomos**
Ni los átomos de sodio (Na) ni cloro (Cl) tienen sus capas exteriores llenas. El sodio perderá con facilidad el electrón exterior.

Se transfiere el electrón exterior del sodio

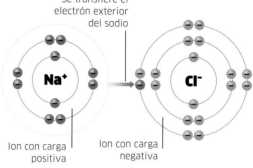

Ion con carga positiva — Ion con carga negativa

**Transferencia electrónica**
El cloro acepta rápidamente el electrón y por lo tanto ambos átomos llenan la capa exterior. Ahora son iones, ya que tienen carga eléctrica.

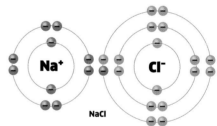

**NaCl**

**Atracción eléctrica**
El ion positivo de sodio y el ion negativo de cloro se atraen. Se han convertido en un compuesto denominado cloruro sódico (NaCl).

La atracción eléctrica mantiene unidos los iones de sodio y de cloro.

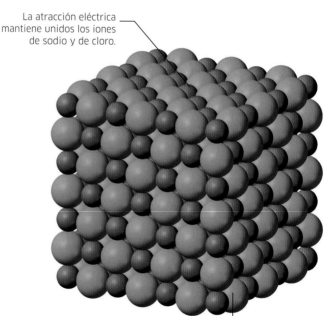

**Cristal iónico**
Los iones de carga eléctrica opuesta se atraen entre sí y forman un patrón regular, o cristal. Muchos sólidos son cristales iónicos, como por ejemplo la sal.

**Cristal de sal**
Los iones se ordenan siguiendo un patrón regular para formar un cristal del compuesto cloruro sódico (NaCl), o sal de mesa.

Los **átomos del ADN** se mantienen
unidos gracias a **enlaces covalentes**.

**4** **Número de enlaces** que **puede formar cada átomo de carbono**,
uno de los átomos que permite **crear más compuestos distintos**.

**17**

## Enlace covalente

Otra forma que tienen los átomos de llenar sus capas exteriores de electrones
es compartiéndolos en un enlace covalente. Una molécula es un grupo de
átomos unidos mediante enlaces covalentes (ver pp. 14-15). Algunos elementos
existen en forma de moléculas formadas por parejas de átomos, como por
ejemplo el cloro, el oxígeno y el nitrógeno. Los enlaces covalentes pueden
ser simples, dobles o triples.

Cada átomo de
hidrógeno necesita
otro electrón para
llenar su única capa
con 2 electrones.

La capa exterior de un
átomo de nitrógeno tiene
5 electrones; por lo tanto,
le faltan 3 electrones
para llenarse.

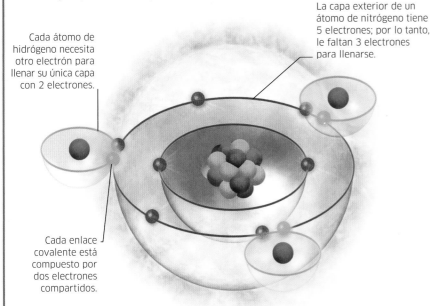

Cada enlace
covalente está
compuesto por
dos electrones
compartidos.

**MOLÉCULA DE AMONIACO (NH₃)**

### Molécula de amoniaco

Una molécula del compuesto amoniaco ($NH_3$) se compone de átomos
de nitrógeno (N) e hidrógeno (H). La capa más cercana al núcleo de
un átomo solo puede contener 2 electrones. El hidrógeno y el helio
son los únicos elementos con una única capa.

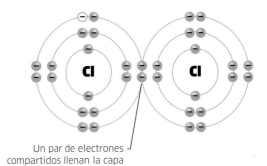

Un par de electrones
compartidos llenan la capa
exterior de cada átomo
de cloro.

**Enlace simple**
Algunas parejas de
átomos comparten
solo 1 electrón cada
uno y forman un
enlace simple.

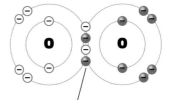

Los átomos de oxígeno
comparten 2 electrones
cada uno para llenar su
capa exterior.

**Enlace doble**
A veces las parejas de
átomos comparten 2
electrones cada uno y
forman un enlace doble.

Antes del enlace faltan 3 electrones en
la capa exterior del átomo de nitrógeno,
por eso se forma un enlace triple.

**Enlace triple**
Algunas parejas de
átomos comparten 3
electrones y forman
un enlace triple.

## Enlace metálico

En los metales, los átomos conservan su posición dentro de un «mar»
de electrones. Los átomos forman un patrón regular, un cristal.
Aunque los electrones mantienen a los átomos en su sitio, ningún
átomo concreto les retiene y pueden moverse libremente por todo
el metal cristalino. Esta es la razón por la que los metales son
buenos conductores de la electricidad y el calor.

El metal cambia
de forma a cada
martillazo.

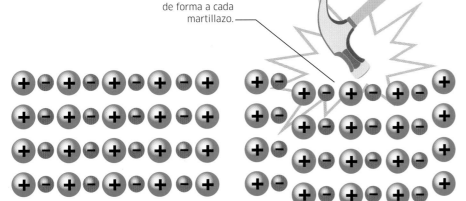

### Conducción del calor y la electricidad

La corriente eléctrica es un flujo de carga
eléctrica. En un metal, los electrones y
su carga negativa se mueven con total
libertad, y por eso la corriente eléctrica
puede fluir a través de ellos. Los
electrones móviles también transfieren
bien el calor del metal.

### Metales maleables

Los átomos de metal conservan su posición
gracias al enlace metálico, pero se pueden
mover un poco dentro del «mar» de
electrones. Por este motivo, los metales
son maleables (cambian de forma a
martillazos) y dúctiles (se les puede dar
forma de hilo).

### En forma

Con algo de calor y un martillo, se puede dar la forma que se
quiera a los metales, desde una joya delicada hasta objetos más
resistentes, como esta herradura. Antes las herraduras solían ser
de hierro, pero actualmente son más habituales las aleaciones
metálicas, como el acero (ver p. 63).

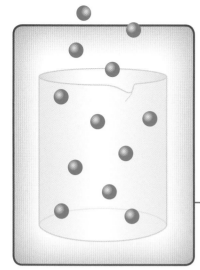

**Estado gaseoso**
Los enlaces no mantienen muy juntas las partículas de los gases, como por ejemplo el oxígeno o el vapor de agua del aliento del oso polar. Sin estas fuerzas, se mueven libremente en cualquier dirección.

**Aire**
El aire es una mezcla de gases compuesta sobre todo por nitrógeno (78 %), oxígeno (21 %) y pequeñas proporciones de argón y dióxido de carbono.

# Sólidos, líquidos y gases

**La materia tiene cuatro estados diferentes: sólido, líquido, gaseoso y plasmático. Cualquier cosa del universo se presenta en uno de estos estados. Los estados cambian según la temperatura y la presión.**

Todas las sustancias puras pueden existir en cualquiera de los tres estados habituales en la Tierra: sólido, líquido y gaseoso. El grado de unión de las partículas (átomos o moléculas) determina el estado de cada sustancia. Al añadir energía (calor), las partículas muy apretadas de un sólido aumentan su vibración. Con el calor suficiente, empiezan a moverse y el sólido se convierte en líquido. Al llegar a su punto de ebullición, las moléculas empiezan a moverse por cualquier sitio y el líquido se convierte en gas. El plasma es un tipo de gas tan caliente que sus átomos se han roto.

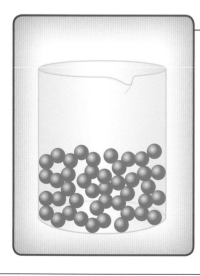

**Estado líquido**
Las partículas de un líquido, como el agua, están menos juntas que las de un sólido y no están tan bien ordenadas; también tienen enlaces más débiles. Por eso los líquidos fluyen, se esparcen y adoptan la forma de su recipiente.

**Agua salada**
La salada agua de mar tiene un punto de congelación inferior al del agua dulce, que se congela a 0 °C, ya que la sal altera los enlaces entre las moléculas de agua y hace que el agua de mar continúe líquida hasta los −2 °C.

El agua es una de las pocas sustancias que **crecen** al **congelarse**.

**67 %** porcentaje de agua dulce en la Tierra en estado sólido en forma de **casquetes polares y glaciares**.

**19**

## Plasma

El plasma, principal estado del Sol y las estrellas, es la materia más habitual del universo. El calor intenso hace que sus átomos se separen en núcleos, con carga positiva, y electrones, con carga negativa, que se desplazan a una grandísima velocidad.

**Aurora boreal**
Las colisiones entre el plasma del espacio y los gases de la atmósfera cargan de energía a los átomos atmosféricos, que liberan luz al volver a su nivel de energía habitual.

## Estados de la materia

El agua existe en tres estados. Aquí la vemos en forma de hielo sólido, agua de mar líquida y vapor de agua gaseoso, exhalado por el oso polar. El vapor de agua es invisible hasta que se enfría y se condensa para formar vaho, una nube de gotitas líquidas, igual que pasa cuando hierves agua en la cocina. En el círculo polar ártico, las espectaculares auroras boreales revelan la presencia del plasma, el cuarto estado de la materia.

## Estado sólido

En un sólido, como por ejemplo el hielo, los enlaces mantienen juntas y muy apretadas las partículas. Las partículas vibran ligeramente pero no se mueven, por eso los sólidos conservan su forma.

## Cambios de estados de la materia

Añadir o quitar energía (en forma de calor) provoca cambios de estado. Los sólidos se funden en líquidos y los líquidos se evaporan en gases. Algunos sólidos se convierten directamente en gas y viceversa.

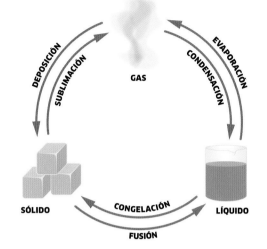

DEPOSICIÓN · SUBLIMACIÓN · GAS · EVAPORACIÓN · CONDENSACIÓN · SÓLIDO · CONGELACIÓN · LÍQUIDO · FUSIÓN

### Sublimación

El dióxido de carbono sólido se conoce como hielo seco. A presión reducida y con calor se convierte en el gas $CO_2$; lo que se conoce como sublimación. El cambio directo de gas a sólido se llama deposición.

## Fusión y congelación

Todas las sustancias puras tienen puntos de fusión y congelación concretos, que dependen de la disposición concreta de sus moléculas.

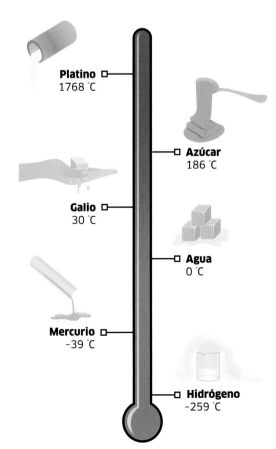

Platino 1768 °C
Azúcar 186 °C
Galio 30 °C
Agua 0 °C
Mercurio −39 °C
Hidrógeno −259 °C

# Mezclas

**Cuando se unen dos o más sustancias pero no forman enlaces químicos para crear un compuesto, se crea una mezcla. En una mezcla se pueden separar las sustancias mediante procesos físicos.**

Estamos envueltos por mezclas naturales y artificiales: el aire es una mezcla de gases. La tierra es una mezcla de minerales, material biológico y agua. Las páginas de este libro son una mezcla de pulpa de madera y aditivos; su tinta, una mezcla de pigmentos. Hay diferentes tipos de mezclas. Disuelve sal en agua y obtendrás una solución. Mezcla arena con agua y tendrás una suspensión. Un coloide es una mezcla de diminutas partículas dispersas, pero no disueltas, de manera uniforme en otra sustancia; la bruma es un coloide de minúsculas gotitas de agua en el aire. Las mezclas de distribución uniforme son homogéneas; las de distribución no uniforme son heterogéneas (ver también pp. 10-11).

**Espuma**
La espuma de las olas es una mezcla heterogénea de aire y agua de mar.

**Solución salada**
El agua salada del mar es una solución: una mezcla homogénea de agua y sales disueltas. Cuando el agua de mar se evapora, se forman cristales de sal.

**Arena**
La arena es una mezcla heterogénea: mirando con más atención observamos piezas minúsculas de roca erosionada, conchas rotas, cristal e incluso trozos de plástico.

## Mezclas en la naturaleza

La mayoría de las sustancias de la naturaleza son mezclas, como el agua de mar, las rocas, la tierra y el aire. Entender cómo separar estas mezclas nos aporta muchos recursos naturales: por ejemplo, retirando la sal del agua de mar o separando gases, como el argón, del aire.

**Materia orgánica**
Los peces y otras criaturas marinas liberan materia orgánica, como excrementos y escamas viejas, en el mar.

**Plantas marinas**
Las algas muertas y en descomposición también aportan materia orgánica a la mezcla de agua de mar.

Más de **5 millones de toneladas** de **oro** están dispersas en forma de minúsculas partículas por los océanos del mundo.

**El agua de mar** es una fuente importante del útil elemento **magnesio**, un metal alcalinotérreo.

**21**

**Espuma del mar**
La espuma del mar se forma donde se acaba el agua cuando el viento y las olas baten el aire y el agua para crear burbujas, que se mezclan con material biológico que excretan las algas y demás vida marina.

**Roca**
La mezcla sólida que forma las rocas puede componerse de muchos minerales diferentes. La mayoría de los minerales presentes en el agua de mar vienen de roca erosionada.

**Agua del mar**
Los océanos están repletos de material, disuelto y también disperso en el agua: sales, gases, metales, compuestos orgánicos y organismos microscópicos. Este tipo de mezcla no uniforme se denomina suspensión.

## Separar mezclas

Existen muchas maneras de separar mezclas, ya sea para extraer una sustancia o analizar el contenido de una mezcla. Las diferentes técnicas funcionan para diferentes sustancias, según sus propiedades físicas.

### Filtración
La filtración separa los sólidos insolubles de los líquidos, que cruzan el filtro.

1. Se echa una mezcla de agua y arena en un filtro.

2. La arena se queda en el filtro; el agua lo cruza.

3. El vaso de precipitado recoge el agua.

### Cromatografía
La velocidad a la que las sustancias de una mezcla líquida, como la tinta, se separan depende del grado de disolución: cuanto mejor sea, más arriba del papel empapado se desplazan con el disolvente.

3. Cada pigmento se separa en diferentes momentos por el papel empapado.

2. El papel de filtro se moja en un disolvente (agua o alcohol).

1. Mancha de la mezcla para comprobar; en este caso, tinta negra, con muchos pigmentos.

### Destilación
Este método separa los líquidos según su punto de ebullición. Se calienta la mezcla, la sustancia que hierve primero se evapora y después se recoge al condensarse.

2. El vapor se condensa al enfriarse y vuelve a su estado líquido.

3. El líquido destilado se separa.

1. El primer líquido en hervir se convierte primero en vapor.

### Magnetismo
Pasando un imán sobre una mezcla de partículas magnéticas y no magnéticas se retiran las magnéticas.

El imán atrae las virutas de hierro.

Mezcla de arena y virutas de hierro.

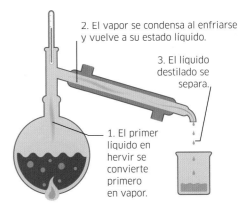

# Rocas y minerales

## La química de la Tierra está dominada por la gran variedad de rocas y minerales que dan forma al paisaje que nos envuelve.

Existen miles de tipos de rocas y minerales diferentes, que dependen de los elementos químicos que contienen y de la manera en que estos se agrupan. Una roca es una mezcla de distintos minerales, ordenados en forma de millones de diminutos granos. En general cada mineral es un compuesto de dos o más elementos unidos químicamente. Muchos forman preciosos cristales. A veces un mineral es un único elemento en bruto, como el cobre o el oro.

Casi todo el lecho oceánico es de

## roca ígnea basáltica,

mucho más joven que la mayoría de las rocas terrestres.

### Roca sedimentaria
Los fragmentos de roca rotos por las inclemencias meteorológicas y la erosión se unen para formar rocas sedimentarias, como la arenisca (abajo) y la caliza. Los fragmentos se acumulan en capas en el fondo de lagos y océanos, donde se compactan y solidifican por su propio peso. Al final la roca acaba subiendo a la superficie por levantamiento.

## El ciclo de las rocas

Las sólidas rocas parece que siempre estén exactamente igual, pero de hecho van cambiando a lo largo de miles o millones de años: algunas se funden bajo la influencia del calor y presión internos de la Tierra. Otras se erosionan con el viento y la lluvia. Las tres formas de roca principales crean un ciclo que las cambia de una forma a otra. El ciclo avanza lenta pero inexorablemente gracias a una serie de movimientos cruciales en las profundidades de la Tierra.

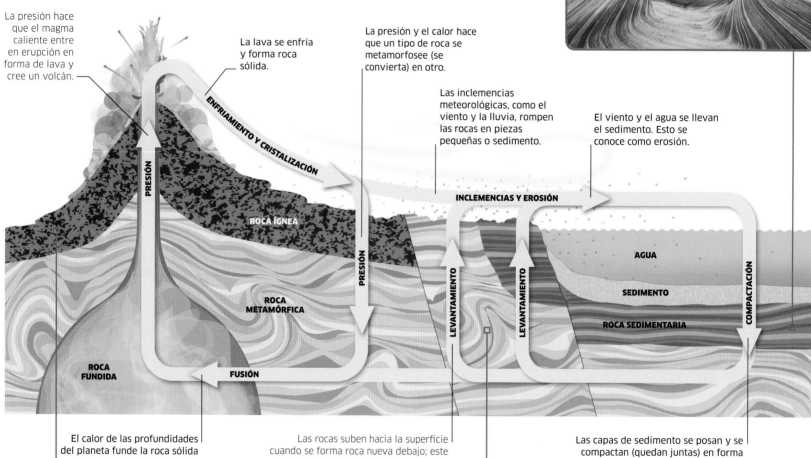

La presión hace que el magma caliente entre en erupción en forma de lava y cree un volcán.

La lava se enfría y forma roca sólida.

La presión y el calor hace que un tipo de roca se metamorfosee (se convierta) en otro.

Las inclemencias meteorológicas, como el viento y la lluvia, rompen las rocas en piezas pequeñas o sedimento.

El viento y el agua se llevan el sedimento. Esto se conoce como erosión.

ENFRIAMIENTO Y CRISTALIZACIÓN

PRESIÓN

ROCA ÍGNEA

PRESIÓN

INCLEMENCIAS Y EROSIÓN

AGUA

LEVANTAMIENTO

LEVANTAMIENTO

COMPACTACIÓN

ROCA METAMÓRFICA

SEDIMENTO

ROCA SEDIMENTARIA

ROCA FUNDIDA

FUSIÓN

El calor de las profundidades del planeta funde la roca sólida para formar magma líquido.

Las rocas suben hacia la superficie cuando se forma roca nueva debajo; este proceso se conoce como levantamiento.

Las capas de sedimento se posan y se compactan (quedan juntas) en forma de roca sedimentaria.

### Roca ígnea
El interior de la Tierra, muy caliente, funde la roca y forma un líquido, el magma; cuando este se enfría, se solidifica y cristaliza para formar roca ígnea, como el granito (formado bajo tierra) y el basalto (a la izquierda) a partir de lava de volcán.

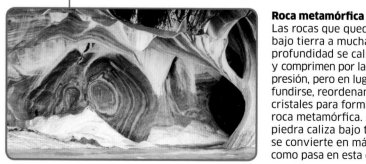

### Roca metamórfica
Las rocas que quedan bajo tierra a mucha profundidad se calientan y comprimen por la presión, pero en lugar de fundirse, reordenan sus cristales para formar una roca metamórfica. Así, la piedra caliza bajo tierra se convierte en mármol, como pasa en esta cueva.

El manto superior de la Tierra, justo por debajo de la corteza, consiste sobre todo en **peridotita muy caliente**, una roca ígnea verde.

El **jade imperial** verde oscuro es uno de los minerales **más raros y preciosos** del mundo.

**23**

## Elementos de la corteza terrestre

El planeta Tierra está compuesto en su mayor parte de los elementos hierro, oxígeno, silicio y magnesio; una gran cantidad de hierro se halla concentrado en el núcleo. La capa más externa de la Tierra, la corteza, está compuesta por minerales de muchos elementos diferentes, como los silicatos (que contienen silicio y oxígeno). Este diagrama ilustra los elementos más habituales de la corteza.

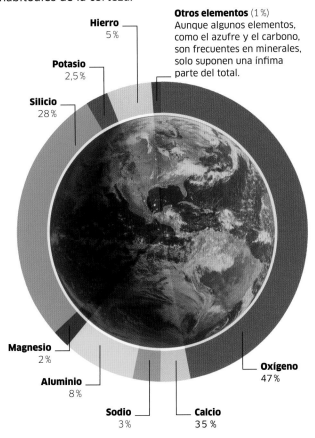

**Otros elementos** (1 %)
Aunque algunos elementos, como el azufre y el carbono, son frecuentes en minerales, solo suponen una ínfima parte del total.

**Hierro**
5 %

**Potasio**
2,5 %

**Silicio**
28 %

**Magnesio**
2 %

**Aluminio**
8 %

**Sodio**
3 %

**Calcio**
35 %

**Oxígeno**
47 %

## Elementos nativos

La mayoría de los elementos se combinan con otros en forma de compuestos minerales. Pero hay otros, los elementos nativos, que aparecen en forma pura. Este grupo de unos 20 elementos incluye metales, como el cobre y el oro, y no metales, como el azufre y el carbono.

**Azufre**
El polvo y los cristales de azufre puro de los gases volcánicos se acumulan alrededor de los conductos volcánicos. También forman parte de rocas y de varios compuestos minerales.

## Compuestos minerales

Hay más de 4000 tipos de minerales diferentes. Los científicos los clasifican según los elementos que contengan y los dividen en grandes grupos. El nombre del grupo indica el elemento principal entre todos los minerales que incluye. Así, todos los sulfuros contienen azufre. Muchos minerales existen en forma de mena (rocas de las que se extraen los metales) o como cristales de piedras preciosas (ver p. 24).

**Hematita**
Este óxido contiene mucho hierro, por eso es una importante mena de hierro.

**Cuarzo rosa**
Esta forma de cuarzo es rosa, uno de los silicatos compuesto solo por silicio y oxígeno.

### Óxidos
Varios metales se combinan con el oxígeno para formar estos duros minerales. Muchos sirven para hacer piedras preciosas.

### Silicatos
Todos los silicatos, el grupo más habitual, contienen silicio y oxígeno. Algunos también otros elementos. El granito se compone de tres silicatos, incluido el cuarzo.

**Barita**
Al combinar el elemento bario con azufre y oxígeno se obtiene barita, con sus varias formas diferentes.

**Calcopirita**
Las menas que contiene este sulfuro son fuentes de cobre y hierro.

### Sulfatos
Los sulfatos se forman combinando un compuesto de azufre y oxígeno con otros elementos. Los más habituales son el yeso, que forma cristales en cuevas (ver pp. 26-27), y la barita.

### Sulfuros
Los sulfuros se forman al combinar metales con azufre, pero sin oxígeno. Los sulfuros componen muchas menas de metal. Suelen presentar colores vivos, pero son demasiado blandas para utilizar como gemas.

**Malaquita**
El cobre se combina con carbono y oxígeno para aportar su color verde a este útil y decorativo mineral.

**Fluorita**
El calcio y el flúor componen este mineral, que se presenta en muchos colores diferentes.

### Carbonatos
Los compuestos de carbono y oxígeno se combinan con otros elementos para formar los carbonatos. Algunos existen en forma de roca, como la tiza y la caliza.

### Haluros
Estos minerales contienen uno o más metales combinados con un elemento halógeno (flúor, cloro, bromo o yodo; ver p. 40). La sal de roca es un haluro comestible.

**24** materia ○ **CRISTALES**

Los cristales de cuarzo empiezan a
formarse aproximadamente a los 3090 °C.

# Cristales

**Un cristal es un material sólido cuyos átomos se ordenan siguiendo un patrón regular. Los cristales de los minerales se forman cuando el magma líquido se enfría y se convierte en roca sólida. Los de la sal, el azúcar o el hielo se crean por evaporación o congelación.**

Las formas y colores de los cristales de mineral dependen de los elementos de partida y de las condiciones (temperatura y presión) bajo las que se configuran. La velocidad de enfriamiento del magma determina el tamaño de los cristales, que pueden cambiar bajo presión extrema en el ciclo de las rocas (ver p. 22), cuando una roca cambia de tipo.

## Estructuras cristalinas

Los cristales tienen estructuras muy ordenadas, ya que los átomos o moléculas de un cristal se ordenan siguiendo un patrón en 3D que se repite exactamente igual una y otra vez. La mayoría de los metales también tienen estructura cristalina.

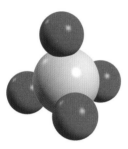

**Tetraedro de cuarzo**
La molécula del cuarzo tiene forma de tetraedro y está compuesta por 4 átomos de oxígeno y 1 átomo de silicio.

**Cristal de cuarzo**
Un cristal de cuarzo consiste en un entramado de tetraedros repetidos en todas direcciones.

## Un mineral, dos cristales de gema

Los cristales del mineral corindón presentan varios colores según las diferentes impurezas en la estructura de cristal. A menudo se cortan y pulen para utilizarse como gemas. Las más famosas son el zafiro (normalmente azul) y el rubí (rojo).

**CORINDÓN AZUL: ZAFIRO**

**CORINDÓN ROJO: RUBÍ**

**CRISTAL DE RUBÍ CORTADO Y CLAVADO EN UN ANILLO**

## Sistemas cristalinos

La forma del cristal se determina por la disposición de sus átomos: así se decide el número de caras lisas, bordes cortados y esquinas de un cristal. Los cristales se clasifican en seis grupos principales, conocidos como sistemas, según su patrón en 3D.

**Cúbico**
El oro, la plata, la pirita (arriba), el diamante y la sal marina forman cristales cúbicos.

**Tetragonal**
El circión, un mineral silicato, es el típico cristal tetragonal que parece un prisma cuadrado.

**Hexagonal y trigonal**
La apatita es un cristal hexagonal: tiene seis caras largas. Los trigonales tienen tres caras.

**Monoclínico**
Los cristales de ortosa (arriba) y yeso son monoclínicos, uno de los sistemas más habituales.

## Cristales de cuarzo

El cuarzo cristalino es uno de los minerales más habituales de la corteza terrestre. Toma diferentes formas y colores, pero todos comparten la misma fórmula: dióxido de silicio, o $SiO_2$. Los más famosos son el cristal de roca (transparente), el cuarzo rosa (rosa), el ojo de tigre (amarillo-marrón), el citrino (amarillo) y la amatista (púrpura). Su belleza hace que sea popular en joyería, ya sea en su forma natural, pulido o tallado y pulido.

### Geoda de amatista

La geoda se forma cuando quedan burbujas de gas atrapadas al enfriarse la lava. Los cristales de las paredes de la geoda crecen cuando las sustancias calientes con silicio y oxígeno, además de trazas de hierro, pasan a las cavidades de las burbujas.

El color púrpura de la amatista tiene su origen en las impurezas de hierro en su estructura cristalina.

La capa exterior de la geoda suele ser una roca volcánica ígnea, por ejemplo basalto.

El **cristal de cuarzo más grande** del mundo
mide 3 m de altura y pesa más de **14 000 kg**.

**25**

Prismas de cristal de roca, un tipo de cuarzo incoloro

Aquí se puede observar el sistema cristalino trigonal del cuarzo.

## Cristales de hielo

En un cristal de hielo, las moléculas de agua se alinean en hexágonos, que se forman cuando el vapor de agua en el aire se congela directamente en sólido. Si el agua líquida se congela lentamente, formará cristales hexagonales simples, sin las delicadas formas de un copo de nieve.

El patrón exclusivo de cada copo de nieve tiene una forma de seis lados (hexágono) como base.

**Copo de nieve**
Un copo de nieve es un cristal de hielo de seis caras. Cada copo de nieve se convierte en una variación diferente de esta forma según cómo baje del cielo. No existen dos copos de nieve iguales.

## Cristales de azúcar y de sal

Los cristales de sal y los de azúcar son más diferentes de lo que parecen. Los de sal son cubos de seis caras muy ordenados, mientras que los de azúcar son prismas hexagonales menos ordenados.

La sal marina pertenece al sistema cristalino cúbico, pero si los cristales se forman rápido cobran forma de pirámide.

**Cristales de sal marina**
Los enlaces iónicos (ver p. 16) mantienen juntos los cristales de sal marina (cloruro sódico). Cuando el agua de la sal se evapora, los minerales disueltos que quedan forman los cristales de sal.

## Cristales líquidos

Las membranas celulares y la solución que usan los gusanos de seda para crear las crisálidas son cristales líquidos. Las moléculas de los cristales líquidos están muy ordenadas, pero fluyen igual que un líquido.

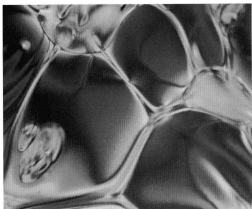

**Uso de los cristales líquidos**
Los cristales líquidos artificiales, como estos, se utilizan en pantallas de cristal líquido (LCD) de pantallas de televisor, relojes digitales y teléfonos móviles. No emiten luz, pero crean imágenes nítidas alterando la luz al pasar por su interior.

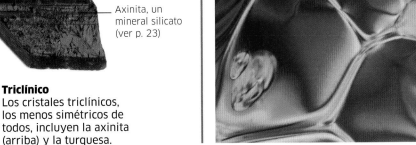

Axinita, un mineral silicato (ver p. 23)

**Ortorrómbico**
El mineral topacio forma preciosos cristales ortorrómbicos, a menudo coronados por una pirámide.

**Triclínico**
Los cristales triclínicos, los menos simétricos de todos, incluyen la axinita (arriba) y la turquesa.

# Cueva de cristal

**Estos científicos investigan en condiciones de calor y humedad extremas los mayores cristales jamás encontrados, en la Cueva de los Cristales de Naica, México.**

Los cristales son de selenita, una forma del mineral yeso (sulfato de calcio), el ingrediente principal de la escayola y la tiza. Los cristales se forman de manera muy lenta, a partir de calcio, azufre y oxígeno disueltos en agua caliente gracias al magma de una falla geológica bajo la cueva. Los cristales más grandes pesan unas 50 t y miden 12 m.

# LOS ELEMENTOS

El brillante oro, el duro hierro, el apestoso cloro y el invisible oxígeno... ¿qué tienen en común? Todos son elementos: sustancias con un único tipo de átomo que no se pueden dividir en sustancias más simples, pero que se pueden combinar con otros elementos para formar nuevas sustancias, o compuestos. Todo nuestro entorno está constituido por elementos, ya sea en forma pura o combinados. El agua, por ejemplo, consiste en los elementos hidrógeno y oxígeno. De los 118 elementos conocidos, unos 90 existen de manera natural. El resto se han creado en el laboratorio.

**Número atómico**
Indica el número de protones en el núcleo del átomo. El elemento hierro tiene número atómico 26, lo que significa que tiene 26 protones (y 26 electrones).

**Masa atómica**
La masa de un átomo indica cuántos protones y neutrones tiene. Este número refleja la masa atómica relativa (el promedio de todos los átomos del elemento, ver p. 13).

**26  55,845**
**Fe**
HIERRO

**Nombre**
En nuestro idioma algunos elementos tienen nombre y símbolo muy diferentes. Decimos «hierro» en lugar de «ferrum», su nombre latín original.

**Símbolo químico**
Cada elemento tiene el mismo símbolo en todo el mundo; su nombre, en cambio, depende de cada idioma.

### La tabla periódica

En 1869, el científico ruso Dimitri Mendeléiev ideó un sistema para ordenar y clasificar todos los elementos, donde el número atómico aumenta de izquierda a derecha, a partir de la parte superior izquierda con el hidrógeno y su número atómico 1. Al ordenar los elementos en filas y columnas se observan patrones: por ejemplo, los elementos de una misma columna, o grupo, reaccionan de manera similar y forman parte de compuestos parecidos.

### Información elemental

El número atómico marca el lugar que ocupa cada elemento en la tabla. Cada casilla contiene un elemento con su número atómico, símbolo químico y peso atómico (el peso entre paréntesis indica el valor promedio de los elementos inestables). El símbolo es una abreviatura del nombre original del elemento, que a menudo inventaba la persona que descubría el elemento.

| 1 | 2 | | 3 | 4 | 5 | 6 | 7 | 8 | 9 | 10 | 11 | 12 |
|---|---|---|---|---|---|---|---|---|---|---|---|---|
| **1** 1,0079 **H** HIDRÓGENO | | | | | | | | | | | | |
| **3** 6,941 **Li** LITIO | **4** 9,0122 **Be** BERILIO | | | | | | | | | | | |
| **11** 22,990 **Na** SODIO | **12** 24,305 **Mg** MAGNESIO | | | | | | | | | | | |
| **19** 39,098 **K** POTASIO | **20** 40,078 **Ca** CALCIO | | **21** 44,956 **Sc** ESCANDIO | **22** 47,867 **Ti** TITANIO | **23** 50,942 **V** VANADIO | **24** 51,996 **Cr** CROMO | **25** 54,938 **Mn** MANGANESO | **26** 55,845 **Fe** HIERRO | **27** 58,933 **Co** COBALTO | **28** 58,693 **Ni** NÍQUEL | **29** 63,546 **Cu** COBRE | **30** 65,39 **Zn** CINC |
| **37** 85,468 **Rb** RUBIDIO | **38** 87,62 **Sr** ESTRONCIO | | **39** 88,906 **Y** ITRIO | **40** 91,224 **Zr** CIRCONIO | **41** 92,906 **Nb** NIOBIO | **42** 95,94 **Mo** MOLIBDENO | **43** (96) **Tc** TECNECIO | **44** 101,07 **Ru** RUTENIO | **45** 102,91 **Rh** RODIO | **46** 106,42 **Pd** PALADIO | **47** 107,87 **Ag** PLATA | **48** 112,41 **Cd** CADMIO |
| **55** 132,91 **Cs** CESIO | **56** 137,33 **Ba** BARIO | | **57-71** **La-Lu** LANTÁNIDOS | **72** 178,49 **Hf** HAFNIO | **73** 180,95 **Ta** TANTALIO | **74** 183,84 **W** TUNGSTENO | **75** 186,21 **Re** RENIO | **76** 190,23 **Os** OSMIO | **77** 192,22 **Ir** IRIDIO | **78** 195,08 **Pt** PLATINO | **79** 196,97 **Au** ORO | **80** 200,59 **Hg** MERCURIO |
| **87** (223) **Fr** FRANCIO | **88** (226) **Ra** RADIO | | **89-103** **Ac-Lr** ACTÍNIDOS | **104** (261) **Rf** RUTHERFORDIO | **105** (262) **Db** DUBNIO | **106** (266) **Sg** SEABORGIO | **107** (264) **Bh** BOHRIO | **108** (277) **Hs** HASSIO | **109** (268) **Mt** MEITNERIO | **110** (281) **Ds** DARMSTADTIO | **111** (282) **Rg** ROENTGENIO | **112** (285) **Cn** COPERNICIO |

### Lantánidos y actínidos

Los períodos 6 y 7 contienen cada uno 14 elementos más que los períodos 4 y 5, lo que complica que la tabla quepa bien en un libro; por eso estos elementos aparecen separados. Todos los elementos del grupo de los actínidos son radiactivos.

| **57** 138,91 **La** LANTANO | **58** 140,12 **Ce** CERIO | **59** 140,91 **Pr** PRASEODIMIO | **60** 144,24 **Nd** NEODIMIO | **61** (145) **Pm** PROMETIO | **62** 150,36 **Sm** SAMARIO | **63** 151,96 **Eu** EUROPIO | **64** 157,25 **Gd** GADOLINIO | **65** 158,93 **Tb** TERBIO |
|---|---|---|---|---|---|---|---|---|
| **89** (227) **Ac** ACTINIO | **90** 232,04 **Th** TORIO | **91** 231,04 **Pa** PROTACTINIO | **92** 238,03 **U** URANIO | **93** (237) **Np** NEPTUNIO | **94** (244) **Pu** PLUTONIO | **95** (243) **Am** AMERICIO | **96** (247) **Cm** CURIO | **97** (247) **Bk** BERKELIO |

## Clave

- Metales alcalinos
- Metales alcalinotérreos
- Metales de transición
- Metales lantánidos
- Metales actínidos
- Otros metales
- Metaloides
- No metales
- Halógenos
- Gases nobles

**Clave de los modelos atómicos, pp. 30-41.**

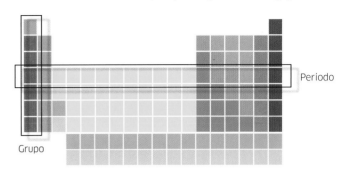

— electrones

+ protones

neutrones

El modelo muestra el átomo del isótopo más común.

**No metales**
Cuenta con tres elementos esenciales para la vida en la Tierra: carbono, nitrógeno y oxígeno.

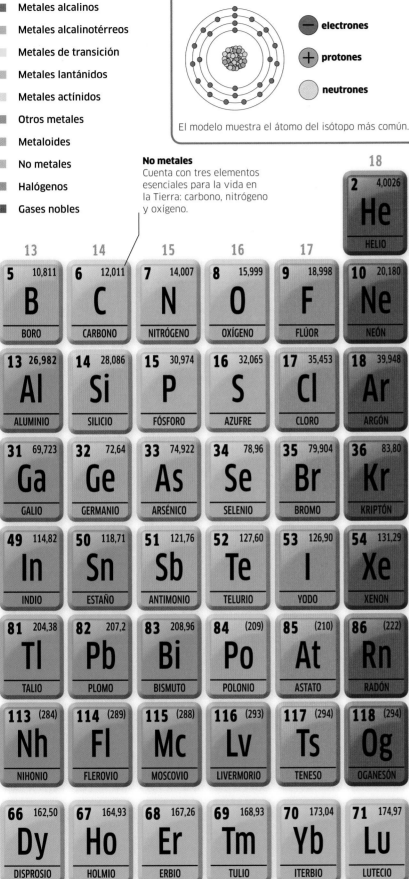

| 13 | 14 | 15 | 16 | 17 | 18 |
|---|---|---|---|---|---|
| | | | | | 2 4,0026 **He** HELIO |
| 5 10,811 **B** BORO | 6 12,011 **C** CARBONO | 7 14,007 **N** NITRÓGENO | 8 15,999 **O** OXÍGENO | 9 18,998 **F** FLÚOR | 10 20,180 **Ne** NEÓN |
| 13 26,982 **Al** ALUMINIO | 14 28,086 **Si** SILICIO | 15 30,974 **P** FÓSFORO | 16 32,065 **S** AZUFRE | 17 35,453 **Cl** CLORO | 18 39,948 **Ar** ARGÓN |
| 31 69,723 **Ga** GALIO | 32 72,64 **Ge** GERMANIO | 33 74,922 **As** ARSÉNICO | 34 78,96 **Se** SELENIO | 35 79,904 **Br** BROMO | 36 83,80 **Kr** KRIPTÓN |
| 49 114,82 **In** INDIO | 50 118,71 **Sn** ESTAÑO | 51 121,76 **Sb** ANTIMONIO | 52 127,60 **Te** TELURIO | 53 126,90 **I** YODO | 54 131,29 **Xe** XENON |
| 81 204,38 **Tl** TALIO | 82 207,2 **Pb** PLOMO | 83 208,96 **Bi** BISMUTO | 84 (209) **Po** POLONIO | 85 (210) **At** ASTATO | 86 (222) **Rn** RADÓN |
| 113 (284) **Nh** NIHONIO | 114 (289) **Fl** FLEROVIO | 115 (288) **Mc** MOSCOVIO | 116 (293) **Lv** LIVERMORIO | 117 (294) **Ts** TENESO | 118 (294) **Og** OGANESÓN |

| 66 162,50 **Dy** DISPROSIO | 67 164,93 **Ho** HOLMIO | 68 167,26 **Er** ERBIO | 69 168,93 **Tm** TULIO | 70 173,04 **Yb** ITERBIO | 71 174,97 **Lu** LUTECIO |
|---|---|---|---|---|---|
| 98 (251) **Cf** CALIFORNIO | 99 (252) **Es** EINSTENIO | 100 (257) **Fm** FERMIO | 101 (258) **Md** MENDELEVIO | 102 (259) **No** NOBELIO | 103 (262) **Lr** LAURENCIO |

# ENTENDER LA TABLA PERIÓDICA

La tabla contiene bloques de elementos de comportamiento similar. A la izquierda están los metales más reactivos. La mayoría de los que son más comunes están en el centro de la tabla, en el grupo de los metales de transición. Casi todos los no metales están a la derecha; incluyen sólidos y gases.

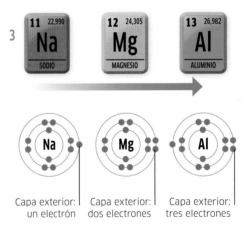

Período

Grupo

## Orden en bloques

La tabla periódica se divide por filas, o períodos, y columnas, o grupos. A medida que avanzamos en cada período, los elementos pasan de metales sólidos (a la izquierda) a gases (a la derecha).

## Períodos

Todos los átomos de los elementos de un período tienen el mismo número de capas de electrones. Así, todos los elementos del tercer período tienen tres capas (pero con diferente número de electrones).

3

| 11 22,990 **Na** SODIO | 12 24,305 **Mg** MAGNESIO | 13 26,982 **Al** ALUMINIO |
|---|---|---|

**Átomos que encogen**
A medida que avanzas por cada fila (período) de la tabla, los átomos de cada elemento contienen más protones y electrones. Cada átomo tiene el mismo número de capas de electrones, pero en cada paso a la derecha se suman más protones de carga positiva que tiran de las capas hacia dentro, lo que hace «encoger» al átomo y que esté más apretado.

Capa exterior: un electrón

Capa exterior: dos electrones

Capa exterior: tres electrones

## Grupos

Los elementos del mismo grupo reaccionan de manera similar porque tienen el mismo número de electrones en la capa exterior (ver p. 13). Por ejemplo, mientras que todos los elementos del grupo 1 tienen un número diferente de electrones y de capas, todos tienen un único electrón en la capa exterior.

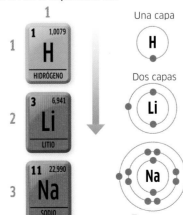

1

| 1 1,0079 **H** HIDRÓGENO |
|---|
| 3 6,941 **Li** LITIO |
| 11 22,990 **Na** SODIO |

Una capa

Dos capas

Tres capas

**Átomos que crecen**
Los átomos, cuanto más abajo de su columna (grupo) estén, más peso y tamaño tienen, ya que los átomos de cada elemento inferior tienen más protones y electrones que el elemento superior. Dado que las capas se llenan de electrones (ver p. 13), cada vez que se salta al siguiente grupo inferior, el período siguiente, se añade otra capa.

**30** materia ○ **METALES DE TRANSICIÓN**

**El núcleo interno de la Tierra** está compuesto por dos metales de transición: **hierro y níquel**.

# Metales de transición

**La mayoría de lo que solemos considerar «metales» pertenecen al grupo de elementos conocidos como metales de transición. Casi todos son duros y brillantes. Tienen muchas más propiedades comunes, como un punto de ebullición alto y una buena capacidad de conducción del calor y la electricidad.**

Los metales de transición conforman el mayor bloque de elementos de la tabla periódica, ocupan del grupo 3 al grupo 12, y se dividen en cuatro períodos (ver pp. 28-29). Es decir, aunque sean muy similares en algunas cosas, también son diferentes en otras, como en la facilidad de reacción y la diversidad de compuestos que forman. Hace más de 5000 años que conocemos algunos de estos metales, mientras que otros se descubrieron en el siglo XX. Aquí tienes una selección de algunos de los 38 metales de transición.

## PLATA
*Argentum*

**Descubrimiento:** h. 3000 a.C.

Igual que el oro y el cobre, la plata es un elemento conocido y usado por las primeras civilizaciones. Es valiosa y fácil de moldear, y se usaba para acuñar monedas. Las monedas actuales se hacen de aleación (ver pp. 62-63). La plata continúa siendo uno de los metales más populares en joyería y objetos de decoración.

**Estructura atómica**
— 47
+ 47
○ 60

| 47 | 107,87 |
| **Ag** | |
| **PLATA** | |

**Trozo de plata**
La plata reacciona con el azufre del aire y produce una película negra, por eso se tiene que pulir para que conserve su brillo.

## OSMIO
*Osmium*

**Descubrimiento:** 1803

Este raro metal de resplandor azul tiene una densidad increíble: un trozo de osmio del tamaño de una pelota de tenis tiene una masa de 3,5 kg. Al exponerse al aire, reacciona con el oxígeno y forma un compuesto óxido tóxico; para un uso seguro, debe combinarse con otros metales o elementos. El polvo utilizado para detectar huellas dactilares contiene osmio.

**Estructura atómica**
— 76
+ 76
○ 116

| 76 | 190,23 |
| **Os** | |
| **OSMIO** | |

**Duro pero quebradizo**
Esta muestra de osmio refinado parece bastante sólida, pero las minúsculas grietas que tiene encima indican que es muy frágil en su forma pura.

## ORO
*Aurum*

**Descubrimiento:** h. 3000 a.C.

Desde tiempos antiguos el oro ha sido codiciado por su gran belleza, y porque no se corroe: siempre conserva su lustre amarillo y nunca se oxida. Es fácil darle forma y se usa en joyería, decoraciones de edificios y en electrónica. No reacciona, o forma compuestos, con facilidad con otros elementos.

**Estructura atómica**
— 79
+ 79
○ 118

| 79 | 196,97 |
| **Au** | |
| **ORO** | |

**Pepita de oro**
En estado natural se puede encontrar oro puro en pepitas como esta o, lo más habitual, en forma de granos dentro de rocas.

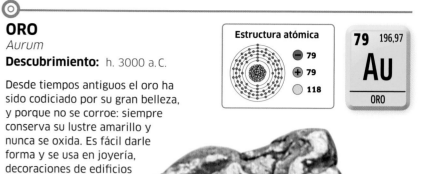

**El manganeso** es un metal de transición. Sus trazas se encuentran en **frutos secos y piñas**.

El metal de transición pesado **tungsteno** tiene el **mayor punto de fusión** entre los metales: **3414 °C**.

**31**

## COBALTO
*Cobaltum*
**Descubrimiento:** 1739

El cobalto es un metal similar al hierro, su vecino en la tabla periódica. A menudo se añade a aleaciones, incluidas las que producen imanes permanentes. Se ha usado mucho tiempo un compuesto de cobalto para producir «azul cobalto», usado en pinturas y tintes.

**Estructura atómica**

- − 27
- + 27
- 32

**27** 58,933
**Co**
COBALTO

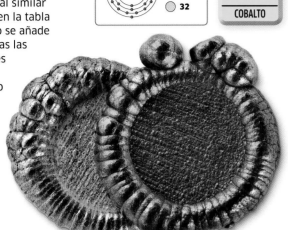

**Color cobalto**
Al extraerse del mineral, el metal de cobalto puro es gris plateado.

## CADMIO
*Cadmium*
**Descubrimiento:** 1817

A pesar de tener algunos usos en la industria y tecnología láser, ahora se sabe que este metal es muy tóxico y peligroso para los humanos. Si se ingiere, reacciona como el calcio, un elemento esencial y útil; lo sustituye en los huesos, lo que hace que se queden blandos y se rompan con facilidad.

**Estructura atómica**
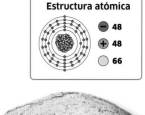
- − 48
- + 48
- 66

**48** 112,41
**Cd**
CADMIO

**Bolita venenosa**
Esta muestra de cadmio puro se ha refinado en un laboratorio.

## NÍQUEL
*Niccolum*
**Descubrimiento:** 1751

Este útil metal, que no se oxida, es uno de los ingredientes del acero inoxidable (ver p. 63). También se aprovecha para evitar que las hélices de los barcos se oxiden en el agua. Su uso más famoso quizá sea en diversas aleaciones para crear monedas: en EE. UU., la moneda de 5 céntimos se conoce con este nombre.

**Estructura atómica**
- − 28
- + 28
- 30

**28** 58,693
**Ni**
NÍQUEL

**Níquel puro**
Estas minúsculas bolas son muestras de níquel puro.

## MERCURIO
*Hydrargentum*
**Descubrimiento:** 1500 a. C.

Famoso por ser el único metal líquido a temperatura ambiente, el mercurio ha fascinado durante miles de años. Se ha usado mucho tiempo para medir la temperatura, ya que se congela en forma de sólido a casi −39 °C. No obstante, también es tóxico, por lo que ahora los termómetros usan otros métodos.

**Estructura atómica**

- − 80
- + 80
- 122

**80** 200,59
**Hg**
MERCURIO

**Líquido vivo**
El mercurio también se conoce como argento vivo, por motivos evidentes.

## TITANIO
*Titanium*
**Descubrimiento:** 1791

Conocido por su fuerza, este metal lleva el nombre de los titanes, los gigantes divinos extremadamente fuertes de la mitología griega. El titanio es duro y ligero a la vez, y resistente a la corrosión. Esta magnífica combinación de propiedades hace que sea perfecto para articulaciones artificiales y clavos quirúrgicos, y también en relojes y aleaciones para el sector aeroespacial. No obstante, es un material muy caro.

Cuando el titanio reacciona con el oxígeno del aire, presenta una película gris mate, que actúa como protección contra la corrosión.

**Estructura atómica**
- − 22
- + 22
- 26

**22** 47,867
**Ti**
TITANIO

**Muestra de laboratorio**
Aunque el titanio es un elemento habitual en la corteza terrestre, por lo general solo existe en compuestos minerales y no como elemento aislado. El titanio puro tiene que extraerse y refinarse.

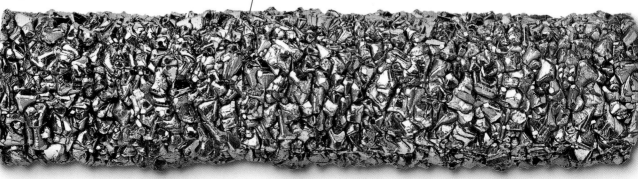

## LITIO
*Lithium*

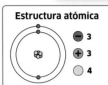

**Descubrimiento:** 1817

El litio es el metal más ligero. Se usa en aleaciones para la construcción de naves espaciales. Otros usos más cercanos incluyen el litio de las baterías y también compuestos para hacer medicinas.

**Estructura atómica**

- ⊖ 3
- ⊕ 3
- ◯ 4

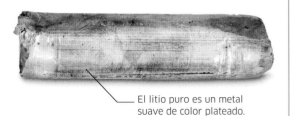

El litio puro es un metal suave de color plateado.

## SODIO
*Natrium*

**Descubrimiento:** 1807

El sodio es tan blando que se puede cortar con un cuchillo, y es muy reactivo. Lo conocemos en forma de compuestos, como la sal común (cloruro sódico). Es esencial para la vida y desempeña un papel crucial en el cuerpo.

**Estructura atómica**

- ⊖ 11
- ⊕ 11
- ◯ 12

El sodio es tan reactivo que debe almacenarse en viales sellados y herméticos.

## POTASIO
*Kalium*

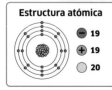

**Descubrimiento:** 1807

Junto con el sodio, el metal alcalino potasio ayuda a controlar el sistema nervioso del cuerpo. Lo obtenemos a partir de alimentos como plátanos, aguacates y agua de coco. También se añade al abono y forma parte de un compuesto usado para hacer pólvora.

**Estructura atómica**

- ⊖ 19
- ⊕ 19
- ◯ 20

Es muy reactivo y suele almacenarse en aceite para que no reaccione.

# Más metales

**La mayoría de los elementos que conocemos son metales. Además de los metales de transición, la tabla periódica contiene cinco grupos más de metales, con una gran variedad de propiedades.**

Los metales alcalinos y alcalinotérreos son blandos, brillantes y muy reactivos. Los denominados «otros metales» son menos reactivos y tienen un punto de fusión más bajo. Debajo de los metales de transición están los lantánidos, llamados antes «tierras raras», pero al parecer no eran tan raras, y los radiactivos actínidos. Sea cual sea su grupo, todos los metales son maleables y buenos conductores de la electricidad y el calor.

## MAGNESIO
*Magnesium*

**Descubrimiento:** 1755

El magnesio es un metal importante porque es duro y ligero. Los océanos son una gran fuente de magnesio, pero producirlo es bastante caro, por lo que el reciclaje es vital. En forma de polvo o de tira fina es inflamable y al quemar emite una brillante luz blanca. Suele usarse en fuegos artificiales y bengalas.

**Estructura atómica**

- ⊖ 12
- ⊕ 12
- ◯ 12

El magnesio se refina para obtener un metal gris brillante puro.

## CALCIO
*Calcium*

**Descubrimiento:** 1808

Tenemos el cuerpo repleto de calcio, el quinto elemento más frecuente de la Tierra, que aporta dureza a dientes y huesos; por eso es tan importante comer alimentos ricos en calcio, como el brócoli y las naranjas. También es parte vital de compuestos para hacer cemento y escayola.

**Estructura atómica**

- ⊖ 20
- ⊕ 20
- ◯ 20

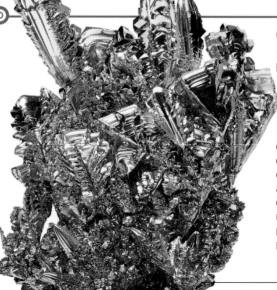

Las mezclas puras de metal como esta se obtienen mediante procesos químicos. Al natural, el calcio forma parte de muchos minerales, pero no existe de manera individual.

**El aluminio** es el metal más habitual de **la rocosa corteza terrestre**.

**El uranio**, un metal actínido, fue el primer **elemento radiactivo conocido**.

Los átomos del **elemento artificial moscovio se disgregan** en el mismo momento que se crean.

**33**

**13** 26,982
**Al**
ALUMINIO

**Estructura atómica**
- 13
+ 13
○ 14

# ALUMINIO
*Aluminium*

**Descubrimiento:** 1825

Este metal es ligero y fácil de darle forma; es el componente principal de diversas aleaciones muy versátiles, desde el papel de aluminio de la cocina hasta piezas de aeronáutica. Se recicla en gran parte, ya que extraerlo de las menas de mineral para obtener metal puro es caro y tiene mucha demanda energética.

# ESTAÑO
*Stannum*

**Descubrimiento:** h. 3000 a. C.

Antiguamente se fundían estaño y cobre para producir una aleación: el bronce. Así se llegó a la Edad de Bronce. Hoy se utiliza en forma de aleaciones para platear otros objetos de metal, como cazuelas y latas.

**50** 118,71
**Sn**
ESTAÑO

**Estructura atómica**
- 50
+ 50
○ 70

**31** 69,723
**Ga**
GALIO

**Estructura atómica**
- 31
+ 31
○ 38

# GALIO
*Gallium*

**Descubrimiento:** 1875

El metal galio es famoso por ser un elemento con un punto de fusión justo por encima de la temperatura ambiente y fundirse en la palma de la mano. En cuando a aplicaciones comerciales, el galio es un elemento vital en la producción de semiconductores para la electrónica.

# TALIO
*Thallium*

**Descubrimiento:** 1861

Este blando metal plateado es tóxico en estado puro. Se solía usar como veneno para las ratas, pero en alguna ocasión acabó matando a algún humano. Puede ser útil al combinarse con otros elementos, por ejemplo para mejorar el rendimiento de las lentes.

**81** 204,38
**Tl**
TALIO

**Estructura atómica**
- 81
+ 81
○ 124

Vial seguro de talio, tóxico en forma pura

# BISMUTO
*Bismuthum*

**Descubrimiento:** 1753

El bismuto es un elemento curioso: es lo que se conoce como metal pesado, similar al plomo, pero no es muy tóxico. Es un pelín radiactivo. A pesar de no haberse definido como elemento individual hasta el siglo XVIII, se conoce y se usa como material desde la Antigüedad. Por ejemplo, en Egipto durante la época de los faraones hacía que el maquillaje brillara más; se continúa usando en cosmética hoy en día.

**Estructura atómica**
- 83
+ 83
○ 126

**83** 208,96
**Bi**
BISMUTO

**Cristales de bismuto**
El bismuto, frágil y gris en su forma de metal puro, puede producir espectaculares cristales irisados en forma de compuesto óxido.

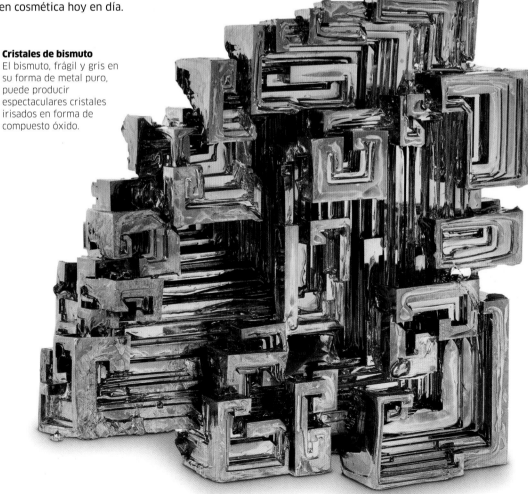

# INDIO
*Indium*

**Descubrimiento:** 1863

El indio es un metal muy blando en estado puro que forma parte de la aleación óxido de indio y estaño, material usado en pantallas táctiles, pantallas de TV LCD y como película reflectora de ventanas.

**49** 114,82
**In**
INDIO

**Estructura atómica**
- 49
+ 49
○ 66

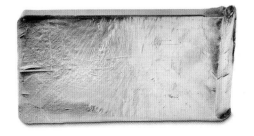

**34** *materia* ○ **METALOIDES**

**Pelo, piel y uñas** humanos necesitan
el **silicio** para estar sanos.

# Metaloides

**Los metaloides o semimetales, como también se los conoce, son un compendio heterogéneo de elementos con una gran variedad de propiedades químicas y físicas. A veces actúan como los metales típicos y a veces como los no metales. Un ejemplo de este comportamiento dual es su uso como semiconductores en la electrónica moderna.**

En la tabla periódica, los metaloides forman un borde dentado en diagonal entre los metales a la izquierda y los no metales a la derecha. Algunos científicos no están de acuerdo con la clasificación exacta de algunos elementos de esta parte de la tabla periódica, precisamente por este estado intermedio. Algunos de estos elementos son tóxicos, algunos son más útiles que otros, algunos son muy comunes y otros muy raros, pero todos son sólidos a temperatura ambiente.

**Muestra de silicio**
El silicio puro, como el de esta muestra de laboratorio refinada, se rompe con facilidad.

## SILICIO
*Silicium*
**Descubrimiento:** 1823

La mayoría tenemos silicio cerca, aunque no lo sepamos. Es el segundo elemento más abundante de la corteza terrestre, por detrás del oxígeno, y aparece en varios minerales silicatos diferentes. Mezclado con otros elementos, el silicio, el típico semiconductor, es crucial para el sector de la electrónica: se usa en los microprocesadores y en los paneles solares. Los moldes de horno de silicona también contienen silicio.

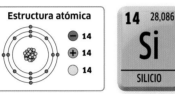

**Estructura atómica**

- 14
+ 14
○ 14

| 14 | 28,086 |
|---|---|
| **Si** | |
| **SILICIO** | |

## Minerales silicatos

El silicio está más o menos por todas partes, en los compuestos silicatos más conocidos como arena, cuarzo, talco y feldespato, y en rocas compuestas por estos minerales. Los silicatos también incluyen minerales con cristales de magníficas gemas, como la amatista, ópalo, lazurita, jade y esmeralda. Todos contienen sílice (silicio y oxígeno) y a veces también otros elementos (ver p. 23).

**Roca Génesis**
El *Apollo 15* recogió en 1971 esta roca de la Luna, que contiene feldespato, un tipo de mineral silicato.

**Mineral lunar**
Los silicatos no solo abundan en la Tierra: la superficie de la Luna está formada por un 45 % de sílice.

**Ortoclasa**
Este tipo de feldespato es lo que aporta color rosa al granito.

**Minerales de feldespato**
Los feldespatos, un amplio grupo de minerales silicatos, contienen aluminio además de silicio, y a veces más elementos, incluido el calcio, sodio y potasio. Forman rocas comunes, como el granito. La piedra preciosa conocida como piedra de luna es otro feldespato.

**Arenas de silicio**
La arena del desierto se compone sobre todo de sílice, un compuesto de silicio y oxígeno conocido como dióxido de silicio. La arena empieza siendo una roca que se descompone y erosiona de manera gradual en granos más y más finos. En el Sáhara (izquierda), este proceso empezó hace 7 millones de años.

El telurio **debe su nombre a Tellus**, el **nombre en latín del planeta Tierra**.

**2** **Número de Premios Nobel** que ganó **Marie Curie**; su hija **Irene** también ganó el Premio Nobel de **química**.

**35**

# BORO
*Boron*
**Descubrimiento:** 1808

El boro, un elemento duro ya de por sí, se endurece más al combinarse con carbono para convertirse en carburo de boro, uno de los materiales más duros que se conocen: se usa para blindar tanques y en chalecos antibalas. Sus compuestos se usan para hacer cristal resistente al calor.

**Estructura atómica**

- 5
+ 5
○ 6

**5** 10,811
**B**
BORO

**Oscuro y retorcido**
Se extrae boro puro de los minerales del desierto del Valle de la Muerte, EE.UU.

# GERMANIO
*Germanium*
**Descubrimiento:** 1886

En la historia de la tabla periódica, el germanio ocupa un lugar destacado: en la primera tabla de 1869 Mendeléiev predijo que habría un elemento que llenaría el vacío debajo del silicio. Se descubrió al cabo de 17 años, y encajó a la perfección. En la actualidad se usa germanio con silicio para crear chips informáticos.

**Estructura atómica**
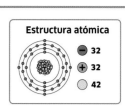
- 32
+ 32
○ 42

**32** 72,64
**Ge**
GERMANIO

**Germanio puro**
El germanio refinado es brillante y quebradizo.

# ARSÉNICO
*Arsenicum*
**Descubrimiento:** 1250

El arsénico es un elemento de reputación mortal. A lo largo de la historia se ha usado para envenenar a personas y animales, en la ficción y en la vida real. Curiosamente también se ha empleado como medicina. A veces se utiliza en aleaciones para reforzar el plomo, un metal blando y tóxico.

**Estructura atómica**
- 33
+ 33
○ 42

**33** 74,922
**As**
ARSÉNICO

**Materia oscura**
El arsénico puro se refina a partir de compuestos minerales.

# ANTIMONIO
*Stibium*
**Descubrimiento:** 1600 a. C.

El antimonio proviene de la estibinita, un mineral natural que también contiene azufre. En la Antigüedad solía triturarse y se usaba como maquillaje para los ojos, según se observa en papiros y máscaras funerarias de Egipto. Conocido como kohl, su nombre en árabe, aún se emplea en algunos cosméticos.

**Estructura atómica**
- 51
+ 51
○ 70

**51** 121,76
**Sb**
ANTIMONIO

**Frágiles cristales**
Esta muestra de laboratorio de antimonio refinado es dura pero se rompe con facilidad.

# TELURIO
*Tellurium*
**Descubrimiento:** 1783

El telurio es un elemento raro, que en la naturaleza existe en compuestos con otros elementos. Tiene pocos usos especializados. Se utiliza en aleaciones para hacer que las combinaciones metálicas se puedan trabajar mejor. Se mezcla con plomo para aumentar su dureza y hacer que no sea tan vulnerable a los ácidos. En la producción de goma, se añade para que los objetos de goma duren más.

**Estructura atómica**
- 52
+ 52
○ 78

**52** 127,60
**Te**
TELURIO

**Telurio refinado**
Los cristales plateados de telurio se suelen refinar a partir de productos secundarios de las minas de cobre.

# POLONIO
*Polonium*
**Descubrimiento:** 1898

Este elemento muy radiactivo y tóxico quedará eternamente asociado a la científica Marie Curie. Junto con su marido Pierre, descubrió el elemento mientras investigaba la radiactividad y le puso el nombre de su Polonia natal.

**Estructura atómica**
- 84
+ 84
○ 125

**84** (209)
**Po**
POLONIO

**Uraninita**
Este mineral de uranio contiene pequeñas cantidades de polonio.

# No metales sólidos

**Al contrario que los metales, la mayoría de los no metales no conducen el calor ni la electricidad, y se conocen como aislantes. También tienen otras propiedades, opuestas a las de los metales, como puntos de fusión y ebullición inferiores.**

A la derecha de la tabla periódica están los elementos descritos como no metales, que incluyen los halógenos y los gases nobles (ver pp. 40-41). También hay un grupo, el resto de los no metales, que contiene los elementos carbono, azufre, fósforo y selenio, todos sólidos a temperatura ambiente, que existen en formas diferentes, o alótropos. Este grupo incluye algunos gases (ver pp. 38-39).

**Grafito en bruto**
La superficie del grafito puro parece metálica, pero es blanda y resbaladiza.

**Diamante en bruto**
Los diamantes en bruto se forman a mucha profundidad en rocas ígneas (volcánicas).

Un cristal de diamante transparente como este se puede tallar en forma de piedra preciosa.

## FÓSFORO
*Phosphorus*
**Descubrimiento:** 1669

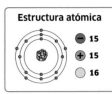

Estructura atómica
- 15
+ 15
○ 16

**15** 30,974
**P**
FÓSFORO

Un alquimista alemán hervía orina para producir la mítica piedra filosofal y acabó con un material brillante y muy reactivo, que bautizó como fósforo. Se presenta en diversas formas, las dos más habituales se conocen como fósforo rojo y fósforo blanco.

**Fósforo rojo**
Esta forma, más estable que el fósforo blanco, se usa en cerillas y pirotecnia.

**Fósforo blanco**
El fósforo blanco debe conservarse en agua porque estalla en llamas al entrar en contacto con el aire. Puede provocar terribles quemaduras.

## CARBONO
*Carbonium*
**Descubrimiento:** Prehistoria

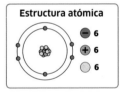

Estructura atómica
- 6
+ 6
○ 6

**6** 12,011
**C**
CARBONO

El carbono es la piedra angular de la vida: este elemento forma parte de casi todas las moléculas biológicas importantes. ADN, aminoácidos, proteínas, grasas y azúcares, todos tienen átomos de carbono unidos a otros átomos, para formar las moléculas que hacen que los organismos funcionen. Hay carbono en tu cuerpo, la comida, las plantas y la mayoría de los combustibles de calefacción y transporte. Se presenta en forma de cristalino diamante y también de blando grafito.

### Alótropos del carbono

Los alótropos son diferentes formas del mismo elemento. El carbono tiene tres alótropos principales: diamante, grafito y buckminsterfullereno. La manera en la que los átomos del carbono se ordenan y enlazan es lo que determina qué alótropos existen y sus propiedades químicas y físicas.

**Diamante**
El diamante, un alótropo del carbono extremadamente duro, tiene sus átomos ordenados en una rígida estructura tridimensional, con enlaces muy fuertes que mantienen juntos a los átomos.

**Grafito**
La mina del lápiz es arcilla mezclada con grafito, un alótropo en el que los átomos forman capas de hexágonos de manera que se deslizan entre sí, lo que las hace blandas y grasas.

El **mayor diamante en bruto** de la historia, encontrado en una mina de Sudáfrica, medía algo más de **10 cm**.

El **coquito de Brasil** es la fuente más rica de **selenio** en la forma que **precisa el cuerpo humano**.

**37**

# AZUFRE
*Sulfur*

**Descubrimiento:** 1777

Este elemento presenta un característico color amarillo. Muchos compuestos con azufre presentan un fuerte olor; por ejemplo, el culpable del aroma de los huevos podridos y la cebolla es el azufre. Se conoce desde la Antigüedad, pero no fue hasta 1777 que el científico francés Antoine Lavoisier descubrió que era un elemento.

**Estructura atómica**
- 16
+ 16
○ 16

**16** 32,065
**S**
AZUFRE

**Cristales de azufre**
Este tipo de cristales abundan cerca de volcanes y fuentes termales (ver p. 23).

# SELENIO
*Selenium*

**Descubrimiento:** 1817

El selenio, cuyo nombre viene del griego *selene*, «luna», existe en tres formas: selenio rojo, gris y negro. Este elemento es necesario para nuestros cuerpos en la cantidad justa para mantener la salud, y es un ingrediente útil en los champús anticaspa; en algunos compuestos es muy tóxico.

**Estructura atómica**
- 34
+ 34
○ 46

**34** 78,96
**Se**
SELENIO

**Selenio gris**
La forma más estable del selenio puro es dura y brillante.

---

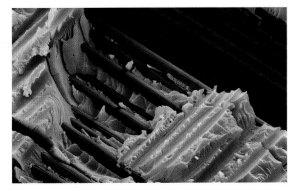

**Fibra de carbono**
En la tecnología de los materiales modernos, se usan fibras de carbono del grosor de una décima parte de un pelo, pero muy duras, para reforzar materiales como metales o plástico (como se observa arriba, muy ampliado).

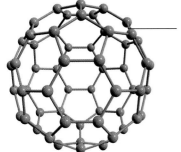

Los átomos de carbono se ordenan en una estructura rígida y estable que parece una pelota de fútbol.

**Buckminsterfullereno**
El buckminsterfullereno, o futboleno, es una molécula esférica de átomos de carbono unidos en hexágonos y pentágonos. Normalmente cada «bola» contiene 60 átomos. Se encuentra en el hollín, y también en estrellas lejanas; se descubrió en 1985.

## Combustibles fósiles
Las sustancias que conocemos como hidrocarburos o combustibles fósiles incluyen carbón, gas natural y petróleo. Estos combustibles se formaron durante millones de años a partir de la descomposición de organismos muertos. Se componen principalmente de carbono e hidrógeno, y cuando se queman emiten el gas dióxido de carbono (ver pp. 50-51).

### Carbón
Un largo y lento proceso convirtió a los árboles que poblaban la Tierra hace unos 300 millones de años en el carbón actual. Los árboles muertos caían y se hundían en ciénagas profundas, donde lentamente se convertían en turba, una tierra densa que se usa como combustible al secarse. El aumento de calor y presión compactó más la turba y la convirtió en lignito, una roca blanda y marrón. Aún más abajo, el intenso calor lo convirtió en carbón sólido.

### Petróleo y gas natural
El crudo con el que se produce gasóleo y gasolina se conoce como petróleo, que significa «aceite de roca». Hace millones de años una capa de microorganismos muertos quedó en el lecho marino y el barro y la arena la fue cubriendo mientras la descomponía en hidrocarburos. El calor y la presión convirtió el barro en roca y la materia orgánica en líquido o gas, que subió en forma de burbujas hasta llegar a una «tapa» de roca sólida para formar un campo petrolífero (o de gas).

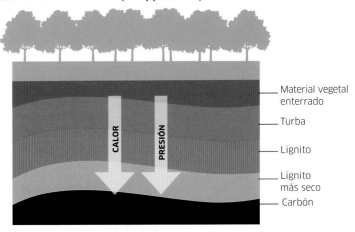

CALOR  PRESIÓN

Material vegetal enterrado
Turba
Lignito
Lignito más seco
Carbón

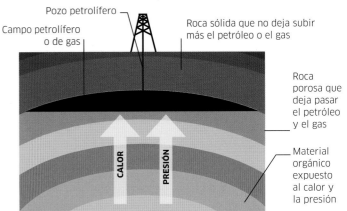

Pozo petrolífero
Campo petrolífero o de gas
Roca sólida que no deja subir más el petróleo o el gas

CALOR  PRESIÓN

Roca porosa que deja pasar el petróleo y el gas

Material orgánico expuesto al calor y la presión

# Hidrógeno, oxígeno y nitrógeno

**Entre los elementos no metálicos, estos tres gases son cruciales para nosotros. Una mezcla de nitrógeno y oxígeno compone casi todo el aire que respiramos, mientras que el hidrógeno es el elemento más abundante del universo.**

Los átomos de cada uno de estos gases van en parejas: existen como moléculas de dos átomos. Por eso la notación del hidrógeno es $H_2$, la del oxígeno $O_2$ y la del nitrógeno $N_2$. Estos tres elementos se hallan en compuestos, como el ADN y las proteínas, que son cruciales para todas las formas de vida de la Tierra.

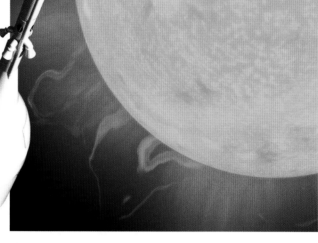

## HIDRÓGENO
*Hydrogenium*
**Descubrimiento:** 1766

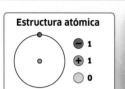

Estructura atómica

| | |
|---|---|
| ⊖ | 1 |
| ⊕ | 1 |
| ◯ | 0 |

**1** 1,0079
**H**
HIDRÓGENO

El hidrógeno es el elemento más simple. Los átomos de su isótopo más ligero y frecuente tienen un único protón, un único electrón y ningún neutrón. El hidrógeno se compone de los vocablos griegos *hydro* y *genes*, «que crea agua», ya que al reaccionar con el oxígeno crea agua, o $H_2O$.

### Hidrógeno en el Universo
Aunque haya poco en la atmósfera terrestre, el hidrógeno supone más del 88 % de toda la materia del universo. Nuestro Sol es poco más que una gran bola de hidrógeno muy caliente, que se fusiona para crear helio (ver p. 41), el segundo elemento de la tabla periódica. Durante este proceso se libera una enorme cantidad de energía.

### Hidrógeno como combustible
El hidrógeno es un elemento muy reactivo y que arde con facilidad, por eso se usa como combustible. Al mezclarse con oxígeno forma una mezcla explosiva. Los cohetes espaciales usan hidrógeno líquido, mezclado con oxígeno líquido, como combustible. En las pilas de combustible de los coches eléctricos, la reacción química entre el hidrógeno y el oxígeno se convierte en electricidad. Esta reacción de combustión solo produce agua, en lugar de agua y dióxido de carbono como los motores de gasolina, lo que le convierte en un combustible respetuoso con el medio ambiente.

## NITRÓGENO
*Nitrogenium*
**Descubrimiento:** 1772

Estructura atómica

| | |
|---|---|
| ⊖ | 7 |
| ⊕ | 7 |
| ◯ | 7 |

**7** 14,007
**N**
NITRÓGENO

En una molécula de nitrógeno ($N_2$), los dos átomos se conservan unidos gracias a un potente enlace triple. Es difícil disgregar esta molécula, lo que significa que el nitrógeno no reacciona fácilmente con otras sustancias. Es un elemento muy frecuente: supone el 78 % del aire de la Tierra. También es extremadamente útil: es necesario para el cuerpo y, como parte del ciclo del nitrógeno (ver p. 186), participa en el crecimiento de las plantas. Se añade nitrógeno al abono para echar una mano a plantas y campos.

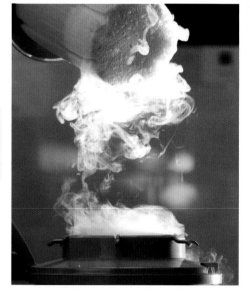

### Material explosivo
Las moléculas de nitrógeno no son reactivas, pero muchos compuestos con nitrógeno reaccionan muy fácilmente, como los que se encuentran en varios explosivos, por ejemplo TNT, dinamita y pólvora, y también en fuegos artificiales. El gas nitrógeno comprimido se usa para disparar bolas de pintura con las pistolas de *paintball* de manera segura y potente.

### Nitrógeno líquido
El nitrógeno se condensa en forma de líquido al enfriarse a -196 °C. Es decir, es extremadamente frío en forma líquida y congela al instante cualquier cosa que toque, útil para conservar muestras de sangre, células y tejido de uso médico sensibles.

**Júpiter** está cubierto por **mares de hidrógeno líquido**, formados con la condensación del **hidrógeno atmosférico**.

**Como gas,** el oxígeno es **transparente**, pero en **su forma líquida** es **azul claro**.

**39**

# OXÍGENO
*Oxygenium*
**Descubrimiento:** 1774

El oxígeno, el elemento del que dependemos para continuar vivos, se reconoció como elemento a finales del siglo XVIII. Muchos químicos de diferentes países llevaban años intentando descubrir precisamente qué hacía que la madera ardiera, y de qué estaba compuesto el aire; varios químicos llegaron a conclusiones parecidas al mismo tiempo. El oxígeno nos es útil en muchas formas y funciones diferentes, algunas de las cuales se ilustran aquí.

**Estructura atómica**

8  15,999
**O**
**OXÍGENO**

− 8
+ 8
8

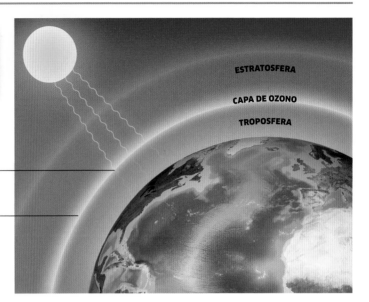

ESTRATOSFERA

CAPA DE OZONO

TROPOSFERA

La capa de ozono absorbe la mayor parte de la nociva radiación UV del Sol.

La capa de ozono envuelve la Tierra a una altura de unos 20 km.

## Fuego
Hacen falta tres cosas para que arda un fuego: tiene que haber un combustible, una fuente de calor (por ejemplo, una cerilla) y oxígeno. Sin oxígeno no se puede producir la combustión. Algunos extintores aplican una capa de espuma sobre el fuego para que quede sin oxígeno.

Una vela encendida dentro de un tarro consume todo el oxígeno y a continuación la llama empieza a titilar hasta que se apaga.

## Aire
Aproximadamente el 21 %, o una quinta parte, del aire de la atmósfera terrestre es gas oxígeno. En su parte inferior, el oxígeno que respiramos presenta su forma más frecuente: moléculas compuestas por dos átomos de oxígeno ($O_2$). Sin embargo, más arriba está la capa de ozono que nos protege de los nocivos rayos ultravioletas del Sol. El ozono ($O_3$) es otra forma, o alótropo, del oxígeno, con tres átomos de oxígeno en sus moléculas.

## Vida en la Tierra
Nuestro planeta es el único con oxígeno en la atmósfera, necesario para respirar. La fotosíntesis, el proceso por el que las plantas producen su alimento necesario para vivir y crecer, produce oxígeno. El agua, que fue la primera de posibilitar la vida hace millones de años y vital para la supervivencia de la vida en todas sus formas, también contiene oxígeno. Incluso el suelo está repleto de oxígeno, en forma de diferentes compuestos minerales (ver pp. 22-23).

**Vida**
Todos los animales necesitan oxígeno para procesar la comida y producir energía en un proceso vital denominado respiración.

**Tierra**
Gran parte de la corteza terrestre consiste en rocas con compuestos de oxígeno, como estas rocas de granito.

**Agua**
El agua es quizá el compuesto más importante de la Tierra y cubre dos tercios del planeta.

# Halógenos y gases nobles

**A la derecha de la tabla periódica están los no metales conocidos como halógenos (grupo 17) y gases nobles (grupo 18).**

La palabra *halógeno* significa «que forma sal» y hace referencia a que estos elementos forman con facilidad compuestos salinos con metales, como el cloruro sódico, o sal de mesa, y las sales metálicas que aportan color a los fuegos artificiales, como el cloruro de bario, que hace chispas verdes. Los gases nobles no forman enlaces con otros elementos «comunes» y siempre son gases a temperatura ambiente.

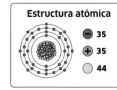

**Estructura atómica**

- ⊖ 35
- ⊕ 35
- ◯ 44

**35** 79,904

**Br**

BROMO

## BROMO
*Bromum*
**Descubrimiento:** 1826

El bromo es tóxico, corrosivo y uno de los dos únicos elementos líquidos a temperatura ambiente (el otro es el mercurio). Forma compuestos salinos menos nocivos, como los hallados en el mar Muerto, en Oriente Próximo.

**Un halógeno líquido**
Una gota de bromo naranja-marrón oscuro puro llena el resto de la esfera de gas con su vapor más claro.

## FLÚOR
*Fluor*
**Descubrimiento:** 1886

El flúor es un elemento increíblemente reactivo en forma de gas amarillo claro. Por sí solo, es muy tóxico y se combina con facilidad incluso con algunos de los elementos menos reactivos. Puede quemar materiales como el cristal o el acero hasta atravesarlos. Si se añaden dosis pequeñas al agua potable y la pasta de dientes ayuda a evitar las caries dentales.

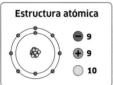

**Estructura atómica**

- ⊖ 9
- ⊕ 9
- ◯ 10

**9** 18,998

**F**

FLÚOR

**Mezcla tranquilizante**
Este vial contiene flúor mezclado con el gas noble helio para evitar que reaccione violentamente.

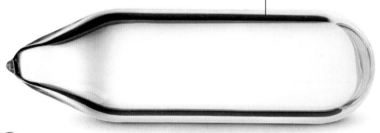

## YODO
*Iodium*
**Descubrimiento:** 1811

El yodo es el único halógeno que es sólido a temperatura ambiente; se sublima, es decir, pasa directamente de sólido a gas. Se puede usar como desinfectante en medicina y es un elemento esencial para la salud humana, en pequeñas cantidades.

**Estructura atómica**

- ⊖ 53
- ⊕ 53
- ◯ 74

**53** 126,90

**I**

YODO

**Sublimación del yodo**
Este sólido púrpura oscuro, casi negro, se convierte en un gas más claro.

## CLORO
*Chlorum*
**Descubrimiento:** 1774

Igual que el flúor, su vecino en la tabla periódica, el cloro es un gas muy reactivo. Es tan venenoso que se ha usado como arma química, por ejemplo en la Primera Guerra Mundial. Afecta a los pulmones, donde provoca un ahogo horrible. Sus letales propiedades son más útiles para luchar contra la fiebre tifoidea y el cólera: se añade al agua para matar las bacterias que provocan estas enfermedades. También se usa para tener limpias las piscinas y en la lejía doméstica.

**Estructura atómica**

- ⊖ 17
- ⊕ 17
- ◯ 18

**17** 35,453

**Cl**

CLORO

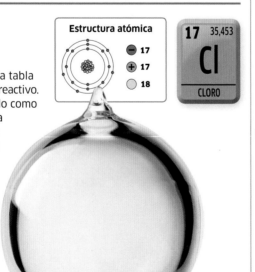

El cloro es un gas verde claro.

## TENESO
*Tennessine*
**Descubrimiento:** 2010

Este elemento artificial, un tardón entre los halógenos, recibió su nombre en 2016, seis años después de su creación. No existe en la naturaleza, sino que se produce, en grupos de pocos átomos, estrellando átomos más pequeños entre sí hasta que quedan unidos. El elemento es tan nuevo que por ahora apenas se conoce nada sobre su química. Su nombre se debe al estado de Tennessee, EE. UU., donde se sitúa el laboratorio donde tuvo lugar gran parte de la investigación para crearlo.

**Estructura atómica**

- ⊖ 117
- ⊕ 117
- ◯ 177

**117** 294

**Ts**

TENESO

El flúor forma parte de un compuesto usado para crear la capa de las sartenes antiadherentes en las que no se pega la comida.

El helio debe su nombre a Helios, el dios griego del Sol, ya que se descubrió en la nube de gas alrededor de nuestra estrella solar.

**41**

## NEÓN
*Neon*
**Descubrimiento:** 1898

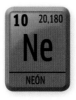

El neón es el más famoso de los gases nobles por su uso en señales brillantes e iluminación. Igual que los otros miembros del grupo de los gases nobles, es inerte (no reacciona con otros elementos) y más bien raro. El neón está presente en pequeñas cantidades en el aire; de hecho, el aire es la única fuente de este elemento. Para extraerlo, se enfría el aire hasta que queda líquido para, a continuación, volver a calentarlo y, a través de la destilación, separar los diferentes elementos presentes en el aire a medida que se evaporan. El neón se emplea como refrigerante y, combinado con helio, se utiliza en láseres.

**¿Rojo neón?**
Cuando la electricidad cruza el gas neón, este emite un intenso brillo rojo. De hecho, solo las luces de neón rojas son realmente de neón. Otros gases nobles crean el resto de los colores de «neón»: el argón, por ejemplo, emite colores azules.

## HELIO
*Helium*
**Descubrimiento:** 1895

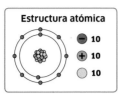

El helio es un gas muy ligero; el único que le supera en ligereza es el hidrógeno, y por eso se usa para hinchar globos. Con este gas, se pueden llenar aeronaves, globos meteorológicos e infantiles para que floten en el aire. El helio apenas es reactivo y por eso forma pocos compuestos. Igual que el neón, se puede usar como agente refrigerante.

**La muerte de una estrella**
La nebulosa Creciente está compuesta por gases emitidos por una estrella. Casi todo lo que queda de la estrella es helio, producido tras millones de años de fusión nuclear.

**A soldar**
El gas argón se usa en soldaduras para evitar que el vapor de agua y el oxígeno reaccionen con el metal.

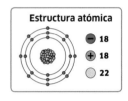

## ARGÓN
*Argon*
**Descubrimiento:** 1894

El argón es el tercer gas más abundante de la atmósfera terrestre, por detrás del nitrógeno y el oxígeno. Es de naturaleza no reactiva y no conduce bien el calor. Incluso su nombre, del griego *argos*, significa «inactivo». No obstante, se aprovecha, por ejemplo, en soldaduras y para proteger piezas frágiles de museo para evitar que se descompongan ante la presencia de oxígeno.

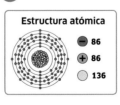

## RADÓN
*Radon*
**Descubrimiento:** 1900

El radón es un gas incoloro que liberan los minerales del suelo que contienen el elemento uranio. El radón es un grave riesgo para la salud: es muy radiactivo. Respirarlo puede provocar cáncer de pulmón. Está presente por doquier, pero normalmente a niveles muy bajos. A veces, en las áreas donde es probable que existan niveles más altos de radón se facilitan kits de detección casera.

**Lodo volcánico**
El radón está presente en fuentes termales volcánicas y el lodo a su alrededor. Los científicos controlan sus niveles para comprobar la seguridad del agua subterránea de la zona.

# REACCIONES QUÍMICAS

Una reacción química es lo que tiene lugar cuando una sustancia coincide y reacciona con otra, y se forma una sustancia nueva. Las sustancias que reaccionan se conocen como reactivos y lo que se forma se denomina producto. En una reacción química, los átomos solo se reordenan, nunca se crean ni destruyen.

Un cambio de color en una sustancia a menudo indica que se ha producido una reacción.

## DIFERENTES REACCIONES

Existen muchos tipos de reacción, que varían según los reactivos que participen y las condiciones bajo las que se produzcan. Algunas reacciones pasan en un instante, otras tardan años. Las reacciones exotérmicas emiten calor, mientras que las endotérmicas enfrían las cosas. Los productos de una reacción reversible pueden volver a convertirse en sus reactivos originales, al contrario que en una reacción irreversible. Las reacciones redox implican dos reacciones simultáneas: reducción y oxidación.

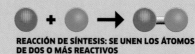

**REACCIÓN DE SÍNTESIS: SE UNEN LOS ÁTOMOS DE DOS O MÁS REACTIVOS**

**REACCIÓN DE DESCOMPOSICIÓN: LOS ÁTOMOS DE UN REACTIVO SE SEPARAN EN DOS PRODUCTOS**

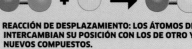

**REACCIÓN DE DESPLAZAMIENTO: LOS ÁTOMOS DE UN TIPO INTERCAMBIAN SU POSICIÓN CON LOS DE OTRO Y FORMAN NUEVOS COMPUESTOS.**

### Tres tipos de reacción

Las reacciones se pueden clasificar en tres grupos principales según lo que pase con los reactivos. Como se ve arriba, en algunas reacciones los reactivos se unen, en otras se separan y en otras los átomos intercambian posiciones.

## PRINCIPIOS BÁSICOS

En nuestro entorno se producen reacciones químicas sin parar: al digerir la comida, oxidar el metal, quemar la madera o pudrir los alimentos. A veces es divertido observar reacciones químicas en un laboratorio: despiden chispas, emiten nubes de humo o provocan espectaculares cambios de color. Sin embargo, hay otras que pasan desapercibidas. Lo más importante, tras todas estas reacciones, es que todos los átomos participantes no sufren cambios. Los átomos del principio de las reacciones coinciden con los átomos del final de la reacción. Lo único que cambia es la disposición de estos átomos.

Entrada de gases de escape sucios

El conversor catalítico del coche contiene un catalizador de platino y rodio.

El monóxido de carbono y el combustible no quemado se convierten en dióxido de carbono y agua al pasar por el catalizador.

Salida de gases de escape más limpios

### Reactivos y productos

El resultado de una reacción química es un cambio químico y la generación de un producto o productos diferentes a los reactivos. A menudo el reactivo no se parece en absoluto a los reactivos. Dos líquidos pueden formar un sólido, un líquido amarillo puede tornarse azul, o mezclando un sólido con un líquido puede aparecer un gas. No siempre parece que los átomos de los reactivos sean los mismos que los de los productos, pero lo son.

Los enlaces se rompen y vuelven a formarse

**REACTIVO 1**   **REACTIVO 2**   **REACCIÓN**   **PRODUCTO**

### Ecuaciones químicas

La ley de la conservación de la masa declara que la masa no se crea ni se destruye. Esto sirve para la masa de los átomos de una reacción, y se demuestra con una ecuación química. Los reactivos aparecen a la izquierda y los productos a la derecha. El número de átomos a la izquierda de la flecha siempre es igual al de la derecha. Todo se abrevia: por ejemplo 2 $H_2$ significa dos moléculas de hidrógeno, con dos átomos en cada molécula.

**2 MOLÉCULAS DE HIDRÓGENO (2 $H_2$)**   **1 MOLÉCULA DE OXÍGENO ($O_2$)**   **2 MOLÉCULAS DE AGUA (2 $H_2O$)**

### Catalizadores

Los catalizadores son sustancias que aceleran las reacciones. Algunas reacciones no pueden empezar sin un catalizador que facilite la interacción de los reactivos. Este no forma parte de la reacción ni cambia. Los distintos catalizadores desempeñan tareas diferentes. Los coches usan catalizadores para reducir las nocivas emisiones del motor acelerando su conversión en gases más limpios.

**¿Rápida o lenta?**
La masa de pan hecha con levadura sube lentamente con la fermentación. En este proceso, los compuestos químicos de la levadura reaccionan con el azúcar para producir burbujas de gas de dióxido de carbono, que hacen subir la masa. Con el bicarbonato, la reacción se produce entre un ácido y un alcalino, lo que genera dióxido de carbono al instante.

**¿Fría o caliente?**
Se consume energía para romper los enlaces entre átomos; se libera energía cuando se establecen enlaces nuevos. A menudo se genera más energía que la que se consume para romper los enlaces. Esa energía se libera en forma de calor, como por ejemplo una vela encendida. Esta reacción es exotérmica. Si la energía liberada es inferior a la energía necesaria para romper los enlaces, la reacción absorbe energía a su alrededor y se enfría el entorno. Esa reacción es endotérmica.

**Reacciones redox**
Las reacciones redox incluyen reducción (retirada de oxígeno o adición de electrones) y oxidación (adición de oxígeno o retirada de electrones). Cuando una manzana se pudre, se oxida un agente químico dentro de la manzana y se reduce el oxígeno del aire.

**¿Reversible o irreversible?**
La oxidación es una reacción redox que, igual que cuando una manzana se pudre, es irreversible. En una reacción reversible, algunos productos pueden volver a sus reactivos originales.

# ¿POR QUÉ HAY REACCIONES?

Las diferentes reacciones químicas suceden por varios motivos, como el tipo y la concentración de los reactivos, la temperatura y la presión. Las reacciones químicas implican la rotura y creación de enlaces entre átomos. Estos enlaces afectan a los electrones de la capa exterior de cada átomo. La disposición de los electrones en los átomos de los distintos elementos es lo que decide qué átomos pierden electrones y qué átomos los ganan.

**¿Por qué reaccionan los átomos?**
Los átomos que pierden electrones con facilidad es probable que reaccionen con los átomos con la capa exterior por llenar. Existen diferentes tipos de enlaces según el modo de unión de los átomos: covalente, iónico y metálico (ver pp. 16-17). Las moléculas de agua (abajo) tienen enlaces covalentes.

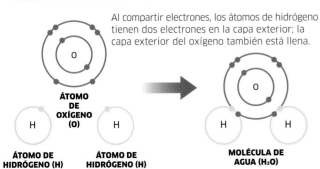

Al compartir electrones, los átomos de hidrógeno tienen dos electrones en la capa exterior; la capa exterior del oxígeno también está llena.

**ÁTOMO DE OXÍGENO (O)**

**ÁTOMO DE HIDRÓGENO (H)**

**ÁTOMO DE HIDRÓGENO (H)**

**MOLÉCULA DE AGUA (H₂O)**

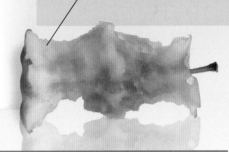

Mayor actividad

| POTASIO | Reacciona con el agua |
| SODIO | |
| CALCIO | |
| MAGNESIO | |
| ALUMINIO | Reacciona con ácidos diluidos |
| CINC | |
| HIERRO | |
| COBRE | |
| PLATA | |
| ORO | Apenas reacciona |

**Serie de actividad de los metales**
Una serie de actividad ordena los elementos según su facilidad de reacción con otros elementos. El más reactivo está arriba y el menos reactivo, abajo. Así se puede predecir qué harán los elementos en determinadas reacciones químicas.

**Potasio**
El potasio es el metal más reactivo de la serie. Echa un trozo de potasio al agua y este reacciona al instante: silva por la superficie del agua hasta que explota entre espectaculares llamas.

**44** materia ○ **COMPUESTOS**

El helado debe sus sabores diferentes
a compuestos naturales y sintéticos.

## Fórmulas fascinantes

La fórmula química de un compuesto indica qué elementos están presentes y en qué proporción. El ácido sulfúrico ($H_2SO_4$) se compone de moléculas que contienen 2 átomos de hidrógeno, 1 átomo de azufre y 4 átomos de oxígeno.

$$H_2 \; S \; O_4 \; = \; \text{Ácido sulfúrico}$$

2 ÁTOMOS DE HIDRÓGENO     1 ÁTOMO DE AZUFRE     4 ÁTOMOS DE OXÍGENO

# Compuestos

**Cuando dos o más elementos se unen formando enlaces químicos, crean una nueva sustancia diferente, que se denomina compuesto.**

Los compuestos no son tan solo mezclas de elementos. Una mezcla se puede separar en las sustancias individuales que contiene, pero no es fácil deshacer un compuesto para volver a sus elementos iniciales. Por ejemplo, el agua es un compuesto de hidrógeno y oxígeno. Solo a través de una reacción química se puede volver a estos elementos separados. Un compuesto consiste en átomos de dos o más elementos en una proporción concreta. El agua, por ejemplo, tiene una proporción de 2 átomos de hidrógeno y 1 átomo de oxígeno por cada molécula de agua.

## Enlaces sólidos

Existen dos tipos de enlaces que mantienen unidos los átomos de un compuesto: covalentes e iónicos (ver pp. 16-17). Los enlaces covalentes se forman entre átomos de no metales. Los enlaces iónicos se forman entre átomos de metales y de no metales.

### Compuestos covalentes
Los compuestos covalentes, como el azúcar, forman moléculas cuando los átomos forman enlaces covalentes. Se funden y hierven a temperaturas inferiores a las de los compuestos iónicos. Cuando se disuelven en agua, no conducen la electricidad.

La sal baja el punto de congelación del agua, por eso se usa para fundir el hielo y la nieve en la carretera.

### Compuestos iónicos
Los compuestos iónicos consisten en iones. Un ion es una partícula con carga eléctrica que se forma cuando un átomo ha perdido o ganado electrones. Los iones se unen y forman cristales con puntos de fusión elevados. La sal es un compuesto iónico.

Las cáscaras de huevo y las duras conchas marinas contienen carbonato cálcico.

### Lo mejor de cada casa
La mayoría de los compuestos combinan enlaces iónicos y covalentes. En el carbonato cálcico, por ejemplo, los iones de calcio forman enlaces iónicos con los iones de carbonato. Cada ion de carbonato contiene átomos de carbono y oxígeno unidos por enlaces covalentes.

## De tal palo, una astilla diferente

Cuando los átomos de diferentes elementos se unen para crear nuevos compuestos, es difícil discernir qué tipo de elementos eran a partir del compuesto final. Por ejemplo, no se distingue el carbono del dióxido de carbono ($CO_2$), ni el sodio de la sal de mesa, o cloruro sódico (NaCl).

La sal, que contiene los elementos sodio y cloro, no se parece en nada a ellos.

**+**     **=**

**Na**
Sodio

**Cl**
Cloro

**NaCl**
Cloruro sódico

### Cambio radical
En las reacciones químicas, diferentes elementos se reagrupan en nuevas combinaciones. El aspecto y el tacto de las sustancias resultantes a menudo es muy diferente. Por ejemplo, el sodio es un metal brillante y el cloro es un gas verde claro, pero se juntan para crear cloruro sódico (sal), un cristal blanco.

Pirita, un tipo de sulfuro de hierro

### Sulfuro de hierro
El sulfuro de hierro, un compuesto de hierro y azufre, se presenta en diversas formas. Si se funden virutas de hierro y polvo amarillo de azufre, se obtiene un sólido negro conocido como sulfuro de hierro II (FeS). El mineral pirita ($FeS_2$, arriba), el «oro de los pobres», es otra forma del sulfuro de hierro. Al contrario que el hierro, estos compuestos no son magnéticos.

**1862** Año en el que **el primer plástico**, la parkesina, se lanzó. Se utilizaba para **hacer botones**.

La celulosa, un **polímero natural**, se usa para hacer **celofán**, el envoltorio de **los caramelos**. **45**

## Polímeros

Algunas moléculas se unen en cadenas para formar largos polímeros (que significa «muchas partes»). Cada molécula individual que compone el polímero se denomina monómero. Los seres vivos tienen muchos polímeros importantes. La celulosa, parte esencial de la madera, es el polímero natural más abundante de la Tierra. El ADN del cuerpo y el almidón de alimentos como la pasta, arroz y patatas también son polímeros. Existen polímeros artificiales. Los polímeros sintéticos incluyen una gran variedad de plásticos diferentes.

### Polímeros de plástico y reciclaje

Los primeros polímeros artificiales intentaban reproducir polímeros naturales: seda, celulosa y látex (ver pp. 58-59). Actualmente los plásticos son una pieza central de nuestro estilo de vida, pero suponen un grave riesgo para el medio ambiente. En 1988, se desarrolló un código de identificación para facilitar el reciclaje de los plásticos. Los símbolos del código permiten que los recicladores sepan de qué plástico está hecho un objeto, dato importante al procesar y reciclar.

### ¿Qué es un polímero?

Un polímero es como un collar de perlas en el que cada perla, o monómero, de la cadena se compone exactamente de la misma combinación de átomos. Los más cortos, de tan solo dos monómeros, se denominan dímeros, mientras que los que tienen tres se conocen como trímeros.

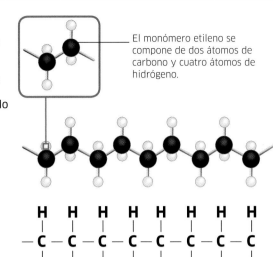

El monómero etileno se compone de dos átomos de carbono y cuatro átomos de hidrógeno.

### Polímero polietileno

Una cadena de monómeros de etileno se conoce como polietileno (o polieteno/politeno). Un polímero de polietileno contiene varios miles de monómeros de etileno.

| Tipo de plástico | Símbolo | Propiedades | Uso |
|---|---|---|---|
| **Tereftalato de polietileno** | 1 **PET o PETE** | Transparente y ligero pero fuerte y resistente al calor. Retiene bien el gas, la humedad, el alcohol y los disolventes. | • Botellas de agua<br>• Tarros para alimentación<br>• Bolsas para asar |
| **Polietileno de alta densidad** | 2 **HDPE** | Duro; se puede estirar sin que se rompa, fácil de procesar. Resistente a la humedad y disolventes. | • Botellas de leche<br>• Cubos de basura<br>• Botellas de zumo |
| **Cloruro de polivinilo** | 3 **PVC** | Fuerte; resistente a los agentes químicos y el petróleo. El PVC rígido se usa para la construcción; el PVC flexible, en hinchables. | • Tuberías<br>• Juguetes e hinchables<br>• Suelos |
| **Polietileno de baja densidad** | 4 **LDPE** | Flexible y duro, puede soportar temperaturas elevadas. Buena resistencia a los agentes químicos. Fácil de procesar. | • Bolsas de plástico<br>• Tapas<br>• Anillas de las latas |
| **Polipropileno** | 5 **PP** | Duro, flexible y duradero. Punto de fusión elevado. Resistente a grasas y disolventes. | • Bisagras de las tapas abatibles<br>• Frascos de medicamentos<br>• Aditivos del hormigón |
| **Poliestireno** | 6 **PS** | Puede ser sólido o en espuma. Bueno para aislar y fácil de deformar, pero de biodegradación lenta. | • Vasos de un solo uso<br>• Cubertería de plástico<br>• Envases |
| **Otros** | 7 **Otros** | Otros plásticos como el acrílico, nailon, ácido poliláctico y combinaciones plásticas de múltiples capas. | • Biberones<br>• Gafas protectoras<br>• «Tinta» de impresoras 3D |

## Corrosión

Los ácidos y álcalis fuertes pueden provocar graves quemaduras en la piel. Los más fuertes pueden perforar el metal e incluso hay algunos que disuelven el cristal. A pesar del peligro, este poder corrosivo puede aprovecharse para, por ejemplo, grabar cristal o limpiar metales.

# Ácidos y bases

**Los ácidos y las bases son opuestos químicos que reaccionan cuando se mezclan para neutralizarse entre sí. Las bases solubles en agua se denominan álcalis. Todos los álcalis son bases, pero no todas las bases son álcalis.**

Las bases y los ácidos pueden ser débiles o fuertes. Muchos ingredientes de la cocina contienen ácidos débiles (el vinagre, por ejemplo) o álcalis (huevos), mientras que los ácidos y álcalis fuertes se usan en productos de limpieza y procesos industriales. Los ácidos y álcalis fuertes se descomponen completamente al disolverse en agua, al contrario que los débiles.

## ¿Ácido o base?

El número de iones hidrógenos determina la acidez de una sustancia: es su «potencial de hidrógeno», o pH. El agua, con pH 7, es una sustancia neutra. Una sustancia con pH inferior a 7 es ácida; una con pH superior a 7 es alcalina. Cada intervalo de la escala representa multiplicar por diez su alcalinidad o acidez. Por ejemplo, la leche y su pH 6 es diez veces más ácida que el agua, pH 7. En cambio, el agua de mar, pH 8, es diez veces más alcalina que el agua pura.

## Los iones hidrógenos (H⁺)

**determinan si una solución es ácida o alcalina. Los ácidos son donantes de H⁺, mientras que los álcalis son receptores de H⁺.**

## Papel de tornasol

Durante cientos de años se ha usado papel de tornasol para descubrir si una solución es ácida o alcalina. La tira de papel de tornasol rojo pasa a azul al mojarla en un álcali. La tira de papel de tornasol azul pasa a rojo al mojarla en un ácido.

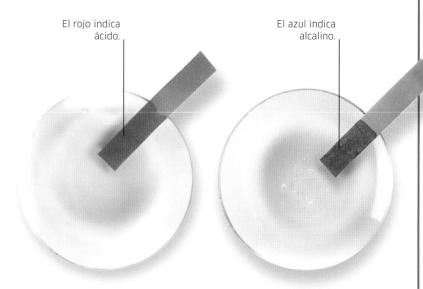

El rojo indica ácido.

El azul indica alcalino.

## La escala de pH

La escala de pH, con valores del 0 al 14, está relacionada con la concentración de iones hidrógenos (H⁺). El pH 7 es neutro. El pH 1 indica una concentración elevada de iones hidrógenos (ácido). El pH 14 indica una concentración baja (álcali).

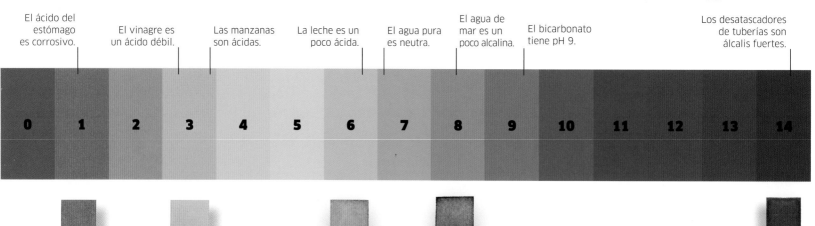

El ácido del estómago es corrosivo.

El vinagre es un ácido débil.

Las manzanas son ácidas.

La leche es un poco ácida.

El agua pura es neutra.

El agua de mar es un poco alcalina.

El bicarbonato tiene pH 9.

Los desatascadores de tuberías son álcalis fuertes.

0 1 2 3 4 5 6 7 8 9 10 11 12 13 14

## Indicador universal

El papel indicador contiene diversos agentes químicos que reaccionan y cambian de color según los diferentes valores del pH. El pH se ve mojando el papel indicador en cualquier solución.

Los jardineros usan poso de café para bajar el pH del suelo alrededor de plantas que prefieren el ácido, como las rosas.

El agua con jabón es muy alcalina.

El ácido del estómago es casi tan corrosivo como el ácido de batería, pero el estómago produce un moco que lo protege.

**47**

## La culpa es de los iones

La diferencia entre un ácido y un álcali está en la proporción de partículas de carga positiva denominadas iones hidrógenos (H⁺). Cuando un compuesto ácido se disuelve en agua, se descompone y libera iones H⁺: tiene una mayor proporción de iones de carga positiva. Cuando un compuesto alcalino se disuelve en agua, libera partículas de carga negativa denominadas iones hidróxidos (OH⁻). Los ácidos se consideran donantes de H⁺; los álcalis se consideran receptores de H⁺.

**Ácida**
Hay más iones H⁺ de carga positiva que iones OH⁻ de carga negativa en un ácido.

**Neutra**
Una solución neutra contiene el mismo número de iones H⁺ positivos que de OH⁻ negativos.

**Básica**
Existen más iones OH⁻ de carga negativa que iones H⁺ de carga positiva en un álcali.

## Mezcla de ácidos y bases

La reacción entre un ácido y un álcali produce agua y una sal, y se denomina reacción de neutralización. Los iones H⁺ del ácido reaccionan con los iones OH⁻ del álcali, lo que resulta en una sustancia que no es ácida ni alcalina. Los diferentes ácidos y álcalis producen sales distintas al reaccionar.

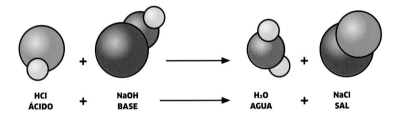

$$HCl \text{ ÁCIDO} + NaOH \text{ BASE} \rightarrow H_2O \text{ AGUA} + NaCl \text{ SAL}$$

### Fórmula de neutralización

El ácido clorhídrico (HCl) reacciona con el álcali hidróxido de sodio (NaOH) para producir una solución neutra que consiste en agua (H₂O) y una sal muy conocida: cloruro sódico (NaCl) o sal de mesa.

### Ácidos y bases en la agricultura

Los agricultores controlan mucho los niveles de pH del suelo. Los suelos son de naturaleza ácida o alcalina y cada cultivo prefiere un mayor o menor pH. Los granjeros bajan el pH del suelo añadiendo abonos concretos, o lo suben con álcalis, por ejemplo con cal (hidróxido de calcio).

## Química en la cocina

La cocina es un lugar excelente para ver ácidos y álcalis en acción. Los ácidos débiles del zumo de limón y el vinagre pueden conservar o potenciar el sabor de la comida. Al hornear pasteles, usamos los álcalis débiles del bicarbonato sódico para que suban. Los ácidos y álcalis fuertes son ingredientes principales de todo tipo de productos de limpieza. Son tan potentes que hay que usar guantes protectores.

Muchos desatascadores de tuberías contienen un álcali fuerte.

### Productos de limpieza

Un álcali fuerte, como el hidróxido de sodio (o sosa cáustica), puede descomponer los pelos y las grasas que atascan las tuberías. Ante esta potencia destructiva es fácil entender por qué los productos de limpieza deben manipularse con cuidado. Los ácidos reaccionan con la cal (carbonato de calcio, álcali) y por eso se usan para eliminar la cal de la grifería.

El hidróxido de sodio disuelve el atasco.

Atasco de grasa

Burbujas del dióxido de carbono

### Levadura química

La levadura química se añade a la harina del pastel para que suba, porque contiene un ácido y un álcali que reaccionan cuando reciben un líquido y calor. La reacción produce burbujas de dióxido de carbono que impulsan la mezcla del pastel.

# Bosque de cristal

**A veces se produce magia al hundir un trozo de metal puro en una solución que contiene otro metal disuelto.**

Estos delicados cristales se han formado sobre un fragmento de cinc dentro de una solución de nitrato de plomo. Sin embargo, lo que realmente hace la magia es una reacción química conocida como desplazamiento de metal, fotografiada aquí a través del microscopio. El metal más reactivo (cinc) desplaza el metal menos reactivo (plomo) de su compuesto nitrato, así que en lugar del nitrato de plomo y cinc, acabamos con plomo puro y una solución de cinc e iones nitratos. Los átomos de plomo se unen siguiendo patrones regulares y forman cristales de plomo puro.

# Combustión

**La combustión es la reacción entre un combustible, como por ejemplo madera, gas natural o petróleo, y oxígeno. La reacción de combustión libera energía en forma de calor y luz. Hace falta algo (una cerilla o una chispa) para iniciar la combustión del combustible.**

La combustión es lo que se produce en fuegos de campo, fuegos artificiales y la llama de una vela. Además de ser un espectáculo, es esencial en nuestro modo de vida. La mayoría de las centrales energéticas generan electricidad mediante la combustión de combustibles fósiles, como por ejemplo carbón, petróleo y gas. La mayoría de los coches, camiones, barcos y aviones tienen motores de combustión. Los científicos se esfuerzan en crear alternativas a lo que ahora se entiende como una fuente de energía potencialmente poco rentable y muy nociva. Por el momento, no obstante, confiamos en ella para no pasar frío y desplazarnos.

### Química de la fogata

La madera seca contiene celulosa (compuesta por los elementos carbono, hidrógeno y oxígeno). Quema bien en presencia de oxígeno, que suma un 20 % del aire.

**Dióxido de carbono**

Al quemarse la madera se produce dióxido de carbono ($CO_2$). Este gas, famoso por ser un gas de efecto invernadero, contribuye al calentamiento global si se acumula en la atmósfera.

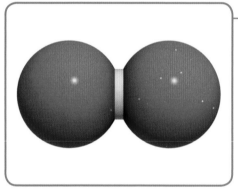

**Vapor de agua**

La combustión de la celulosa, que suma casi la mitad de la masa seca de la madera, produce agua ($H_2O$) y también dióxido de carbono ($CO_2$). Al calor del fuego, el agua se evapora en forma de vapor.

**Oxígeno**

Para que se mantenga la combustión, es necesario un buen suministro del elemento oxígeno. El oxígeno del aire se ordena en forma de moléculas de dos átomos de oxígeno, cuya fórmula química es $O_2$.

### Reacción equilibrada

Durante la combustión, las sustancias conocidas como reactivos se transforman en sustancias nuevas, o productos. La reacción reordena los átomos de los reactivos. Intercambian posiciones, pero su número continúa igual. Se libera energía (calor y luz) cuando se rompen los enlaces de las moléculas iniciales y se forman otros nuevos.

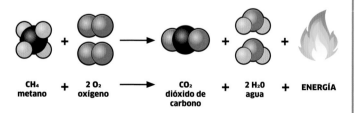

$$CH_4 \text{ metano} + 2\,O_2 \text{ oxígeno} \rightarrow CO_2 \text{ dióxido de carbono} + 2\,H_2O \text{ agua} + \text{ENERGÍA}$$

**Combustión del metano**

Esta es la fórmula de reacción de la combustión del metano (gas natural). El número de átomos de carbono (C), hidrógeno (H) y oxígeno (O) es el mismo en ambos lados de la flecha, pero las sustancias que componen han cambiado.

**Los primeros hombres** aprendieron a
**hacer fuego** hace un millón de años.

**1777** Año en el que el químico francés **Antoine Lavoisier**
demostró que **el oxígeno** participa **en la combustión**.

**51**

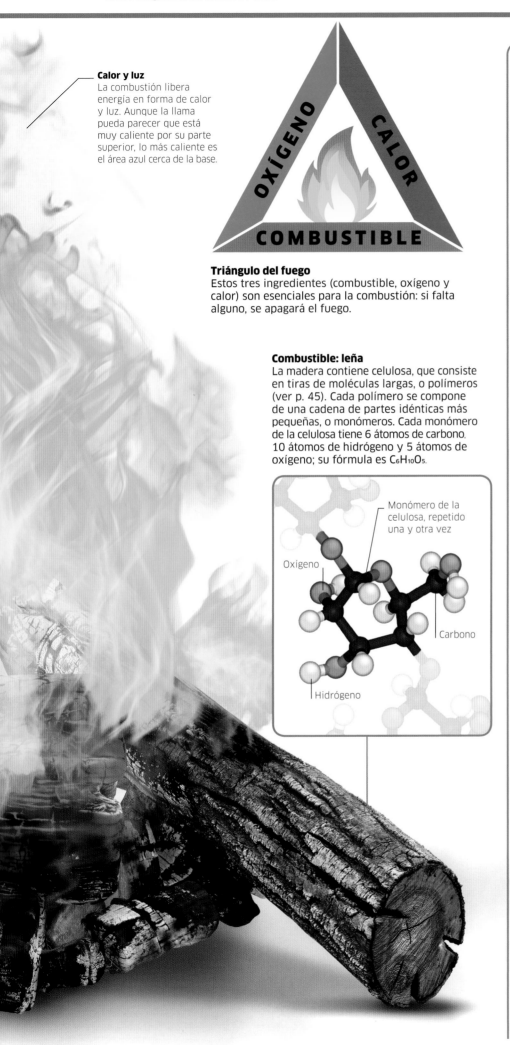

**Calor y luz**
La combustión libera
energía en forma de calor
y luz. Aunque la llama
pueda parecer que está
muy caliente por su parte
superior, lo más caliente es
el área azul cerca de la base.

**Triángulo del fuego**
Estos tres ingredientes (combustible, oxígeno y
calor) son esenciales para la combustión: si falta
alguno, se apagará el fuego.

**Combustible: leña**
La madera contiene celulosa, que consiste
en tiras de moléculas largas, o polímeros
(ver p. 45). Cada polímero se compone
de una cadena de partes idénticas más
pequeñas, o monómeros. Cada monómero
de la celulosa tiene 6 átomos de carbono,
10 átomos de hidrógeno y 5 átomos de
oxígeno; su fórmula es $C_6H_{10}O_5$.

Monómero de la
celulosa, repetido
una y otra vez

Oxígeno

Carbono

Hidrógeno

## Eficiencia y ecología del combustible

Cada combustible libera diferente cantidad de energía y
produce distinta cantidad de dióxido de carbono al quemar.
La madera es la menos eficiente y la que produce más
dióxido de carbono, lo que la convierte en el combustible
menos respetuoso con el medio ambiente.

**Valores energéticos de diferentes combustibles**
■ Contenido energético (kJ por gramo de combustible)
■ Cantidad (mg) de dióxido de carbono liberado por kJ de energía

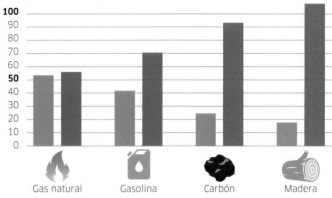

Gas natural          Gasolina          Carbón          Madera

## Fuegos artificiales

Gracias a la combustión, los fuegos artificiales surcan los
cielos y estallan en coloridas explosiones. Se usa carbón
como combustible, mezclado con oxidantes (compuestos
que aportan oxígeno) y otros agentes. Diferentes sales
metálicas son las responsables de los colores.

Las sales de sodio
producen chispas
amarillas.

El verde viene de
las sales de bario.

Las sales de cobre
mezcladas con sales
de estroncio rojo dan
púrpura.

Las sales de cobre
dan chispas azules.

**3 Explosión**
Al abrirse la punta
en el cielo, cada pequeña
chispa explota y revela
su color particular.

**2 Explosión**
La siguiente reacción
aparece cuando el fuego
llega a la zona de explosivos
y sales metálicas.

Fuego a través de la
carga y hacia la punta.

Punta llena de
explosivos que
producen los colores

Carga de lanzamiento
con explosivo

**1 Lanzamiento**
La chispa de la
mecha llega a la carga
de lanzamiento y activa
la primera combustión.
El cohete despega hacia
el cielo.

Mecha retardante

Se enciende la mecha
para provocar la
reacción inicial.

**52** materia ∘ **ELECTROQUÍMICA**

**1799** Año en el que el científico italiano **Alessandro Volta inventó la primera** batería eléctrica.

# Electroquímica

**La electricidad y las reacciones químicas están muy vinculadas, y la electroquímica estudia el conjunto de ambas: se trata del estudio de los procesos químicos que hacen mover los electrones.**

Una corriente eléctrica es un flujo constante de electrones, las minúsculas partículas negativas que flotan por las capas de los átomos. Los electrones pueden moverse en respuesta a la reacción química que se produce en una batería o a la corriente del suministro eléctrico.

La electricidad es fundamental para la electrólisis. La industria usa este proceso para extraer los elementos puros de los compuestos iónicos (ver p. 44) disueltos en un líquido conocido como electrolito. La electrólisis también sirve para purificar metales; se puede usar un proceso similar para platear (cubrir) objetos con un metal. El resultado depende del material elegido para los electrodos y, en particular, el contenido exacto del electrolito.

## Iones y reacciones redox

Las reacciones químicas en las que se transfieren electrones entre átomos se denominan reacciones de oxidación-reducción (redox). Los átomos que han perdido o ganado electrones se convierten en iones, que tienen carga eléctrica. Los átomos que ganan electrones se convierten en iones negativos (aniones). Los átomos que pierden electrones se convierten en iones positivos (cationes). Ambos tienen un papel crucial en la electrólisis.

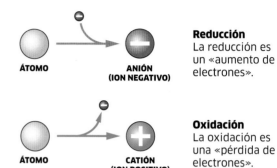

**ÁTOMO** → **ANIÓN (ION NEGATIVO)**

**Reducción**
La reducción es un «aumento de electrones».

**ÁTOMO** → **CATIÓN (ION POSITIVO)**

**Oxidación**
La oxidación es una «pérdida de electrones».

## Electrólisis

Los compuestos iónicos contienen iones positivos y negativos, que se pueden separar con electricidad en un proceso denominado electrólisis. Si se hace pasar electricidad a través de un electrolito (un compuesto iónico disuelto en agua), los iones negativos del electrolito se desplazarán hacia el electrodo positivo y los iones positivos irán hacia el electrodo negativo. Los productos creados durante el proceso dependerán del contenido del electrolito. Este diagrama ilustra cómo el agua ($H_2O$) se puede volver a dividir en sus elementos puros originales: oxígeno e hidrógeno. Se pueden atrapar y recoger ambos gases a medida que se acumulan en forma de burbuja por los electrodos.

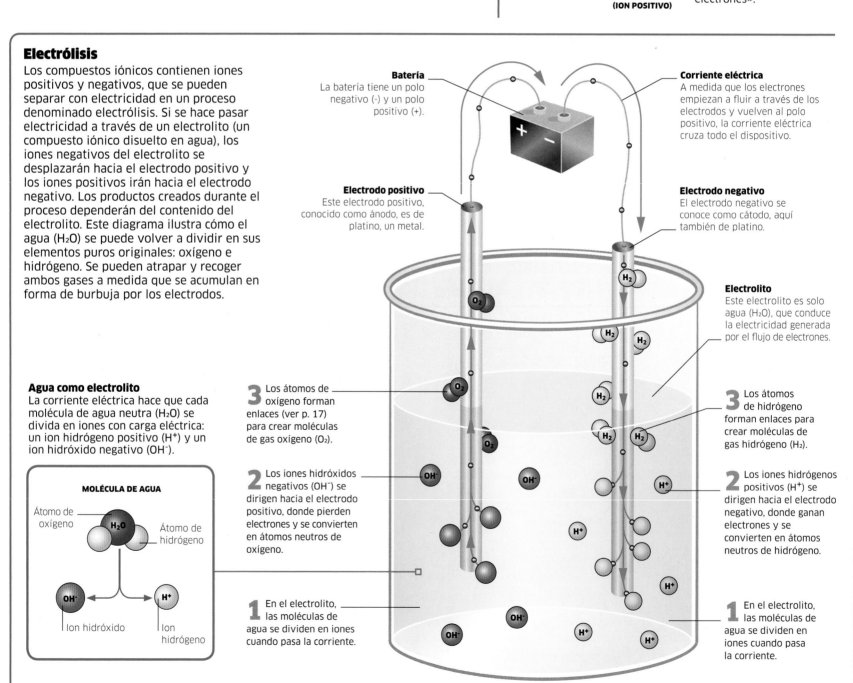

**Batería**
La batería tiene un polo negativo (-) y un polo positivo (+).

**Corriente eléctrica**
A medida que los electrones empiezan a fluir a través de los electrodos y vuelven al polo positivo, la corriente eléctrica cruza todo el dispositivo.

**Electrodo positivo**
Este electrodo positivo, conocido como ánodo, es de platino, un metal.

**Electrodo negativo**
El electrodo negativo se conoce como cátodo, aquí también de platino.

**Electrolito**
Este electrolito es solo agua ($H_2O$), que conduce la electricidad generada por el flujo de electrones.

**Agua como electrolito**
La corriente eléctrica hace que cada molécula de agua neutra ($H_2O$) se divida en iones con carga eléctrica: un ion hidrógeno positivo ($H^+$) y un ion hidróxido negativo ($OH^-$).

**MOLÉCULA DE AGUA**

Átomo de oxígeno

$H_2O$

Átomo de hidrógeno

Ion hidróxido $OH^-$

Ion hidrógeno $H^+$

**3** Los átomos de oxígeno forman enlaces (ver p. 17) para crear moléculas de gas oxígeno ($O_2$).

**2** Los iones hidróxidos negativos ($OH^-$) se dirigen hacia el electrodo positivo, donde pierden electrones y se convierten en átomos neutros de oxígeno.

**1** En el electrolito, las moléculas de agua se dividen en iones cuando pasa la corriente.

**3** Los átomos de hidrógeno forman enlaces para crear moléculas de gas hidrógeno ($H_2$).

**2** Los iones hidrógenos positivos ($H^+$) se dirigen hacia el electrodo negativo, donde ganan electrones y se convierten en átomos neutros de hidrógeno.

**1** En el electrolito, las moléculas de agua se dividen en iones cuando pasa la corriente.

**1807** Año en el que el químico británico **sir Humphry Davy** descubrió los **elementos** potasio y sodio **por electrólisis**.

El **cuerpo humano contiene electrolitos** que regulan las funciones nerviosas y musculares, que dependen de una **corriente eléctrica débil**.

**53**

## Plateado electrolítico

El plateado electrolítico, un proceso similar a la electrólisis, consiste en recubrir un metal barato con otro metal más caro, por ejemplo, plata. Para convertir una cuchara de metal barato en una cuchara plateada, se usa la cuchara de metal barato como cátodo (electrodo negativo) y un lingote de plata como ánodo (electrodo positivo). Los dos electrodos se bañan en un electrolito con una solución del metal caro, en este caso una solución de nitrato de plata.

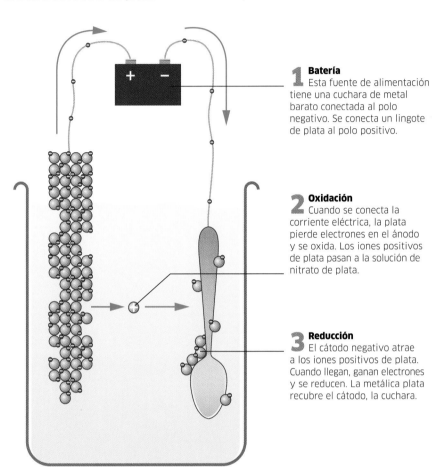

**1 Batería**
Esta fuente de alimentación tiene una cuchara de metal barato conectada al polo negativo. Se conecta un lingote de plata al polo positivo.

**2 Oxidación**
Cuando se conecta la corriente eléctrica, la plata pierde electrones en el ánodo y se oxida. Los iones positivos de plata pasan a la solución de nitrato de plata.

**3 Reducción**
El cátodo negativo atrae a los iones positivos de plata. Cuando llegan, ganan electrones y se reducen. La metálica plata recubre el cátodo, la cuchara.

Las manchas grises delatan la oxidación.

**Oxidación por aire**
La plata se oxida con la exposición al aire, por eso los objetos plateados pierden su brillo y presentan manchas grises en la superficie. Las manchas desaparecen al pulirse, pero también se puede dañar el plateado.

**Galvanizado**
Para evitar la oxidación del acero o el hierro, se puede recubrir con el metal cinc, en un proceso conocido como galvanizado. Estos clavos se han galvanizado.

## Purificación de metales

El cobre que se extrae del mineral de cobre no tiene la pureza suficiente para convertirse en cableado eléctrico, tiene que purificarse por electrólisis. El cobre impuro hace de ánodo y el puro de cátodo. Estos electrodos reposan en una solución de sulfato de cobre.

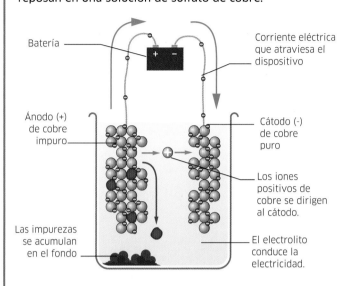

Batería

Corriente eléctrica que atraviesa el dispositivo

Ánodo (+) de cobre impuro

Cátodo (-) de cobre puro

Los iones positivos de cobre se dirigen al cátodo.

Las impurezas se acumulan en el fondo

El electrolito conduce la electricidad.

### Refinación electrolítica

Se usa cobre puro para crear cables y componentes eléctricos. Esta imagen ilustra la purificación del cobre, o refinación electrolítica, llevándose a cabo a escala masiva en una fábrica siguiendo el proceso descrito anteriormente.

## Electroquímica en las baterías

Las baterías transforman la energía química en energía eléctrica (ver p. 92), justo lo contrario que la electrólisis, que convierte la energía eléctrica en energía química. En una batería, el ánodo es negativo y el cátodo es positivo. La reacción en el ánodo es la oxidación y la del cátodo, la reducción.

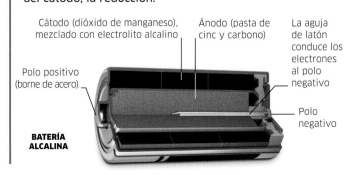

Cátodo (dióxido de manganeso), mezclado con electrolito alcalino

Ánodo (pasta de cinc y carbono)

La aguja de latón conduce los electrones al polo negativo

Polo positivo (borne de acero)

Polo negativo

**BATERÍA ALCALINA**

# Metal caliente

**Enciende una mezcla de productos químicos conocida como termita... ¡y corre para ponerte a cubierto! Estos agentes químicos reaccionan muy rápidamente y emiten una enorme cantidad de calor.**

La reacción termita es todo un espectáculo y además sirve para algo: se usa para extraer el hierro fundido del óxido de hierro para soldar. Hace falta mucho calor para iniciar la reacción, que después libera el calor suficiente para fundir el hierro. Por lo general, el proceso usa una mezcla de óxido de hierro y aluminio. Se introduce una fina cinta de magnesio en la mezcla a modo de mecha. Cuando se enciende, inicia la reacción y rompe los enlaces entre los átomos de hierro y oxígeno. A continuación, el aluminio se une al oxígeno liberado y produce más calor, que a su vez rompe más enlaces y funde el hierro restante.

# MATERIALES

La palabra *materiales* describe el tipo de materia que usamos para fabricar y construir cosas. Cada objeto está hecho de algún material, ya sea blando o duro, áspero o suave, de múltiples colores chillones o un solo color apagado. La naturaleza ha aportado millones de materiales diferentes, y los seres humanos hemos desarrollado unos millones más. Quizá pienses que ya existen suficientes materiales, pero los investigadores descubren constantemente nuevos materiales naturales e inventan nuevos materiales sintéticos.

## ¿NATURAL O SINTÉTICO?

Los humanos hemos usado materiales naturales, como lana, piel y goma, durante miles de años. Actualmente también fabricamos materiales con agentes químicos. Estos materiales sintéticos tienen propiedades exclusivas y nos hacen menos dependientes de los escasos materiales naturales, pero también es difícil deshacernos de ellos respetando el medio ambiente.

**Piel natural**
La piel o cuero son de origen animal. Hemos usado piel desde la Edad de Piedra, y aún lo hacemos. Se le puede dar forma, conserva el calor, es relativamente impermeable y no se rompe.

**Zapatilla sintética**
Los materiales sintéticos de esta zapatilla deportiva aportan varias ventajas respecto a la piel. Se producen de manera más fácil y barata, y tienen más flexibilidad, pero es probable que no duren tanto.

## ELECCIÓN DE MATERIALES

Los diferentes materiales sirven para propósitos distintos: no existe un material que sea «el mejor». Todo depende de qué tiene que hacer el material. Entre sus muchas propiedades, los materiales varían según su dureza, tacto, firmeza, elasticidad o impermeabilidad al agua.

**Materiales compuestos**
A veces las propiedades de un material no bastan y se combinan dos o más materiales en un compuesto. Existen diferentes compuestos: el hormigón se compone de duras piedras, arena para llenar los espacios y cemento para amalgamarlo todo, que permanece unido gracias a la reacción química que lo fija. Se puede reforzar aún más añadiendo un armazón de acero mientras está húmedo. La fibra de vidrio es un tipo de plástico reforzado con fibras de vidrio. Es ligero y fácil de moldear; se usa para hacer de todo: bañeras, barcos, tablas de surf...

El hormigón armado con armazón de acero hace que las paredes sean más duras.

**Propiedades de los materiales**
Esta tabla enumera algunas de las propiedades que hay que tener en cuenta al elegir un material para un producto concreto, además de materiales habituales. Algunas de estas propiedades son relativas: el mármol, por ejemplo, es duro, pero para ser una roca es bastante blando. Por eso los escultores lo eligen para esculpir estatuas desde tiempos remotos.

| Material | Dureza | Textura | Resistencia | Elasticidad | Resistencia al agua |
|---|---|---|---|---|---|
| Madera | De blanda (balsa) a dura (caoba) | Áspera hasta que se pule | Resistencia variable | Puede ser elástica o rígida | Algunos tipos son más impermeables |
| Cristal | Muy duro (no se dobla bajo presión) | Liso | No es muy resistente; estalla con un impacto | No elástico | Impermeable |
| Diamante | Uno de los materiales más duros | Liso tras cortarse | Fuerte | No elástico | Impermeable |
| Mármol | Duro (pero blando para ser una roca) | Liso | Fuerte | No elástico | Impermeable |
| Lana | Fibras naturales blandas | Áspera o suave | Fibras duras | Elástica en ovillo y tejida | No impermeable |
| Kevlar® | Fibras sintéticas duras | Suave | Fuerte | Elástico | Impermeable |
| Nailon | Sintético duro | Suave | Fuerte | Elástico en medias; menos en cuerdas | Impermeable |
| Acero | Aleación metálica dura | Liso | Fuerte | Elástico, en especial en muelles | Impermeable |
| Cobre | Metal blando | Liso | Un metal débil | No elástico | Impermeable |

# MATERIALES DURADEROS

Los materiales tienen diferentes duraciones. Algunos se descomponen en cuestión de semanas, mientras que otros duran decenas de miles de años. Los materiales que sobreviven milenios dan una magnífica información para conocer el estilo de vida de nuestros antepasados.

### Drakkar vikingo
Se han descubierto varios drakkar vikingos intactos en túmulos funerarios erigidos hace más de 1000 años. Estos barcos son de madera, por ejemplo de roble. En general, la madera se descompone tras unos siglos, pero los organismos responsables necesitan oxígeno. Como no había oxígeno en los barcos enterrados, la madera ha llegado a nuestros días. Lo mismo pasa con los cascos de los veleros de madera en el fondo del mar.

El barco de Oseberg, construido en 800 d. C., se descubrió en un túmulo funerario de Noruega.

### Anfiteatro romano
El Coliseo de Roma consta de diversos materiales: una roca conocida como travertino; otra roca compuesta por ceniza volcánica, conocida como toba; y hormigón. Se levantó el 80 a. C. como anfiteatro. Desde entonces ha superado guerras y se ha usado para viviendas, fábricas, tiendas y fortaleza; sus materiales básicos siempre han sido los mismos.

# NUEVOS MATERIALES

Los científicos de materiales (químicos, físicos e ingenieros) investigan y aportan un sinfín constante de magníficos materiales nuevos. Algunos resisten los daños y otros se arreglan solos. Existen plásticos que conducen la electricidad y paredes que reducen la contaminación. La preocupación por el medio ambiente ha traído materiales que usan menos recursos naturales y se descomponen sin residuos nocivos.

### Nanotecnología
La nanotecnología estudia materiales de entre 1 y 100 nanómetros. Un nanómetro es la millonésima parte de un milímetro (una mosca doméstica mide unos 5 millones de nanómetros). Esta tecnología permite diseñar nuevos materiales moviendo y manipulando átomos.

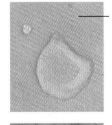

Este tejido está recubierto de nanopartículas de óxido de aluminio que repelen el agua.

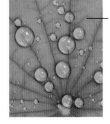

La superficie de una hoja de loto tiene una nanoestructura natural que repele el agua.

### Aerogel
Los aerogeles son muy ligeros. Los geles normales tienen un componente líquido y otro sólido. En los aerogeles, el líquido se sustituye por aire; más del 99,8 % de un aerogel es aire. Protege del calor y del frío. Algunos posibles usos incluyen aislante para edificios, trajes espaciales y esponjas para recoger vertidos químicos.

# REUTILIZACIÓN Y RECICLAJE

La reutilización y el reciclaje de materiales reduce la necesidad de producir los materiales más usados, lo que ahorra en materia prima y reduce las nocivas emisiones de carbono. La producción actual de materiales contempla todo el ciclo de vida de un producto, desde reducir la materia prima y la energía necesaria para producirlo hasta evitar que los materiales acaben en vertederos o el fondo del océano.

## El proceso de selección del reciclaje
Cada material debe reciclarse por separado; es imposible reciclar algunas de las cosas que llegan a los contenedores de reciclaje. La descomunal cantidad de materiales que tiramos se procesa en enormes centros de reciclaje.

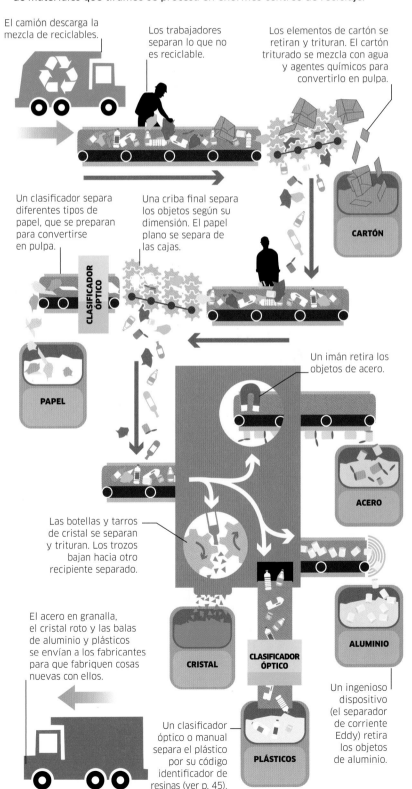

El camión descarga la mezcla de reciclables.

Los trabajadores separan lo que no es reciclable.

Los elementos de cartón se retiran y trituran. El cartón triturado se mezcla con agua y agentes químicos para convertirlo en pulpa.

Un clasificador separa diferentes tipos de papel, que se preparan para convertirse en pulpa.

Una criba final separa los objetos según su dimensión. El papel plano se separa de las cajas.

CARTÓN

CLASIFICADOR ÓPTICO

PAPEL

Un imán retira los objetos de acero.

Las botellas y tarros de cristal se separan y trituran. Los trozos bajan hacia otro recipiente separado.

ACERO

El acero en granalla, el cristal roto y las balas de aluminio y plásticos se envían a los fabricantes para que fabriquen cosas nuevas con ellos.

ALUMINIO

CRISTAL

CLASIFICADOR ÓPTICO

Un clasificador óptico o manual separa el plástico por su código identificador de resinas (ver p. 45).

PLÁSTICOS

Un ingenioso dispositivo (el separador de corriente Eddy) retira los objetos de aluminio.

# Materiales naturales

**Los primeros humanos usaban los materiales que tenían a su alrededor para crear herramientas, ropa y casas. Muchos materiales naturales siguen usándose igual, mientras que otros se combinan para crear nuevos.**

Algunos materiales naturales tienen su origen en las plantas (por ejemplo, la madera, algodón y goma), otros en los animales (seda y lana) o en la corteza terrestre (arcilla y metales). Los humanos han aprovechado sus propiedades naturales (flexible o rígido, fuerte o débil, absorbente o impermeable) durante millones de años. También hemos aprendido a ajustar estas propiedades para cubrir mejor nuestras necesidades. Las fibras vegetales suaves y la lana animal se hilan en fibras más largas y fuertes. Las pieles de animal se curten para obtener cuero. La piel se usaba además para hacer pergamino para escribir; hoy en día usamos papel hecho con madera. Los metales se mezclan para crear materiales más duros, las aleaciones (ver pp. 62-63).

## Materiales animales

Los animales, desde los insectos hasta los mamíferos, son una gran fuente de materiales. La piel de cerdos, cabras y vacas se puede curtir para convertirla en cuero. Unas orugas conocidas como gusanos de seda se encierran en capullos que se pueden tratar para obtener finos hilos de seda. El pelo de las ovejas es grueso e impermeable, se puede cortar o esquilar e hilar en forma de lana.

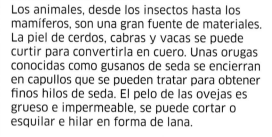

**Seda**
Los gusanos de seda y sus polillas se han criado durante más de 5000 años. Un capullo puede producir hasta 900 m de hilo de seda, que a su vez se puede convertir en un precioso tejido.

La seda usada en estos llamativos pañuelos se ha teñido. La seda natural es de color pálido y su tono depende de la alimentación de los gusanos de seda.

Las diferentes razas de ovejas producen distintos tipos de lana.

**Lana**
Llevamos más de 6000 años criando ovejas para obtener su lana. Una oveja cualquiera produce lana para hacer unos ocho jerséis por año, o 60 pares de calcetines. Actualmente la lana se mezcla a menudo con fibras acrílicas.

**Ovillo de lana**
La lana se limpia, se hila en fibras largas y se tiñe.

## Materiales vegetales

Los materiales vegetales han desempeñado un papel crucial en nuestro éxito como especie. La madera ha dado cobijo, herramientas y transporte, mientras que el algodón y el lino nos han vestido durante miles de años. Los materiales vegetales pueden ser flexibles o rígidos, pesados o ligeros, según la combinación concreta de tres sustancias en las paredes celulares: lignina, celulosa y hemicelulosa.

**Látex y goma**
Hoy en día gran parte de la goma es sintética, pero la goma natural tiene su origen en el látex, un líquido que se obtiene de determinados tipos de árboles. Contiene un polímero que le da elasticidad.

**Algodón**
El esponjoso algodón, compuesto principalmente por celulosa, protege las semillas de la planta. Se recoge y se hila en forma de lana o hilo. La textura de los tejidos de algodón varía según cómo se tejan.

**Madera**
Cada tipo de madera tiene distintas propiedades (color, textura, peso y dureza), lo que los hace ideales para distintas cosas. La pulpa de madera se usa para hacer papel. Las plantaciones de árboles producen mucha madera.

**El bambú**, **una hierba que parece un árbol** de crecimiento rápido, **puede convertirse en un tejido suave, transpirable y que absorbe el sudor**, ideal para ropa de deporte.

**El primer cristal se hizo** en el Antiguo Egipto y Mesopotamia **más o menos en el 2000 a. C.**

**59**

## Mejor al natural

Se usan materiales naturales, como la goma, algodón y diferentes tipos de madera, en un amplio abanico de elementos cotidianos, como los que ilustramos aquí.

### Neumáticos vulcanizados

Añadir azufre a la goma natural (proceso de vulcanización) aumenta su durabilidad.

### Elástico pero no de plástico

Los guantes de limpieza del hogar suelen ser de látex flexible.

### Fino pero fuerte

Las cadenas de polímero de celulosa se alinean para darle fuerza al hilo de algodón.

### Algodón absorbente

El algodón es perfecto para hacer toallas y bastoncillos de algodón, ya que es blando y puede absorber hasta 27 veces su peso en agua.

Bastoncillos de algodón

### Soporte firme

La lignina es la sustancia que mantiene juntas la celulosa y la hemicelulosa, y que hace que la madera sea rígida y fuerte, dos propiedades útiles en las escaleras.

### Curvas de madera

Se puede dar forma a algunas maderas, como el arce y el abeto, usando vapor, lo que es útil para fabricar violines y otros instrumentos de cuerda.

## Materiales de la corteza terrestre

Los materiales de la Tierra van desde arena, arcilla y rocas a minerales y metales. Estos materiales siempre han sido importantes para edificar. Si te fijas en algún edificio en construcción, en general ves qué materiales están bajo tierra: piedra o pizarra, arenisca, caliza, mármol o arcilla. Estos materiales también son esenciales para crear utensilios de cocina y vajillas prácticos y decorativos.

### Arcilla y productos de arcilla

La arcilla, una mezcla de los minerales dióxido de silicio y óxido de silicona, tiene muchos usos. Para hacer ladrillos se mezcla arcilla natural con agua y se le da forma antes de secarse. A continuación se hornea a una temperatura muy elevada para hacerla impermeable. La cerámica se hace de manera parecida, pero con una arcilla de partículas más finas.

La cerámica de barro se cuece a unos 1000 °C de temperatura.

### Arena y cristal

El cristal se hace con arena, por lo general, la arena típica de los desiertos, que consiste en el mineral sílice. La arena de playa tiene trazas de otras sustancias, por eso produce un cristal menos transparente. Unos aditivos muy concretos dan color al cristal. Los ingredientes se funden juntos a 1500 °C antes de darles forma de cristal de ventana, vaso o botella.

Los cristales de las gafas eran de cristal puro. Ahora suelen ser de plástico.

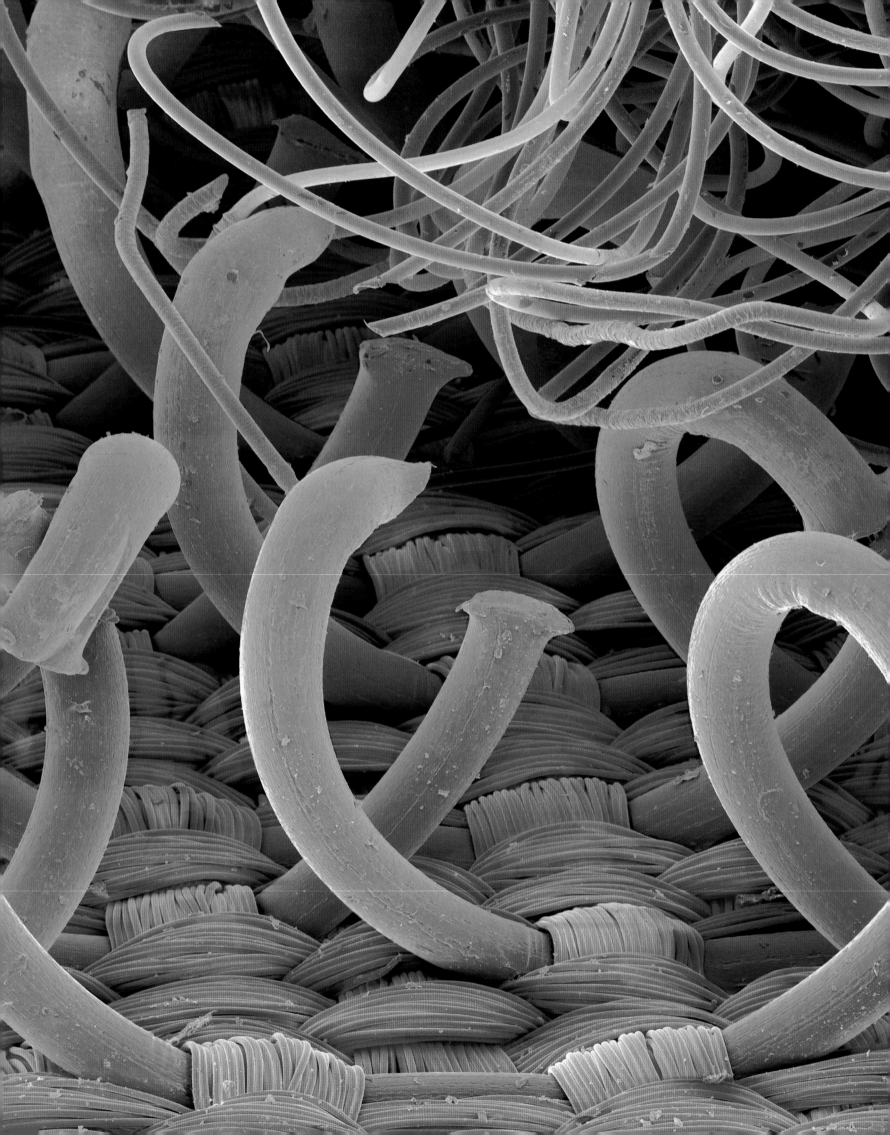

# Ganchos
# y bucles

**El Velcro® es un cierre rápido y fácil para ropa, zapatos y bolsas. Este es el aspecto que tiene al mirarlo muy de cerca.**

Esta imagen en falso color, tomada con un microscopio electrónico, muestra los pequeños bucles blandos (en azul) en los que se enganchan los ganchos firmes (en verde) al apretar las dos mitades entre sí. Es de nailon o poliéster. Lo inventó el ingeniero suizo George de Mestral en 1941, al fijarse en las semillas de bardana enganchadas en el pelo de su perro y su propia ropa.

# Aleaciones

**Una aleación es una mezcla de dos o más elementos, de los que por lo menos uno debe ser un metal. Se usan para crear muchas cosas, como piezas de coche y avión, instrumentos musicales, joyas e implantes médicos.**

En muchas aleaciones, todos los elementos son metálicos; pero algunas aleaciones contienen no metales, como el carbono. Se presta atención a los ingredientes elegidos para una aleación según las propiedades que aporten, ya sea para hacerlo más fuerte, más flexible o inoxidable. Todas las aleaciones tienen propiedades metálicas y son buenos conductores eléctricos, además de muchas más ventajas frente a los metales puros.

## Primeras aleaciones

La primera aleación artificial fue el bronce, hace unos 5000 años al fundir juntos cobre y estaño. Este momento marca el inicio de la Edad de Bronce, un período en el que esta potente aleación revolucionó la fabricación de herramientas y armas. Unos miles de años más tarde aprendimos a crear latón a partir de cobre y cinc.

**Armas de bronce**
El bronce se puede forjar, estirar y moldear. Estos objetos, hechos en Mesopotamia hacia el 2000 a.C., estaban pensados para convertirse en una maza (un arma parecida a un garrote).

## Disposiciones atómicas

La disposición de los átomos en un material es lo que decide su comportamiento bajo diferentes condiciones. Los átomos de metales puros tienen una disposición regular, pero en las aleaciones se altera esta disposición. Los átomos del componente principal de una aleación pueden ser del mismo tamaño, o mucho mayores, que los del añadido. Se pueden ordenar de diferentes maneras.

Átomos idénticos de metales puros

**Metales puros**
Los átomos de un metal puro como el oro (izquierda) están bien ordenados. Bajo presión se deslizarán entre sí y aparecerán grietas.

Los átomos de cinc sustituyen a los de cobre en una aleación de latón para hacer trompetas.

**Aleaciones por sustitución**
Los átomos del componente añadido ocupan casi el mismo espacio que los átomos del principal, lo que altera la estructura y la hace más fuerte.

Los diminutos átomos de carbono se sitúan entre los de hierro y le dan mucha fuerza al acero.

**Aleaciones intersticiales**
Estas aleaciones, como las del acero usado en puentes, son fuertes: los átomos más pequeños llenan los espacios entre los grandes y evitan así las grietas o el movimiento.

Los átomos de carbono intersticiales y los átomos de níquel o cromo por sustitución hacen que el acero inoxidable sea fuerte y no se oxide.

**Aleaciones de combinación**
Algunas aleaciones tienen una combinación de disposiciones de átomos para mejorar sus propiedades. El acero inoxidable para cubertería es un buen ejemplo.

## Aleaciones en monedas

Las monedas solían hacerse de oro y plata, pero estos metales son demasiado caros y poco resistentes para su uso actual. Hoy en día se usan diversas aleaciones diferentes para hacer monedas, se eligen por su coste, dureza, color, densidad, resistencia a la corrosión y también por ser reciclables.

**Moneda de 2 euros**
Anillo exterior: cobre (75%) y níquel (25%). Centro: cobre (75%), cinc (20%), níquel (5%).

**Moneda de 1 libra esterlina**
Anillo exterior: cobre (76%), cinc (20%), níquel (4%). Anillo interior: cobre (75%) y níquel (25%).

**Moneda de 1 libra egipcia**
Anillo exterior: acero (94%), cobre (2%), plateado de níquel (4%). Anillo interior: acero (94%), níquel (2%), plateado de cobre (4%).

**Moneda de 1 dólar australiano**
Cobre (92%), níquel (2%), aluminio (6%).

**La plata esterlina**, habitual en la mayoría de las **joyas de plata**, realmente es una **aleación**: contiene un 7,5 % de cobre.

**El mercurio** supone la mitad de la **amalgama, una aleación** usada a veces como **empaste dental**; el resto es **plata, cobre y estaño**.

**63**

## Aleaciones inteligentes

El objetivo de las aleaciones es que sean mejores que los metales individuales iniciales. Algunas aleaciones aportan una mejora enorme: así, las superaleaciones tienen una fuerza mecánica y resistencia a la corrosión increíbles, y pueden soportar calor y presión extremos. Estas propiedades hacen que sean muy útiles en ingeniería aeroespacial, y también en el sector químico. Las aleaciones con memoria, o aleaciones inteligentes, que a veces contienen níquel y titanio, «recuerdan» su forma original.

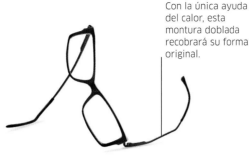

Con la única ayuda del calor, esta montura doblada recobrará su forma original.

Superaleación usada en el motor de un reactor

**Aleaciones con memoria**
Un objeto hecho con una aleación con memoria de forma puede volver a su forma original si se dobla: al aplicar calor, la aleación recupera su forma anterior.

**Superaleaciones**
Estas aleaciones de alto rendimiento conservan la forma a temperaturas a unos 1000 °C, cerca de sus elevados puntos de ebullición.

**Real de a ocho**
Esta legendaria moneda española era de plata. Entre los siglos XV y XIX se usaban por todo el enorme Imperio español, así como en otros países.

**Moneda de 50 yens japoneses**
Cobre (75 %) y níquel (25 %).

## Aleaciones de aluminio

El metal aluminio es ligero, resistente a la corrosión y tiene una elevada conductividad eléctrica. Es útil a pequeña escala (en forma de papel de aluminio, por ejemplo) pero dada su poca dureza, debe alearse con otros elementos para ser bastante duro y poder construir cosas. Las aleaciones de aluminio se suelen usar para chasis de coche y cuadros de bicicleta.

Cuadro ligero e inoxidable de aleación de aluminio

## Acero

Usamos el hierro desde la Edad de Hierro, hace unos 3000 años. Pero a pesar de ser muy duro, también es frágil. Existen algunas aleaciones de hierro muy tempranas, pero el uso de la más dura, el acero, se popularizó durante la Revolución Industrial en el siglo XIX. El acero se hace de dos maneras: a partir de arrabio (de mena de hierro) y chatarra fundidos en el denominado proceso de Linz-Donawitz (L-D), o a partir de chatarra fría en el proceso de horno de arco eléctrico (HAE). Se eliminan las impurezas, como por ejemplo demasiado carbono, y se añaden elementos como el manganeso y el níquel para producir acero de diferentes grados. Después se da forma de lingote o lámina al acero fundido, que ya está listo para convertirse en otros productos.

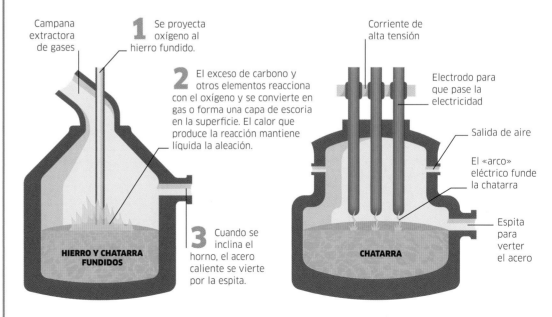

Campana extractora de gases

**1** Se proyecta oxígeno al hierro fundido.

**2** El exceso de carbono y otros elementos reacciona con el oxígeno y se convierte en gas o forma una capa de escoria en la superficie. El calor que produce la reacción mantiene líquida la aleación.

**3** Cuando se inclina el horno, el acero caliente se vierte por la espita.

HIERRO Y CHATARRA FUNDIDOS

Corriente de alta tensión

Electrodo para que pase la electricidad

Salida de aire

El «arco» eléctrico funde la chatarra

Espita para verter el acero

CHATARRA

**Moneda de 10 centavos estadounidenses**
Cobre (91,67 %) y níquel (8,33 %).

**Moneda de 10 coronas suecas**
Una aleación conocida como «oro nórdico», usada también en algunas monedas de céntimos de euro: cobre (89 %), aluminio (5 %), cinc (5 %), estaño (1 %).

**Proceso de Linz-Donawitz (L-D)**
Se proyecta oxígeno a través del arrabio y la chatarra fundidos para reducir el carbono y otras impurezas. A continuación se añaden los otros elementos de la aleación, que convierten el metal fundido en acero.

**Horno de arco eléctrico (HAE)**
El horno se carga con chatarra fría. Una corriente eléctrica forma un «arco» (una chispa continua) que funde el metal. El grado final del acero se determina añadiendo los otros elementos de la aleación.

**64** materia ○ **TECNOLOGÍA DE MATERIALES**

**9000** millones de toneladas de **plásticos** se han **creado** desde 1950.

# Tecnología de materiales

**Los materiales sintéticos se crean en los laboratorios. Con su conocimiento de los elementos y compuestos, los químicos pueden desarrollar materiales con propiedades únicas para tareas concretas.**

Los materiales creados artificialmente realizan diferentes funciones según su química, la disposición de sus átomos o moléculas y cómo reaccionan. La investigación crea materiales nuevos de manera constante para cubrir nuevas necesidades, desde tejidos sintéticos y plásticos biodegradables hasta la enorme variedad de materiales de gran rendimiento que componen un coche de carreras.

**Depósito de combustible**
Combinando el blindaje del Kevlar® y la flexibilidad de la goma se logra un depósito ligero, duro y difícil de romper por un impacto.

**Frenos**
Al añadir fibra de carbono a los discos de freno, se conserva su ligereza y capacidad de resistir temperaturas de hasta 1200 ℃.

**Escape**
Se forma con una aleación de acero de 1 mm de grosor y resistente al calor, originalmente creado para el sector aeroespacial.

**Motor**
Una normativa precisa regula qué materiales pueden usarse para las piezas del motor de un Fórmula 1. Los compuestos están prohibidos.

## Coche de carreras

Los coches de Fórmula 1 disponen de materiales capaces de soportar el calor y la presión extremos. La estructura debe ser rígida en algunas partes y flexible en otras; algunas partes son pesadas mientras que otras tienen que ser ligeras. La seguridad del piloto, también expuesto al calor y la presión, y a velocidades por encima de los 320 km/h, también depende de materiales sintéticos. Su ropa consta de capas de Nomex®, una poliamida (un tipo de plástico) ignífuga usada en trajes de bombero y astronauta. El Kevlar®, parecido al Nomex® pero tan duro que es blindado, se usa para reforzar varias partes del coche, además del casco del piloto.

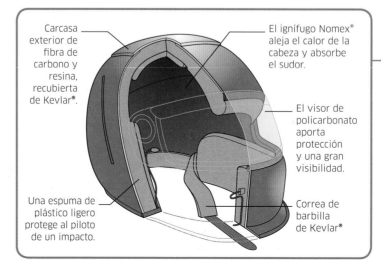

Carcasa exterior de fibra de carbono y resina, recubierta de Kevlar®.

El ignífugo Nomex® aleja el calor de la cabeza y absorbe el sudor.

El visor de policarbonato aporta protección y una gran visibilidad.

Una espuma de plástico ligero protege al piloto de un impacto.

Correa de barbilla de Kevlar®

**Anatomía del casco**
El piloto sufre fuerzas G extremas al frenar o girar, lo que les castiga mucho el cuello. Para mantener la cabeza erguida, lo mejor es que el casco sea muy ligero. Se usan materiales altamente especializados para el casco, que debe ser cómodo y ligero, a la par que fuerte, capaz de absorber impactos y resistir la penetración en caso de accidente.

El sólido **artificial más ligero** es el
**aerogel**, que es **ignífugo** y aislante.

Un **pegamento instantáneo impermeable** que se podría **usar para curar heridas**
se basa en el **moco pegajoso** que usan los **mejillones** para fijarse a las rocas.

**65**

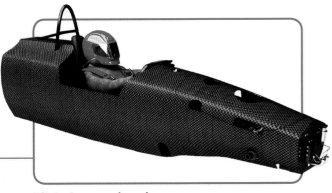

### Célula de supervivencia
El monocasco, o célula de supervivencia, envuelve
la cabina del piloto. Es de un compuesto duro y
rígido de fibra de carbono capaz de absorber toda
la energía de un impacto sin dañarse. La fibra de
carbono es más ligera que el acero o el aluminio,
con lo que el coche corre más y consume menos.

## Como la naturaleza
Muchos materiales
sintéticos se inventaron
para sustituir materiales
naturales demasiado duros,
o costosos de extraer o
recoger. Por ejemplo, el
nailon se inventó para
sustituir la seda en los
tejidos; se puede usar forro
de poliéster en lugar de
lana. El avance constante
de la tecnología hace que
sea posible imitar algunos
materiales fantásticos,
como la seda de araña, más
dura que el Kevlar®, más
potente que el acero,
pero superflexible.

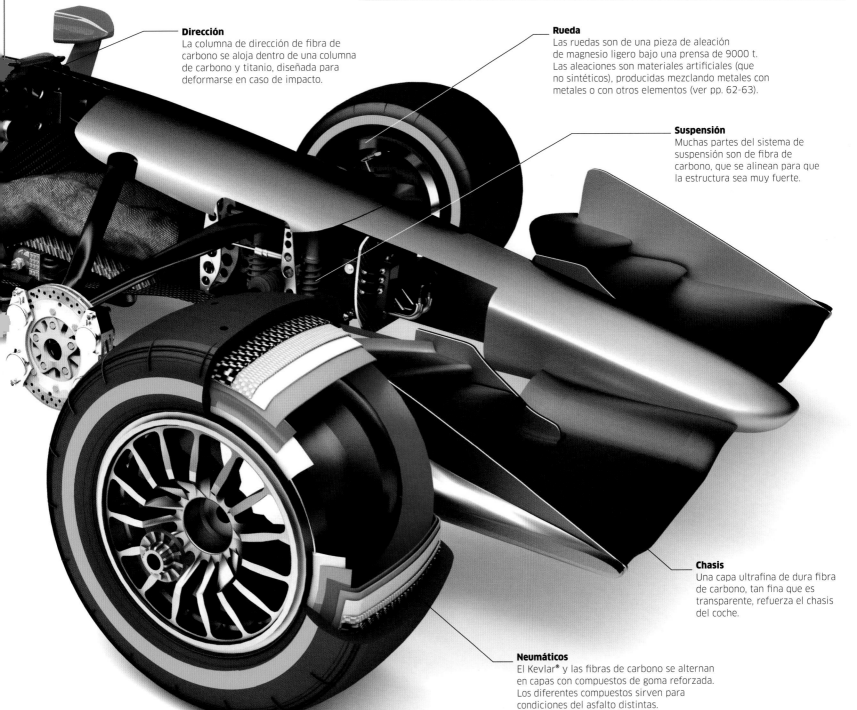

### Dirección
La columna de dirección de fibra de
carbono se aloja dentro de una columna
de carbono y titanio, diseñada para
deformarse en caso de impacto.

### Rueda
Las ruedas son de una pieza de aleación
de magnesio ligero bajo una prensa de 9000 t.
Las aleaciones son materiales artificiales (que
no sintéticos), producidas mezclando metales con
metales o con otros elementos (ver pp. 62-63).

### Suspensión
Muchas partes del sistema de
suspensión son de fibra de
carbono, que se alinean para que
la estructura sea muy fuerte.

### Chasis
Una capa ultrafina de dura fibra
de carbono, tan fina que es
transparente, refuerza el chasis
del coche.

### Neumáticos
El Kevlar® y las fibras de carbono se alternan
en capas con compuestos de goma reforzada.
Los diferentes compuestos sirven para
condiciones del asfalto distintas.

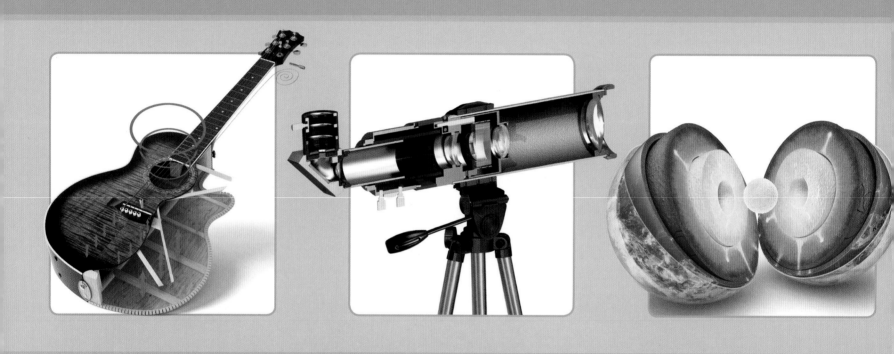

# ENERGÍA Y FUERZAS

La energía y las fuerzas son conceptos esenciales para la ciencia: nada puede pasar sin ellas. Las fuerzas cambian el movimiento de un objeto; detrás de cualquier cambio está la energía, ya sea una flor abriéndose o la explosión de una bomba. La cantidad de energía del universo es constante: ni se crea ni se destruye.

**Edad moderna**
Los descubrimientos científicos y la tecnología van de la mano a medida que astrónomos y físicos usan la informática y los aceleradores de partículas para conocer mejor el universo.

**Relatividad**
La teoría general de la relatividad de Einstein explica que lo que percibimos como gravedad es un efecto de la curvatura del espacio y el tiempo.

**MODELO DE EXPANSIÓN DEL UNIVERSO**

**Teoría del Big Bang**
El cura y físico belga Georges Lemaître redacta la teoría de un universo en expansión continua que empezó con el Big Bang, el punto inicial de toda la energía y las fuerzas.

**SIGLO XX**

1886

**Ondas de radio**
El físico alemán Heinrich Hertz demuestra la existencia de las ondas electromagnéticas.

1916

1927

1848

**TERMÓMETRO**

**Motor de combustión**
El ingeniero alemán Nikolaus Otto crea el motor de combustión interna, con los conocimientos acumulados en más de dos siglos sobre la relación entre presión, temperatura y volumen de los gases.

**Cero absoluto**
El científico escocés Lord Kelvin calcula la temperatura más baja posible, en la que las partículas casi dejan de vibrar, –273 °C, y la denomina cero absoluto.

**ANTENA DE RADIO**

**MOTOR OTTO**

1876

# Descubrir la energía y las fuerzas

**Llevamos miles de años preguntándonos cómo funciona el mundo a nuestro alrededor y recurriendo a la ciencia para contestar estas preguntas.**

Desde las fuerzas que mantienen un barco a flote y el magnetismo que hace que los marineros crucen los océanos con una brújula hasta los átomos y partículas subatómicas que componen nuestro mundo y las descomunales extensiones del espacio, las personas a lo largo de la historia han aprendido cosas del universo observando y experimentando. En la Edad Antigua y Edad Media, como había pocas herramientas para estudiar el mundo, el conocimiento científico también era limitado. El método científico moderno se basa en experimentos, que sirven para comprobar hipótesis (ideas no demostradas). Los resultados observados modifican las hipótesis y mejoran nuestra percepción de la ciencia.

**Gravedad**
El científico inglés Isaac Newton (a la izquierda) explica cómo funciona la gravedad tras caerle una manzana en la cabeza.

**SIGLO XVIII**

**ISAAC NEWTON**

1687

1678

**Teoría ondulatoria de la luz**
El científico holandés Christiaan Huygens anuncia su teoría de que la luz viaja en ondas, la cual choca con la idea de Newton de que la luz se compone de partículas.

**LA LUZ ES UNA ONDA**

**Ideas antiguas y medievales**
Los antiguos griegos y romanos debatían para entender mejor el universo, mientras que los eruditos árabes y chinos estudiaban matemáticas y fenómenos naturales, como el arcoíris y los eclipses.

**Flotación**
El pensador griego Arquímedes observa que la fuerza que empuja a un objeto hacia arriba en el agua es igual al peso del agua desplazada.

**Brújula magnética**
Los chinos crean brújulas primitivas con magnetita, un imán natural.

**Visión y luz**
El erudito árabe Alhacén sugiere que son los objetos los que emiten la luz hacia el ojo y no al revés.

**ANTES DEL 1500**

240 a. C.

200 a. C.

1011 d. C.

**Informática**
El criptólogo británico Alan Turing desarrolla el primer ordenador programable y sienta así las bases de la informática moderna.

**MÁQUINA CRIPTOLÓGICA BOMBE**

**Energía nuclear**
El físico italo-americano Enrico Fermi lidera el equipo estadounidense que crea el primer reactor de fisión nuclear. En 1945, se lanza sobre Hiroshima la primera bomba atómica.

**EXPLOSIÓN NUCLEAR**

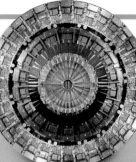

**Bosón de Higgs**
Se identifica el bosón de Higgs, lo que confirma el modelo estándar de física de partículas desarrollado en los años setenta.

**GRAN COLISIONADOR DE HADRONES**

**1 8 9 0 - A C T U A L I D A D**

1936                    1942                    2012

**Conservación de la energía**
El físico alemán Hermann von Helmhotz afirma que la energía no se crea ni se destruye: solo cambia de forma.

**MÁQUINA DE MOVIMIENTO CONTINUO**

1847

1831

**Inducción electromagnética**
Tras vincular electricidad y magnetismo, el inglés Michael Faraday genera electricidad con inducción electromagnética.

**BOBINA DE FARADAY**

1799

**Electricidad dinámica**
El inventor italiano Alessandro Volta crea corriente eléctrica apilando discos de cinc, cobre y cartón empapado de agua salada en capas: la primera pila.

**CELDA GALVÁNICA**

# Cronología de los descubrimientos

Desde la Antigüedad, la experimentación y el debate han llevado a una mejor comprensión del mundo. Aun así, continuamos con preguntas por contestar.

**1 7 0 0 - 1 8 9 0**

**La Revolución Industrial**
Los principios científicos descubiertos durante el siglo XVIII se aplicaron a la maquinaria de gran escala durante la Revolución Industrial. Se controló el poder de la electricidad, lo que causó una explosión tecnológica.

**MÁQUINA DE NEWCOMEN**

1712

**Máquina de vapor**
Thomas Newcomen, un ingeniero inglés, fabrica la primera máquina de vapor útil del mundo. A continuación aparece la máquina más eficiente de James Watt y la locomotora de vapor de Richard Trevithick.

**Electricidad estática**
El científico alemán Ewald Georg von Kleist inventa la botella de Leyden, dispositivo capaz de almacenar una carga eléctrica estática.

**BOTELLA DE LEYDEN**

**1 7 0 0 - 1 8 9 0**

1712

1643

**Presión atmosférica**
El físico italiano Evangelista Torricelli crea un barómetro simple que demuestra la presión atmosférica.

**BARÓMETRO**

1604

**Caída libre de los cuerpos**
En una carta al teólogo Paolo Sarpi, Galileo define su teoría de que todos los objetos caen a la misma velocidad, independientemente de su masa o forma.

**EXPERIMENTO DE CAÍDA LIBRE DE GALILEO**

1600

**Magnetismo terrestre**
El científico inglés William Gilbert teoriza que la Tierra debe de tener un enorme imán en su interior.

**IMÁN DE GILBERT**

**1 5 0 0 - 1 7 0 0**

**Luz desviada**
El monje alemán Teodorico de Freiberg entiende la refracción gracias a las botellas de agua y las gotitas de agua del arcoíris.

1300

**SIGLO XVI**

**La nueva era de la ciencia**
La revolución científica, desde la mitad del siglo XVI hasta finales del siglo XVII, transformó la concepción de la astronomía y la física. Durante este período se desarrolló el método científico de experimentación y observación.

**NICOLÁS COPÉRNICO**

**Sistema solar**
El astrónomo polaco Nicolás Copérnico afirma que la Tierra y los planetas orbitan alrededor del Sol.

1543

# ENERGÍA

Nuestro alrededor está lleno de energía, la fuerza secreta detrás de todo el universo, desde una pelota saltarina hasta una explosión estelar. La energía es lo que hace que pasen cosas. Es lo que hace que los objetos puedan moverse, brillar con el calor y la luz, o emitir sonidos. La fuente primordial de toda la energía de la Tierra es el Sol. Sin energía, no existiría la vida.

## TIPOS DE ENERGÍA

La energía existe en muchas formas diferentes, todas muy relacionadas entre sí y con la posibilidad de convertirse en otro tipo de energía.

**Energía potencial**
Esta energía está almacenada. Cuando subes a algún sitio almacenas energía potencial para bajar saltando, rodando o volando.

**Energía mecánica**
Esta energía, también conocida como energía elástica, es la energía potencial almacenada en objetos como un arco en tensión.

**Energía nuclear**
La energía mantiene pegados a los átomos y se libera cuando las reacciones nucleares los rompen.

**Energía química**
La comida, el combustible y las baterías almacenan energía en los compuestos químicos que los componen. Se libera con las reacciones.

**Energía sonora**
Cuando los objetos vibran, hacen vibrar las partículas del aire, que envían ondas de energía hacia las orejas y captamos como sonidos.

**Energía térmica**
Las cosas calientes tienen más energía que las frías, porque las partículas en su interior vibran más rápido.

**Energía eléctrica**
La electricidad es la energía que transportan partículas cargadas, o electrones, por los cables.

**Energía lumínica**
La luz viaja a gran velocidad y en línea recta. Igual que las ondas de radio y los rayos X, es energía electromagnética.

**Energía cinética**
Las cosas en movimiento tienen energía cinética. A mayor peso y velocidad, más energía cinética.

### Medir la energía

Los científicos miden la energía en julios (J). Un julio es la energía transferida a un objeto con una fuerza de 1 newton (N) por una distancia de 1 metro (m), también conocido como 1 newton metro (Nm).

**• Energía solar**
¡El Sol produce 400 octillones de julios de energía por segundo!

**• Energía de las velas**
Una vela emite 80 J, o 80 W, de energía (sobre todo calor) por segundo.

**• Energía de una bombilla**
Un led consume 15 vatios (W), o 15 J, de energía eléctrica cada segundo.

**• Energía en el agua**
Para subir 1 °C la temperatura del agua, hace falta 1 caloría (1/1000 kilocalorías).

**• Energía en los alimentos**
La energía que liberan los alimentos se determina en kilocalorías: 1 kcal es 4184 J.

**• Cantidades minúsculas**
Los ergios miden unidades mínimas de energía. En 1 J hay 10 millones de ergios.

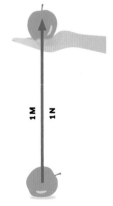
1 M
1 N
**Levantar una manzana**
Un julio equivale más o menos a levantar 1 m una manzana.

## CONSERVACIÓN DE LA ENERGÍA

La cantidad de energía del universo es constante: no puede crearse ni destruirse, pero se puede transferir de un objeto a otro y convertirse en formas diferentes.

### Conversión de la energía

La cantidad total de energía al principio de un proceso siempre es la misma que al final, aunque se convierta en formas diferentes. Cuando enciendes una luz, por ejemplo, la mayor parte de la energía eléctrica se convierte en energía lumínica, pero se perderá una parte en forma de energía térmica. Sin embargo, la cantidad total de energía existente siempre es la misma.

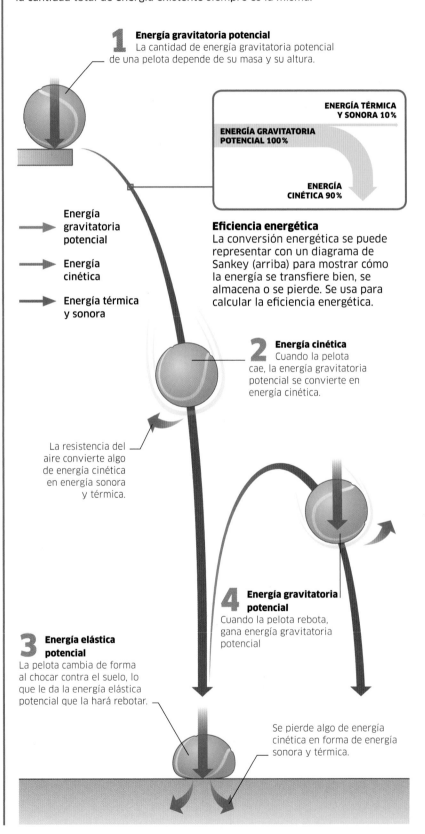

**1 Energía gravitatoria potencial**
La cantidad de energía gravitatoria potencial de una pelota depende de su masa y su altura.

ENERGÍA TÉRMICA Y SONORA 10 %
ENERGÍA GRAVITATORIA POTENCIAL 100 %
ENERGÍA CINÉTICA 90 %

→ Energía gravitatoria potencial

→ Energía cinética

→ Energía térmica y sonora

**Eficiencia energética**
La conversión energética se puede representar con un diagrama de Sankey (arriba) para mostrar cómo la energía se transfiere bien, se almacena o se pierde. Se usa para calcular la eficiencia energética.

**2 Energía cinética**
Cuando la pelota cae, la energía gravitatoria potencial se convierte en energía cinética.

La resistencia del aire convierte algo de energía cinética en energía sonora y térmica.

**4 Energía gravitatoria potencial**
Cuando la pelota rebota, gana energía gravitatoria potencial

**3 Energía elástica potencial**
La pelota cambia de forma al chocar contra el suelo, lo que le da la energía elástica potencial que la hará rebotar.

Se pierde algo de energía cinética en forma de energía sonora y térmica.

# FUENTES DE ENERGÍA

El mundo industrializado usa mucha energía en hogares, empresas e industrias, viajes y transporte. La energía usada tiene su origen en fuentes primarias: combustibles fósiles, energía nuclear e hidráulica. El crudo, el gas natural y el carbón se llaman combustibles fósiles porque se formaron durante miles de años gracias al calor del núcleo terrestre y la presión de las rocas en los restos (fósiles) de plantas y animales (ver p. 37).

## Consumo energético

La mayoría de la energía consumida en EE.UU. es de fuentes no renovables; más del 80% proviene de combustibles fósiles. A pesar de los avances, solo el 10 % proviene de fuentes renovables; casi la mitad de esta corresponde a biomasa.

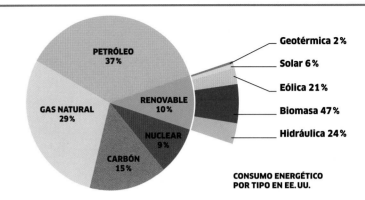

**PETRÓLEO 37%**
**GAS NATURAL 29%**
**RENOVABLE 10%**
**NUCLEAR 9%**
**CARBÓN 15%**

Geotérmica 2%
Solar 6%
Eólica 21%
Biomasa 47%
Hidráulica 24%

**CONSUMO ENERGÉTICO POR TIPO EN EE.UU.**

## Fuentes no renovables

Los combustibles fósiles son un recurso limitado y crean gases de efecto invernadero (ver pp. 128-129) y contaminantes tóxicos. La energía nuclear produce menos gases de efecto invernadero, pero deja residuos.

**Crudo**
Hidrocarburos líquidos a mucha profundidad.

**Gas natural**
Gas hidrocarburo formado hace millones de años.

**Carbón**
Hidrocarburos sólidos creados por calor y presión.

**Energía nuclear**
Energía liberada al dividir átomos de uranio.

## Fuentes renovables

La energía producida por recursos inagotables, como la luz del sol, el viento y el agua, es más sostenible. Su uso no produce gases de efecto invernadero u otros residuos nocivos. No obstante, la biomasa libera dióxido de carbono y debe compensarse plantando más árboles.

**Biomasa**
Combustible a base de madera, materia vegetal y residuos.

**Energía geotérmica**
Calor de la profundidad de la Tierra, en el agua y las rocas.

**Energía eólica**
Aire en movimiento por el calor desigual de la Tierra.

**Energía solar**
La radiación del Sol, convertida en calor.

**Energía hidráulica**
La energía de la caída o el paso del agua.

**Energía mareomotriz**
El movimiento de las mareas y las olas.

## Uso de la energía

En el mundo desarrollado, el consumo más voraz de energía se produce en la industria y el transporte, ya que la eficiencia ha reducido el consumo energético doméstico.

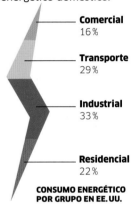

**Comercial** 16%
**Transporte** 29%
**Industrial** 33%
**Residencial** 22%

**CONSUMO ENERGÉTICO POR GRUPO EN EE.UU.**

# RED ELÉCTRICA

Independientemente de la fuente de energía primaria usada, la mayoría de la energía llega a los usuarios en forma de energía eléctrica. El entramado de cables que distribuye la electricidad a casas, oficinas y fábricas se denomina red eléctrica. Muchas fuentes de energía, como la eólica y la solar, alimentan esta red, pero la mayoría de la electricidad se genera en plantas energéticas que usan la energía liberada al quemar combustibles fósiles para desplazar enormes generadores eléctricos.

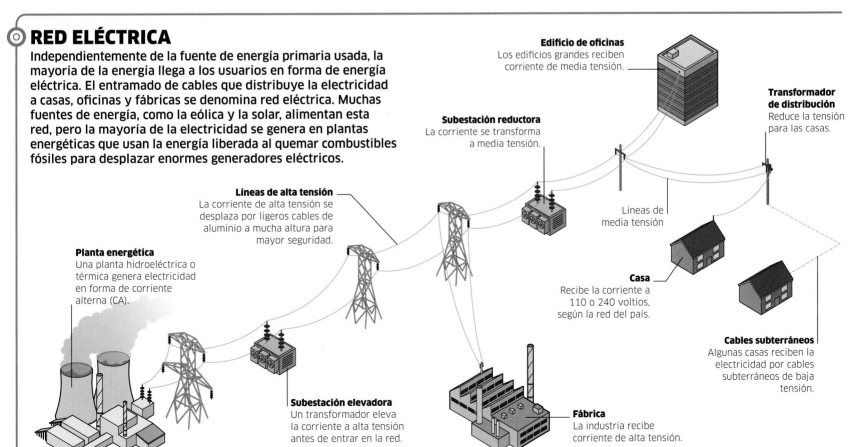

**Edificio de oficinas**
Los edificios grandes reciben corriente de media tensión.

**Transformador de distribución**
Reduce la tensión para las casas.

**Subestación reductora**
La corriente se transforma a media tensión.

**Líneas de media tensión**

**Líneas de alta tensión**
La corriente de alta tensión se desplaza por ligeros cables de aluminio a mucha altura para mayor seguridad.

**Planta energética**
Una planta hidroeléctrica o térmica genera electricidad en forma de corriente alterna (CA).

**Casa**
Recibe la corriente a 110 o 240 voltios, según la red del país.

**Cables subterráneos**
Algunas casas reciben la electricidad por cables subterráneos de baja tensión.

**Subestación elevadora**
Un transformador eleva la corriente a alta tensión antes de entrar en la red.

**Fábrica**
La industria recibe corriente de alta tensión.

**Los metales** son buenos **conductores del calor** porque sus **electrones están libres para moverse** y pasar la energía.

**Cobre, oro, plata y aluminio** son buenos **conductores** del calor.

## Transferencia del calor

El calor de este cazo con agua hirviendo se puede mover de tres modos (radiación, conducción y convección) entre la fuente de calor, el cazo de metal y el agua.

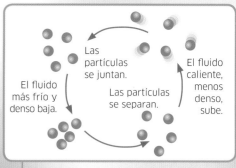

### Distribución del calor

Un termograma (imagen infrarroja) revela cómo se distribuye el calor, desde el punto más caliente, la llama, al más frío, la cuchara de madera y la encimera.

### Convección

A medida que un fluido (líquido o gas) se calienta, sus partículas empiezan a separarse y, por tanto, el fluido es menos denso y sube. A medida que se aleja de la fuente de calor, el fluido se enfría, aumenta su densidad y precipita.

**Aislamiento térmico**
Los materiales como el plástico y la madera son aislantes térmicos: no conducen el calor.

# Calor

**El calor es la energía que hace subir la temperatura de una sustancia o que esta cambie de estado, de líquido a gas, por ejemplo. El calor tiene tres maneras de entrar o salir de una sustancia: por conducción, convección o radiación.**

Los átomos y las moléculas están en movimiento constante. La energía de su movimiento se denomina energía cinética. Algunos se mueven más rápido que otros y la temperatura de una sustancia es la energía cinética habitual de sus átomos y moléculas.

**Radiación del cazo**
Se pierde algo de calor radiante por el lateral del cazo.

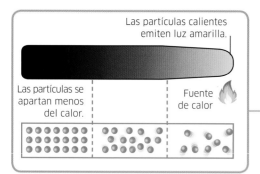

Las partículas calientes emiten luz amarilla.

Las partículas se apartan menos del calor.

Fuente de calor

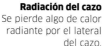

### Conducción

Cuando se calientan las partículas (átomos o moléculas) de un sólido, se mueven más rápido, chocan contra otras partículas y hacen que estas también se muevan más rápido. El movimiento de las partículas aleja el calor de su fuente. A medida que aumenta la temperatura del metal, las partículas pierden calor en forma de radiación térmica, lo que hace que resplandezca en rojo, amarillo y al final blanco.

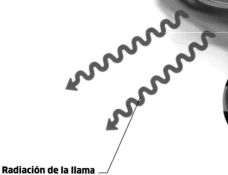

**Radiación de la llama**
El calor se desplaza en forma de ondas de energía radiante a través de un gas o el vacío. Así es como el Sol calienta la Tierra.

**Radiación que absorbe la encimera**
La superficie negra mate absorbe radiación térmica.

La energía térmica siempre pasa de los objetos o materiales calientes a los fríos.

El Sol es la principal fuente de calor de la Tierra.

La oscilación térmica de la Tierra es inferior a 150 °C.

**73**

## Corrientes de convección en el aire

Durante el día, sale aire cálido de la tierra y entra aire frío del mar, lo que crea la brisa marina. Por la noche, el aire caliente sale del mar y el aire frío fluye hacia el mar.

**Brisas terrestres y marinas**
Las corrientes se invierten, ya que la tierra y el mar se calientan y enfrían a diferentes velocidades.

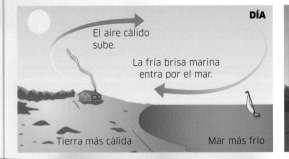

DÍA
El aire cálido sube.
La fría brisa marina entra por el mar.
Tierra más cálida
Mar más frío

NOCHE
La fría brisa marina sopla hacia el mar.
Aire cálido
Tierra más fría
Mar más cálido

**Acero**
El recubrimiento de acero del cazo no conduce tan bien el calor como el cobre, pero también es menos reactivo, por lo que se corroerá menos.

**Cobre**
El exterior de cobre del cazo es un buen conductor del calor, pero se oxida rápidamente.

**Radiación reflejada por la sartén**
El brillante exterior metálico absorbe la radiación de calor de la llama, pero también refleja un poco de energía.

## Medir la temperatura

La temperatura mide cómo de frío o caliente es un objeto considerando el valor promedio de su energía térmica. Se mide en grados Celsius (°C), Fahrenheit (°F) o Kelvin (K). Un grado tiene la misma magnitud en la escala de °C y la de K. Todos los átomos dejan de moverse en el cero absoluto (0 K).

**Núcleo del Sol**
**15 mK**
15 m°C

**Venus**
**735,15 K**
462 °C

**Agua hirviendo**
**373,15 K**
100 °C

**Sitio más cálido de la Tierra**
**329,85 K**
56,7 °C

**Cuerpo humano**
**310,15 K**
37 °C

**Congelación del agua**
**273,15 K**
0 °C

**Sitio más frío de la Tierra**
**183,95 K**
−89,2 °C

**Espacio exterior**
**2,7 K**
−270,45 °C

**Cero absoluto**
**0 K**
−273,15 °C

## Pérdida de calor y aislamiento

Nuestras casas pierden calor con facilidad a través de suelos, paredes, tejados, ventanas y puertas. Para aumentar la eficiencia energética reduciendo la pérdida de calor, se usan materiales que sean malos conductores, como plásticos, madera, corcho, fibra de vidrio y aire, para aislar.

**Porche**
El porche reduce las corrientes de aire.

**Aislamiento del altillo**
El aislamiento con fibra de vidrio puede reducir un 25 % la pérdida de calor.

**Aislamiento de la cavidad del muro**
Rellenar vacíos con poliestireno conserva el calor.

**Aislamiento doble**
El aire entre dos capas de cristal hace de aislante.

**74** energía y fuerzas • **ENERGÍA NUCLEAR**

**449** Número de **reactores nucleares operativos en el mundo**; existen muchos más en construcción.

# Energía nuclear

**Las reacciones nucleares son una manera muy eficiente de liberar energía. Hacer chocar partículas atómicas desata una reacción en cadena que produce calor que genera gran cantidad de electricidad.**

La mayoría de los elementos tienen formas ligeramente distintas, o isótopos. Cada isótopo de un elemento tiene un número diferente de neutrones. Los isótopos radiactivos tienen muchos o muy pocos neutrones, por eso son inestables. Los isótopos de los elementos pesados, como el uranio y el plutonio, se disgregan, o descomponen, y producen radiación. Los núcleos atómicos también se pueden descomponer (fisión) o unir (fusión) artificialmente para liberar energía, que se aprovecha en las centrales y las armas nucleares.

## Reactor nuclear

Existen centrales nucleares de fisión en cualquier parte del mundo. Todas siguen los mismos principios básicos para generar electricidad: primero se bombardean los átomos en el reactor para que se dividan y liberen energía térmica. Esta energía pasa a otra cámara para calentar agua y producir mucho vapor, que hace girar unas turbinas unidas al generador, encargado de convertir la energía cinética en la electricidad de la red eléctrica.

**Turbinas**
El vapor hace girar una serie de turbinas.

**Vapor**
El agua calentada en el depósito se evapora en forma de vapor, que pasa por las tuberías hacia las turbinas.

**Edificio de contención**
Este edificio de hormigón absorbe la radiación del reactor.

**Barras de control**
Las barras de control bajan hacia el núcleo para frenar la reacción absorbiendo el exceso de neutrones.

**Combustible**
Las barras de combustible nuclear bajan para iniciar la reacción de fisión.

**Núcleo del reactor**
Los núcleos atómicos se dividen dentro del reactor, donde liberan energía térmica.

**Agua calentada**
El agua del reactor se calienta cuando tiene lugar la reacción.

**Recirculación**
El agua del reactor calienta un depósito de agua antes de volver al reactor.

**Circuito exterior**
El agua de la turbina vuelve al generador de vapor para volver a calentarse.

**Radiación de Cherenkov**
Las partículas atómicas del reactor viajan a una velocidad enormemente rápida y generan así un tipo de radiación denominada radiación de Cherenkov, que hace brillar en azul eléctrico el agua alrededor del reactor.

## Tipos de radiación

Los núcleos inestables al disgregarse, o descomponerse, liberan tres tipos de radiación: alfa, beta y gamma.
Los rayos alfa y beta son chorros de partículas liberados por los núcleos atómicos.
Los rayos gamma, liberados durante la descomposición alfa y beta o incluso por relámpagos, son un tipo de radiación electromagnética, similar a la luz, pero más potente y peligrosa.

Los físicos británicos **John Cockcroft y Ernest Walton** llevaron a cabo la **primera fisión nuclear artificial** en 1932.

**11 %** Porcentaje de electricidad del mundo generada en centrales nucleares.

**75**

**Torres eléctricas**
Sostienen los cables eléctricos que transmiten la electricidad de la planta eléctrica a los abonados.

**Generador**
El generador convierte la energía de las turbinas en electricidad.

**Circuito de condensación**
El agua refrigerada regresa a la turbina para volver a calentarse.

**Torres de refrigeración**
Unas grandes torres reciben el vapor y lo vuelven a condensar en agua.

## Fisión nuclear

Los núcleos atómicos se pueden dividir o fusionar, formar nuevos elementos y liberar energía. La división de un núcleo atómico grande en dos se denomina fisión. Un neutrón impacta en el núcleo de un átomo de uranio y hace que este se divida, o fisione, en dos. Como resultado, se liberan más neutrones, que impactan en más núcleos y crean así una reacción en cadena. La energía adicional liberada acaba en forma de calor y se usa para generar electricidad.

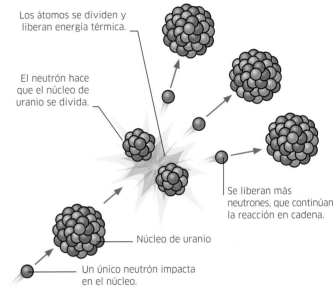

Los átomos se dividen y liberan energía térmica.

El neutrón hace que el núcleo de uranio se divida.

Se liberan más neutrones, que continúan la reacción en cadena.

Núcleo de uranio

Un único neutrón impacta en el núcleo.

## Fusión nuclear

El proceso por el que se unen dos núcleos atómicos pequeños se denomina fusión. Dos isótopos de hidrógeno impactan entre sí para crear helio, liberar energía térmica y un neutrón solitario. La fusión tiene lugar en las estrellas, pero aún no se ha dominado como forma viable de producción energética en la Tierra, debido al calor y presión inmensos necesarios para iniciar el proceso.

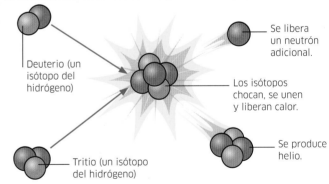

Deuterio (un isótopo del hidrógeno)

Tritio (un isótopo del hidrógeno)

Se libera un neutrón adicional.

Los isótopos chocan, se unen y liberan calor.

Se produce helio.

**Radiación alfa**
Algunos núcleos grandes liberan una partícula de carga positiva compuesta por dos protones y dos neutrones, una partícula alfa.

**Radiación beta**
En algunos núcleos se cambia un neutrón por un protón, lo que crea un electrón conocido como partícula beta, que sale disparado del núcleo.

**Radiación gamma**
Los rayos gamma son ondas electromagnéticas liberadas en la descomposición alfa y beta.

## Contención de la radiación

La radiación puede ser muy nociva para la salud humana; contenerla es complicado. Las radiaciones alfa, beta y gamma pueden cruzar diferentes cantidades de materia porque tienen velocidades y energías diferentes. Las partículas alfa se paran con la piel, o con una única hoja de papel. Los rayos beta cruzan la piel pero no el metal. Los rayos gamma solo pueden pararse con una lámina de plomo u hormigón grueso.

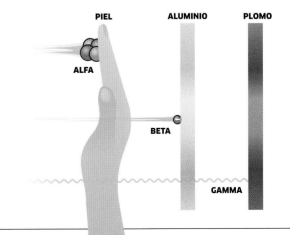

PIEL

ALUMINIO

PLOMO

ALFA

BETA

GAMMA

## Sonido de la guitarra acústica

Cuando un guitarrista toca las cuerdas de la guitarra, cada cuerda vibra a una frecuencia distinta para producir una nota de diferente tono, un sonido más grave o agudo. El tono de la nota depende de la longitud, tensión, grosor y densidad de la cuerda. Su vibración pasa al cuerpo del instrumento, lo que hace que el aire de dentro y fuera vibre y emita un sonido mucho más potente.

**Grosor y densidad de la cuerda**
El grosor de las cuerdas afecta a la frecuencia y al tono: la cuerda más gruesa crea la frecuencia más baja y las notas más graves. Las cuerdas de materiales más densos tienen un tono más grave.

**Ondas sonoras**
El aire vibrando sale de la boca en ondas que se propagan de manera uniforme en todas direcciones igual que las olas en una charca.

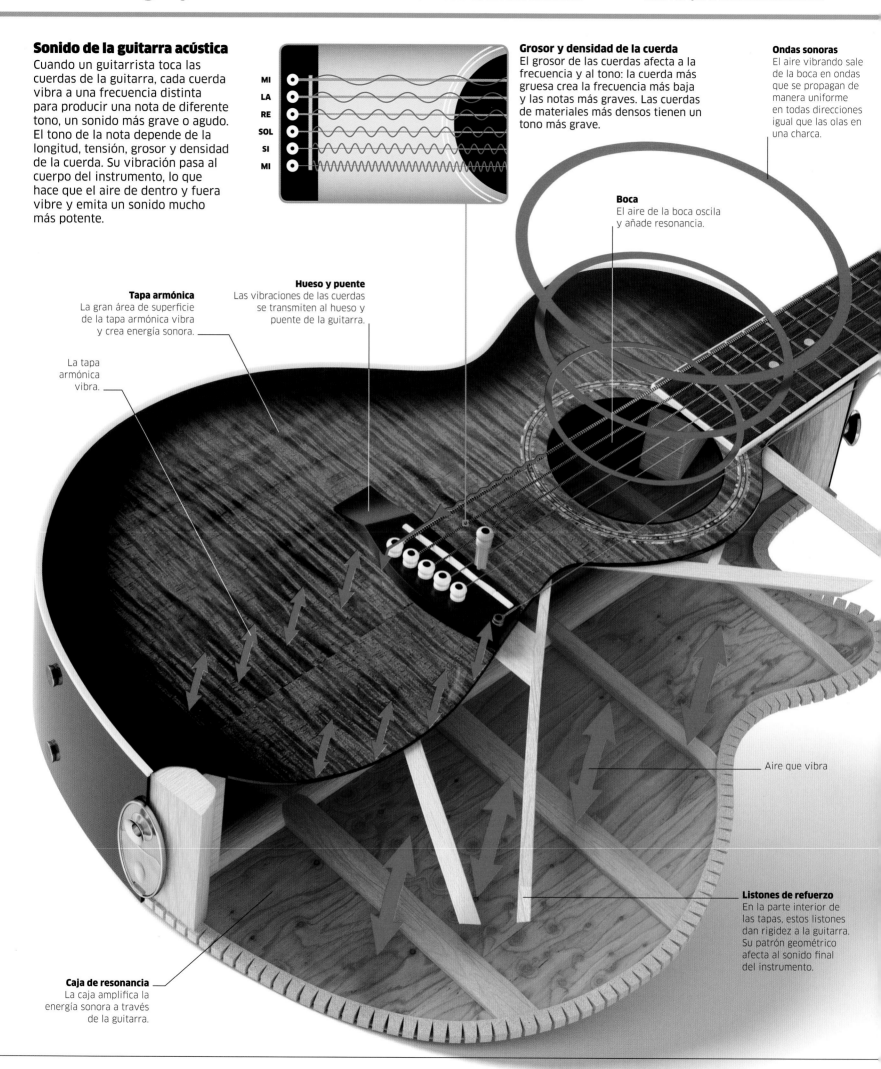

**Boca**
El aire de la boca oscila y añade resonancia.

**Tapa armónica**
La gran área de superficie de la tapa armónica vibra y crea energía sonora.

La tapa armónica vibra.

**Hueso y puente**
Las vibraciones de las cuerdas se transmiten al hueso y puente de la guitarra.

Aire que vibra

**Listones de refuerzo**
En la parte interior de las tapas, estos listones dan rigidez a la guitarra. Su patrón geométrico afecta al sonido final del instrumento.

**Caja de resonancia**
La caja amplifica la energía sonora a través de la guitarra.

Los sonidos por encima de los **85 dB** pueden **dañar el oído humano**.

Las ondas ultrasónicas tienen una **frecuencia superior a las ondas sonoras audibles**.

**77**

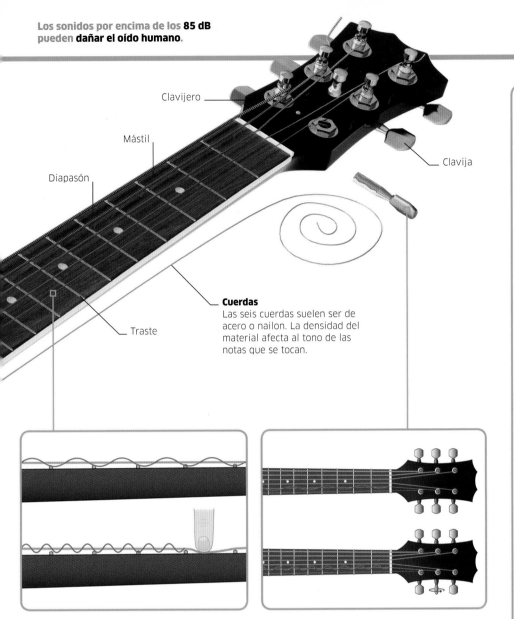

Clavijero

Mástil

Diapasón

Clavija

**Cuerdas**
Las seis cuerdas suelen ser de acero o nailon. La densidad del material afecta al tono de las notas que se tocan.

Traste

**Longitud de la cuerda**
Los trastes están repartidos por el diapasón, en la parte frontal del mástil. El guitarrista pulsa una cuerda contra el diapasón para hacerla más corta, lo que aumenta su frecuencia y suena más aguda.

**Tensión de la cuerda**
Las clavijas se giran para tensar o aflojar las cuerdas y ajustar así el tono para que la guitarra quede afinada. Cuando se tensan las cuerdas, su frecuencia aumenta y sube el tono.

# Sonido

**El sonido transporta la música, las palabras y otros ruidos a alta velocidad. Viaja en forma de ondas, creadas por la vibración de las partículas en un sólido, líquido o gas.**

La cuerda de una guitarra vibra al pulsarla, lo que altera el aire a su alrededor y crea una onda de presión alta y baja que se propaga. Cuando la onda llega al oído, las vibraciones estimulan los pelillos del oído interior, que envían información al cerebro, donde se interpreta. Lo que distingue los sonidos entre sí, como las voces humanas, son las complejas formas de las ondas que crean cada timbre y tono concretos.

**20** Hz-20 kHz es el rango de frecuencias normales que capta el oído humano, y se reduce con la edad. En general los niños pueden oír frecuencias más altas que los adultos.

## Cómo viaja el sonido
Las ondas de sonido contraen y estiran el aire al pasar. Se consideran ondas longitudinales porque las partículas del medio por el que viajan vibran en la misma dirección que la onda.

**Partículas vibrando**
A medida que las vibraciones cruzan el aire, las partículas se empujan entre sí para crear áreas de alta presión y compresión, y áreas de baja presión y rarefacción.

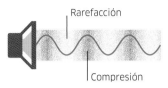

Rarefacción

Compresión

**Volumen y amplitud**
La amplitud (altura del centro a la cresta o el valle) de una onda sonora describe su energía, y equivale al volumen.

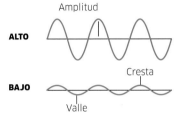

Amplitud

ALTO

Cresta

BAJO

Valle

**Tono y frecuencia**
La frecuencia, el número de ondas que pasan por un punto en un tiempo concreto, define el tono de una onda de sonido. Se mide en hercios (Hz).

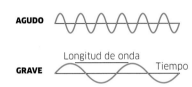

AGUDO

Longitud de onda

GRAVE

Tiempo

## Velocidad del sonido en diferentes materiales
El sonido se mueve más rápido en sólidos, porque las partículas están más juntas, y más lento en gases, como el aire, porque las partículas están separadas. La velocidad del sonido se mide en metros por segundo.

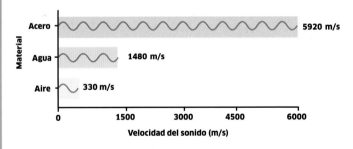

Material

Acero — 5920 m/s

Agua — 1480 m/s

Aire — 330 m/s

0    1500    3000    4500    6000

**Velocidad del sonido (m/s)**

## La escala de decibelios
El volumen describe la intensidad de la energía sonora y se mide en decibelios (dB), cuya escala es logarítmica: 20 dB son diez veces más intensos, o el doble de volumen, que 10 dB. El oído humano oye entre 0 y 150 dB.

**CAÍDA DE UNA HOJA
(10 dB)**
Apenas audible

**SUSURRO AL OÍDO
(30 dB)**
Suave

**CONVERSACIÓN CERCANA
(60 dB)**
Moderado

**VIOLÍN AL TOCAR
(90 dB)**
Alto

**CONCIERTO DE ROCK
(120 dB)**
Muy alto

**FUEGOS ARTIFICIALES
CERCA (150 dB)**
Doloroso

# Luz artificial

**En esta fotografía nocturna tomada desde la Estación Espacial Internacional (ISS) se pueden ver claramente las extensas ciudades de la costa este de EE.UU.**

A la derecha se aprecia Long Island y Nueva York; en el centro quedan Filadelfia, Pittsburgh y otras grandes ciudades. Las farolas y las luces de casas y jardines contribuyen al resplandor. Una neblina de polvo y vapor de agua refleja algo de luz para la población de la Tierra, lo que crea la contaminación lumínica que dificulta observar las estrellas de noche.

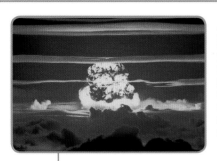

### Rayos gamma

La fisión nuclear de armas y reactores y las sustancias radiactivas emiten rayos gamma, las ondas de mayor energía, con longitudes de onda del tamaño de un núcleo atómico. La radiación gamma es muy nociva para la salud.

### Luz visible

Este es el intervalo de longitudes de onda visibles para el ojo humano. Cada gota de lluvia es como un minúsculo prisma que divide la luz blanca en los colores del espectro.

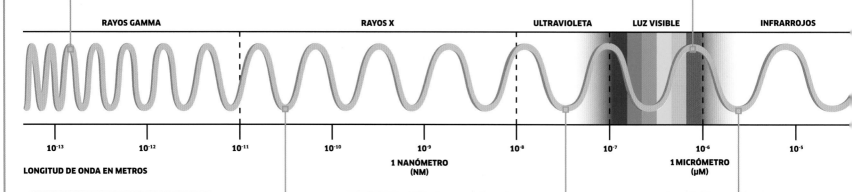

| RAYOS GAMMA | RAYOS X | ULTRAVIOLETA | LUZ VISIBLE | INFRARROJOS |

$10^{-13}$   $10^{-12}$   $10^{-11}$   $10^{-10}$   $10^{-9}$   $10^{-8}$   $10^{-7}$   $10^{-6}$   $10^{-5}$

LONGITUD DE ONDA EN METROS

1 NANÓMETRO (NM)

1 MICRÓMETRO (μM)

### Rayos X

Con su capacidad de cruzar materiales blandos pero no duros o densos, los rayos X sirven para mirar dentro del cuerpo y para controlar contenidos de bolsas en puntos de seguridad.

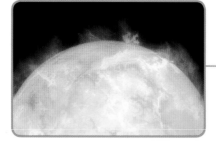

### Ultravioleta (UV)

La radiación UV forma parte de la luz solar y puede causar quemaduras cutáneas y daños oculares. La capa de ozono bloquea las longitudes de onda más cortas y nocivas.

### Infrarrojos

Los infrarrojos, conocidos como radiación térmica, son invisibles, pero unas cámaras especiales pueden detectarlos y «ver» la temperatura de las cosas, como estos pingüinos.

# Radiación electromagnética

**La luz es uno de los diversos tipos de energía de ondas conocida como radiación electromagnética, que incluye las ondas de radio, los rayos X y la radiación gamma.**

Recibimos radiación electromagnética del Sol, las estrellas y las galaxias lejanas. La atmósfera terrestre bloquea la mayoría de las radiaciones, pero deja pasar las ondas de radio y la luz, que incluye algunas longitudes de onda infrarrojas y ultravioletas.

El espectro electromagnético más allá de la luz visible se descubrió entre 1800, cuando el astrónomo británico William Herschel observó los infrarrojos por primera vez, y 1900, cuando el físico francés Paul Villard **descubrió la radiación gamma.**

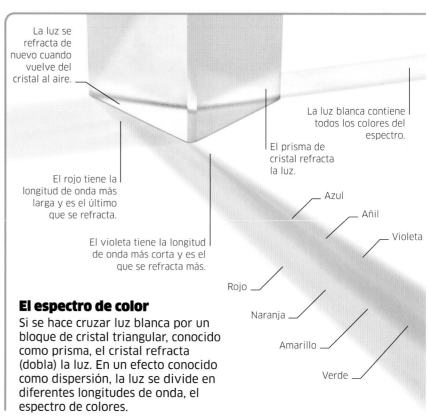

La luz se refracta de nuevo cuando vuelve del cristal al aire.

La luz blanca contiene todos los colores del espectro.

El prisma de cristal refracta la luz.

El rojo tiene la longitud de onda más larga y es el último que se refracta.

El violeta tiene la longitud de onda más corta y es el que se refracta más.

Azul

Añil

Violeta

Rojo

Naranja

Amarillo

Verde

### El espectro de color

Si se hace cruzar luz blanca por un bloque de cristal triangular, conocido como prisma, el cristal refracta (dobla) la luz. En un efecto conocido como dispersión, la luz se divide en diferentes longitudes de onda, el espectro de colores.

Toda onda electromagnética viaja por el espacio a la **velocidad de la luz**, a **299 792 458 m/s** (redondeado habitualmente a 300 000 km/s).

Las ondas de radio de frecuencia extremadamente baja (FEB) se usan para comunicarse con submarinos.

**81**

### Microondas
En la Tierra, los radares, los teléfonos móviles y las comunicaciones por satélite usan microondas. Los científicos han captado imágenes (izquierda) de las microondas restantes del Big Bang al nacer el universo.

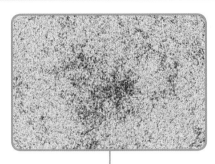

### Ondas de radio
Las ondas de radio, las más largas del espectro, transportan las señales de televisión y radio. Los radiotelescopios capturan ondas de radio emitidas por fuentes en el espacio y las convierten en imágenes, como por ejemplo esta estrella (izquierda).

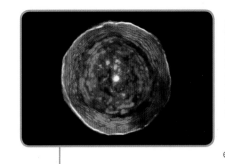

Las ondas de este extremo del espectro son las que tienen menos energía y frecuencia más baja.

**MICROONDAS**

**ONDAS DE RADIO**

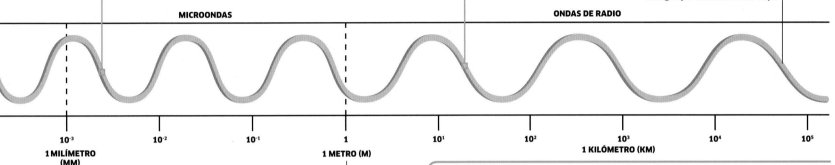

| $10^{-3}$ | $10^{-2}$ | $10^{-1}$ | 1 | $10^{1}$ | $10^{2}$ | $10^{3}$ | $10^{4}$ | $10^{5}$ |

**1 MILÍMETRO (MM)**　　**1 METRO (M)**　　**1 KILÓMETRO (KM)**

## El espectro electromagnético
Las ondas electromagnéticas cubren un amplio abanico de longitudes de onda, desde las ondas gamma, con la longitud de onda mínima y energía máxima, hasta las ondas de radio, con la longitud de onda máxima y energía mínima. Todas las ondas electromagnéticas son invisibles, salvo las que componen la luz. Las diferentes longitudes de onda de todo el espectro se usan para todo tipo de tareas, desde la esterilización de alimentos y equipo médico hasta las comunicaciones.

Algunos tipos de radiación electromagnética se dividen de una manera muy definida, mientras que otros se solapan. Las microondas, por ejemplo, son la ondas de radio de longitud de onda más corta, entre 1 mm y 1 m.

## Ondas electromagnéticas
Todos los tipos de radiación electromagnética son ondas transversales que transfieren la energía entre dos puntos y que la materia puede emitir y absorber. La radiación electromagnética viaja en forma de ondas de campos eléctricos y magnéticos que oscilan (vibran) transversalmente entre sí y respecto de la dirección del movimiento.

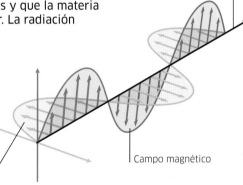

Dirección del movimiento

Campo magnético

Campo eléctrico

## Ver en color
Vemos en color basándonos en la información que las células sensibles a la luz de los ojos conocidas como conos envían al cerebro. Estos conos se dividen en tres tipos, y cada uno responde a la luz roja, azul o verde. Vemos el resto de los colores mezclando estos tres colores. Los objetos reflejan o absorben los diferentes colores de la luz blanca. Percibimos los colores reflejados.

### Objeto blanco
Los objetos blancos reflejan todos los colores que componen el espectro de luz visible, por eso los vemos blancos.

### Objeto negro
Los objetos negros absorben todos los colores del espectro de luz visible, ninguno se refleja. También absorben más calor.

### Objeto verde
Vemos los objetos verdes porque solo reflejan las longitudes de onda verdes de la luz visible.

## Dispersión de la luz
Cuando la luz del sol llega a la atmósfera de la Tierra, las moléculas de aire, gotitas de agua y partículas de polvo dispersan la luz; no obstante, no dispersan los colores por igual. Por eso el cielo es azul; las nubes, blancas y el ocaso, rojo.

### Cielo azul
Las moléculas del aire en la atmósfera causan el azul del cielo porque dispersan la luz de longitud de onda corta hacia el extremo azul del espectro. Las partículas de agua y polvo, más grandes, dispersan todo el espectro como luz blanca. Cuanto más azul es el cielo, más puro es el aire.

### Ocaso rojo
Cuando el Sol baja hacia el horizonte, su luz tarda más en cruzar la atmósfera, se dispersa más luz y se absorben las longitudes de onda más cortas. Al alba o al ocaso las nubes parecen rojas o naranja porque reflejan el color de la luz que reciben.

## Red telefónica

Los teléfonos móviles se conectan a estaciones base, que ofrecen cobertura por un área hexagonal conocida como célula. Cada célula tiene un número de frecuencias o canales disponible para los usuarios. Como cada móvil se conecta a una estación base concreta, los usuarios pueden usar las mismas frecuencias en cualquier estación base. Las llamadas de telefonía fija pasan por centralitas locales y generales.

**Llamada desde un móvil en movimiento**
Se asigna un canal a la llamada del usuario A y se dirige a la centralita móvil a través de una estación base. El teléfono A comprueba la potencia de la señal de las estaciones base cercanas, da esa información a la centralita móvil e indica que la señal se debilita a medida que el usuario se aleja de la célula.

**Llamada transferida a otra célula**
La centralita móvil prepara un nuevo canal para el usuario A en la célula a la que se dirige y envía esta información al teléfono del usuario A. El teléfono A indica su llegada en la nueva célula a la nueva estación base y se cierra el canal anterior.

**Llamada móvil en movimiento recibida**
La centralita móvil busca al usuario B y pasa la llamada. B no debería darse cuenta del cambio de señal de A.

**Teléfono vía satélite**
En lugar de conectarse a torres terrestres, estos teléfonos envían una señal de alta frecuencia al satélite más cercano, que la transmite a una centralita general.

**Centralita internacional**
Las llamadas a otros países se dirigen a través de la centralita general del usuario y hacia una centralita internacional.

**Repetidor**
Los enlaces de radio de las frecuencias de microondas se conectan a centralitas más lejanas mediante repetidores.

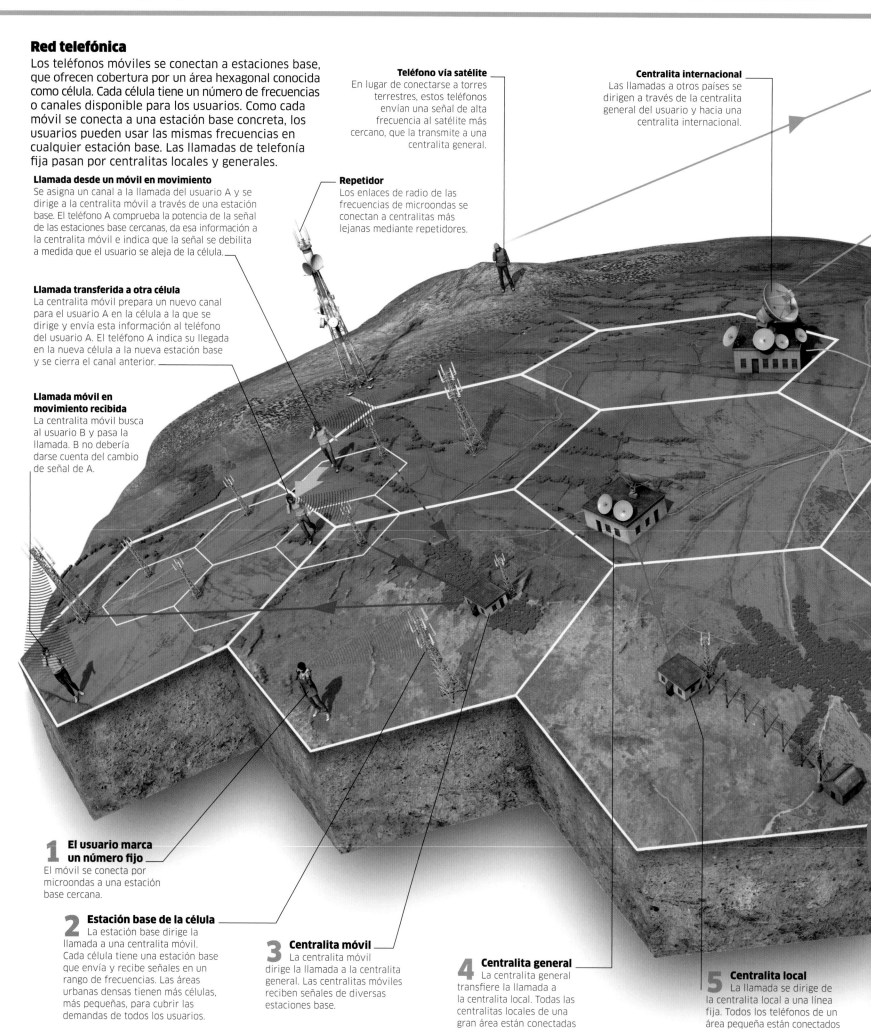

**1 El usuario marca un número fijo**
El móvil se conecta por microondas a una estación base cercana.

**2 Estación base de la célula**
La estación base dirige la llamada a una centralita móvil. Cada célula tiene una estación base que envía y recibe señales en un rango de frecuencias. Las áreas urbanas densas tienen más células, más pequeñas, para cubrir las demandas de todos los usuarios.

**3 Centralita móvil**
La centralita móvil dirige la llamada a la centralita general. Las centralitas móviles reciben señales de diversas estaciones base.

**4 Centralita general**
La centralita general transfiere la llamada a la centralita local. Todas las centralitas locales de una gran área están conectadas a una centralita general.

**5 Centralita local**
La llamada se dirige de la centralita local a una línea fija. Todos los teléfonos de un área pequeña están conectados a la centralita local.

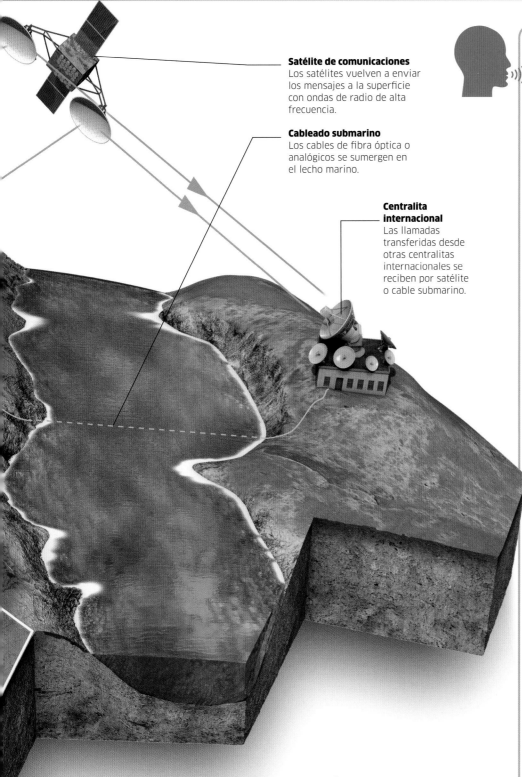

**Satélite de comunicaciones**
Los satélites vuelven a enviar los mensajes a la superficie con ondas de radio de alta frecuencia.

**Cableado submarino**
Los cables de fibra óptica o analógicos se sumergen en el lecho marino.

**Centralita internacional**
Las llamadas transferidas desde otras centralitas internacionales se reciben por satélite o cable submarino.

## Conversión de la voz

Nuestra voz se convierte de señales analógicas a digitales al hacer una llamada.

**1** Un teléfono móvil captura el sonido como una señal de variación continua o analógica. La señal se mide en diversos puntos; cada punto recibe un valor. Aquí un punto de la señal se mide como 3, y aparece como 0011, su equivalente binario. El conversor de analógico a digital del teléfono produce cadenas de estos números binarios (ver p. 95).

**2** Los 1 y 0 del número binario 0011 se convierten en señales off/off/on/on. El teléfono transmite los valores, que codifica como cambios súbitos en las ondas de la señal. La señal pasa de la estación base a la centralita móvil y de nuevo a la estación base.

**3** El teléfono recibe la señal digital e interpreta la transmisión on/off como cadenas de números binarios. El conversor de digital a analógico del teléfono vuelve a convertir los números binarios en información analógica.

**4** El altavoz del teléfono envía una señal analógica que percibimos como ondas de sonido.

## Ionosfera y ondas de radio

La ionosfera es una región de la atmósfera que contiene iones y electrones libres, lo que hace que refleje ondas de radio de baja frecuencia y gran longitud de onda a grandes distancias.

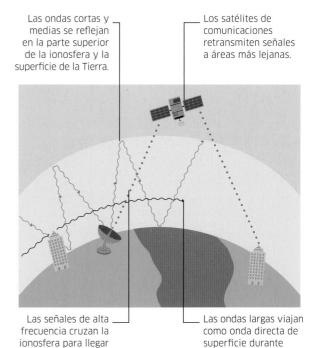

Las ondas cortas y medias se reflejan en la parte superior de la ionosfera y la superficie de la Tierra.

Los satélites de comunicaciones retransmiten señales a áreas más lejanas.

Las señales de alta frecuencia cruzan la ionosfera para llegar a los satélites.

Las ondas largas viajan como onda directa de superficie durante miles de kilómetros.

# Telecomunicaciones

**Las telecomunicaciones modernas usan la electricidad, luz y radio para transportar la señal. La red telefónica global permite que nos comuniquemos por todo el planeta con enlaces de radio, cables de fibra óptica y cables de metal.**

Las señales que representan sonidos, imágenes y otros datos se envían como señales analógicas, u ondas continuas, o como señales digitales, o código binario en forma de cambios bruscos en las ondas. Las señales de radio y televisión se transmiten en forma de ondas de radio por el aire alrededor de la Tierra, mientras que los teléfonos móviles, wifi y Bluetooth usan microondas. Las señales discurren en forma de corriente eléctrica por cables de metal o como impulsos de luz que se reflejan en los cables de fibra óptica.

**84** energía y fuerzas ∘ **LUZ**

La **superficie del Sol**, a 5500 °C, resplandece en blanco
con **un espectro continuo** de longitudes de onda.

# Luz

**La luz es un tipo de radiación electromagnética, transportada por un flujo de partículas, denominadas fotones, que se comportan también como una onda.**

La fuente de luz más importante en la Tierra es el Sol. La energía generada en el núcleo del Sol produce la luz solar. Igual que el Sol, algunos objetos como las velas emiten (despiden) luz: son luminosos. En cambio, la mayoría de los objetos reflejan y/o absorben la luz. La luz viaja en forma de ondas transversales, como las olas en el agua: la dirección de la vibración de la onda es transversal a la dirección de desplazamiento de la luz.

## Luz y materia

El aspecto brillante, apagado o transparente de los materiales depende de si transmite, refleja o absorbe los rayos de luz. La mayoría de los materiales absorben algo de luz.

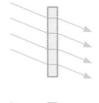

**Transparente**
La luz pasa a través de los materiales transparentes. La luz se transmite, pero se refracta al cambiar de velocidad.

**Opaco (mate)**
Los materiales apagados y opacos tienen una superficie rugosa que absorbe algo de luz y refleja y dispersa el resto.

**Translúcido**
Los materiales que son translúcidos (glaseados) dejan pasar la luz, pero la dispersan en direcciones diferentes.

**Opaco (brillante)**
Los materiales opacos brillantes tienen una superficie lisa que refleja la luz en una única dirección.

## Fuentes de luz

La luz es una forma de energía. Se produce con dos procesos distintos: incandescencia y luminiscencia. La incandescencia es la emisión de luz por parte de objetos calientes. La luminiscencia es la emisión de luz sin calor.

### Fotones

Si un átomo gana energía, los electrones que orbitan el núcleo saltan a órbitas, o «niveles de energía» superiores. Cuando los electrones vuelven a sus órbitas originales, liberan fotones de luz u otra radiación electromagnética.

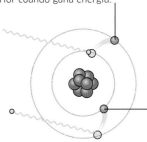

**Átomo excitado**
El electrón salta a un nivel superior cuando gana energía.

**El átomo se calma**
El electrón emite un fotón al volver a su órbita original.

### Incandescencia

Las fuentes de luz incandescente emiten luz porque están calientes. Cuanto más caliente esté un objeto, más espectro de color visible emite. La luz incandescente produce todos los colores de su escala en un espectro continuo.

**Espectro de color**
Una imagen espectroscópica muestra el espectro de colores que emite una fuente de luz.

### Luminiscencia

Una fuente de luz luminiscente produce luz cuando los electrones pierden energía en los átomos. Esta energía se pierde en cantidades exactas, que determinan el color de la luz producida, según la química del material luminiscente.

**Resistencia de la tostadora**
La resistencia de la tostadora, a unos 600 °C, brilla solo con luz roja. También emite luz del espectro infrarrojo.

**Llama de una vela**
La llama de una vela, a unos 850 °C, produce algo de luz verde y amarilla, además de roja, por lo que emite una brillante luz amarilla.

**Bombilla incandescente**
El filamento de una bombilla antigua, a unos 2500 °C, produce casi todo el espectro. Solo le falta la luz azul, por eso su brillo tiene un tono amarillo

**Bioluminiscencia**
Los animales bioluminiscentes como las luciérnagas producen una única longitud de onda de luz verde amarillenta oxidando una molécula, la luciferina.

**Diodo emisor de luz (led)**
Un led puede producir dos o más colores. Los led de bajo consumo producen luz roja, verde y azul, que se combinan para que parezca luz blanca.

**Bombilla fluorescente compacta**
Las pinturas luminiscentes del interior del cristal producen luz roja, verde y azul, cuya mezcla parece que emita luz blanca (pero no es un espectro continuo).

## Láseres

Un láser produce un intenso rayo de luz de una sola longitud de onda. La luz se concentra en un medio emisor, como un cristal. En un láser de cristal, la luz de un tubo en espiral «excita» los átomos en un tubo de cristales, por ejemplo de rubí. Los fotones de luz que producen estos átomos excitados se reflejan por los extremos con espejo del tubo y acaban escapando en forma de potente haz. Decimos que esta luz es coherente, porque todas las ondas están en fase.

Espejo

Los espejos reflejan una y otra vez los fotones.

El potente haz del láser concentrado está compuesto por fotones alineados y en fase.

Un tubo de destello es una lámpara potente cuya luz excita a los electrones del cristal.

Los átomos excitados desprenden fotones, que también excitan a otros átomos.

La luz sale por un espejo parcial (semiplateado).

**Láser** es el acrónimo en inglés de **luz amplificada por emisión estimulada de radiación.**

Actualmente el **experimento de la doble rendija** se usa para demostrar la dualidad onda-partícula: que la **luz se comporta como una onda y una partícula.**

**85**

# Difracción e interferencia

Las ondas de luz se desvían cuando cruzan pequeños orificios, que cuanto más pequeños sean, más desviación (difracción) se producirá. Cuando coinciden dos o más ondas, se suman o cancelan entre sí para formar ondas más grandes o más pequeñas, en lo que se conoce como interferencia.

### Experimento de la doble rendija

Para demostrar que la luz se comporta como una onda y no como una partícula, en 1801 el científico inglés Thomas Young hizo pasar luz a través de hendiduras para demostrar que las ondas de luz se difractan e interfieren como las ondas en el agua.

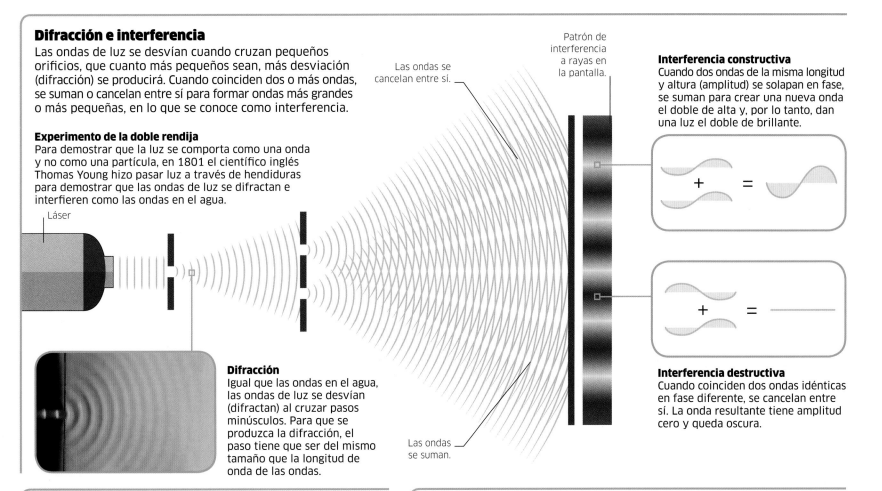

Láser

Las ondas se cancelan entre sí.

Patrón de interferencia a rayas en la pantalla.

Las ondas se suman.

### Difracción

Igual que las ondas en el agua, las ondas de luz se desvían (difractan) al cruzar pasos minúsculos. Para que se produzca la difracción, el paso tiene que ser del mismo tamaño que la longitud de onda de las ondas.

### Interferencia constructiva

Cuando dos ondas de la misma longitud y altura (amplitud) se solapan en fase, se suman para crear una nueva onda el doble de alta y, por lo tanto, dan una luz el doble de brillante.

### Interferencia destructiva

Cuando coinciden dos ondas idénticas en fase diferente, se cancelan entre sí. La onda resultante tiene amplitud cero y queda oscura.

# Reflexión

Los rayos de luz rebotan en una superficie lisa, como la de un espejo, en una sola dirección. Esto se denomina reflexión especular. Si la superficie es rugosa, los rayos rebotan aleatoriamente en diferentes direcciones. Esto se conoce como reflexión difusa.

### Ley de la reflexión

Un rayo de luz proyectado hacia un espejo rebota exactamente en el mismo ángulo; en términos más científicos, el ángulo de incidencia es igual al ángulo de reflexión.

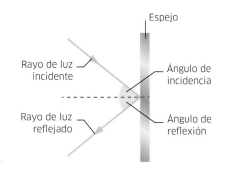

Espejo

Rayo de luz incidente

Ángulo de incidencia

Rayo de luz reflejado

Ángulo de reflexión

### Imágenes reflejadas

Los espejos no reflejan las cosas de izquierda a derecha. Las palabras escritas aparecen al revés porque están giradas. Lo que hacen los espejos es girar las cosas de atrás hacia delante siguiendo un eje en ángulo recto respecto del espejo.

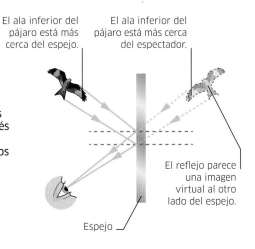

El ala inferior del pájaro está más cerca del espejo.

El ala inferior del pájaro está más cerca del espectador.

El reflejo parece una imagen virtual al otro lado del espejo.

Espejo

# Refracción

Los rayos de luz viajan más lentos en sustancias más densas, como el agua o el cristal, que en el aire. El cambio de velocidad hace que la luz se desvíe (refracte) al pasar de aire a cristal o agua y viceversa. El índice refractivo indica el grado de refracción de la luz de un material.

### Luz desviada

Los rayos de luz frenan y se desvían al pasar del aire al cristal, y aceleran y vuelven a desviarse al pasar del cristal al aire. El índice de refracción del aire es 1. El del cristal ronda 1,60, según su calidad; en cambio, el del diamante, más duro y denso, es 2,40.

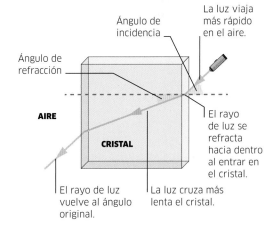

La luz viaja más rápido en el aire.

Ángulo de incidencia

Ángulo de refracción

AIRE

CRISTAL

El rayo de luz se refracta hacia dentro al entrar en el cristal.

El rayo de luz vuelve al ángulo original.

La luz cruza más lenta el cristal.

### Profundidad real y aparente

La refracción hace que un objeto en el agua parezca estar más cerca de la superficie. Dado que nuestro cerebro considera que los rayos de luz viajan en línea recta y no se desvían, vemos el objeto en el agua más arriba de lo que realmente está. También pasa al contrario: una persona bajo el agua verá los objetos de tierra más arriba de lo que están.

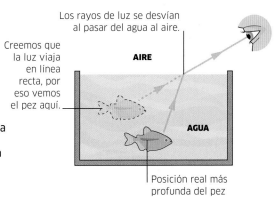

Los rayos de luz se desvían al pasar del agua al aire.

Creemos que la luz viaja en línea recta, por eso vemos el pez aquí.

AIRE

AGUA

Posición real más profunda del pez

## Tipos de telescopio

Los telescopios refractores usan lentes para recoger y concentrar la luz. Los reflectores hacen lo propio con espejos; los enormes telescopios espaciales usan enormes espejos. Los telescopios catadióptricos combinan las ventajas de lentes y espejos.

### Telescopio refractor

Una gran lente convexa dirige los rayos de luz a un espejo que refleja la luz hacia el ocular, donde una lente amplía la imagen. Las lentes refractan la luz y distorsionan el color.

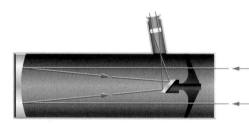

### Telescopio reflector

Un espejo cóncavo refleja y dirige la reflexión hacia un espejo secundario, que la refleja hacia un ocular, donde una lente amplía la imagen. No existe distorsión del color.

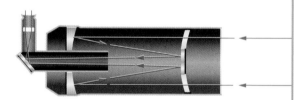

### Telescopio catadióptrico

Este telescopio es el más común, que combina lentes y espejos para ampliar al máximo y eliminar la distorsión.

# Telescopios

**Los telescopios potentes facilitan la visión de objetos tenues, como estrellas y galaxias lejanas. Su funcionamiento es el siguiente: recogen tanta luz como pueden, con una lente o un espejo, y después la concentran en una imagen nítida.**

Los telescopios son de dos tipos: refractores, que dirigen la luz con lentes, y reflectores, que dirigen la luz con espejos. Los telescopios ópticos perciben la luz visible, pero hay otros telescopios que captan otros tipos de radiación electromagnética: los radiotelescopios reciben ondas de radio y los de rayos X obtienen imágenes de fuentes de rayos X. Los telescopios usan grandes lentes en comparación con los microscopios; los binoculares actúan como dos minitelescopios de lado.

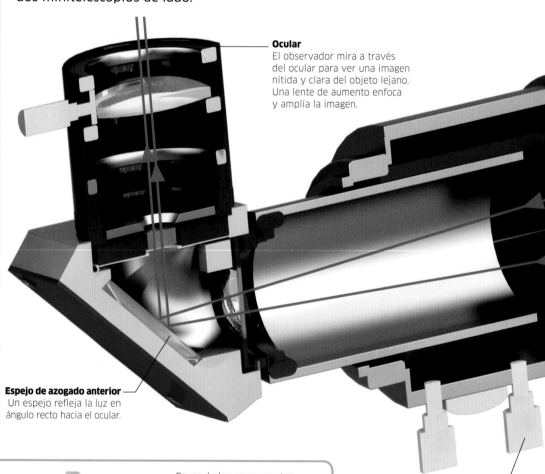

**Ocular**
El observador mira a través del ocular para ver una imagen nítida y clara del objeto lejano. Una lente de aumento enfoca y amplía la imagen.

**Espejo de azogado anterior**
Un espejo refleja la luz en ángulo recto hacia el ocular.

**Perilla de enfoque**
Al girar la perilla se ajusta la longitud focal para enfocar la imagen.

## Lentes convexas y cóncavas

Las lentes convexas, o convergentes, recogen la luz y la enfocan en un punto detrás de la lente conocido como foco principal. Este tipo de lente se usa en las gafas de los miopes. En cambio, las lentes cóncavas, o divergentes, esparcen la luz. Cuando los rayos paralelos cruzan una lente cóncava, se separan como si vinieran de un punto focal, conocido como foco principal, delante de la lente.

EN 1608, UN FABRICANTE DE LENTES GERMANO-HOLANDÉS QUE SE **LLAMABA HANS LIPPERSHEY DESARROLLÓ EL PRIMER TELESCOPIO REFRACTOR.** GALILEO MEJORÓ AQUEL DISEÑO.

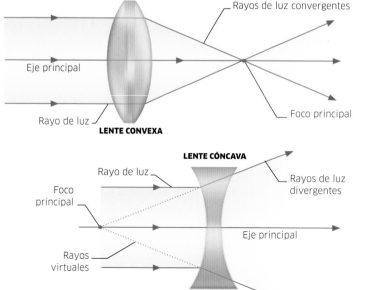

Rayos de luz convergentes

Eje principal

Rayo de luz
**LENTE CONVEXA**

Foco principal

**LENTE CÓNCAVA**

Rayo de luz

Foco principal

Rayos de luz divergentes

Eje principal

Rayos virtuales

## Isaac Newton
creó los primeros telescopios reflectores para evitar la distorsión del color.

El **telescopio espacial** *Hubble* **puede ver hasta una distancia de 13 000 millones de años luz**, hasta una galaxia distante denominada **MACS0647-JD**.

Cuando miras una estrella **a 5000 años luz**, estás mirando **atrás en el tiempo** porque la luz que ves abandonó la estrella **hace 5000 años**.

**87**

## Telescopio refractor

Este tipo de telescopio usa una lente convexa para recoger y enfocar el máximo de luz posible del objeto lejano. Se puede usar para observar cualquier cosa con el brillo suficiente para que recibamos su luz de noche, como la galaxia de Andrómeda, a más de 2,5 millones de años luz de la Tierra.

**Objetivo**
Esta gran lente convexa recoge la luz de una fuente y la concentra.

**Colimador**
Esta lente refracta la luz en un haz paralelo para que cruce los filtros.

**Filtros**
Los telescopios pueden usar diversos filtros para descartar longitudes de onda concretas de la luz.

**Lente correctora**
Una segunda lente vuelve a enfocar la luz tras cruzar los filtros.

**Palanca de control de altitud**
Se usa una palanca para ajustar la inclinación del telescopio.

La luz roja, verde y azul se concentra en puntos diferentes.

**EJE ÓPTICO**

La lente divide la luz blanca en colores.

**Efecto arcoíris**
Cuando la luz blanca cruza una lente de cristal, se refracta y crea un arcoíris de colores por la imagen; este efecto se conoce como «aberración cromática». Los telescopios modernos usan lentes adicionales para contrarrestarlo.

## Espejos cóncavos y convexos

La imagen que refleja un espejo cóncavo parece más pequeña y, según la distancia entre el observador y el espejo, puede estar invertida. Una imagen virtual detrás del espejo, y más grande, forma la imagen de un espejo convexo.

Los rayos de luz se concentran en un punto delante del espejo.

Punto focal

**ESPEJO CÓNCAVO**

Los rayos de luz divergen desde un punto focal detrás del espejo.

Punto focal

**ESPEJO CONVEXO**

# Magnetismo

**El magnetismo es una fuerza invisible ejercida por imanes y corrientes eléctricas. Los imanes atraen al hierro y algunos metales más, y atraen o repelen a otros imanes. Todos los imanes tienen dos extremos, denominados polos norte y sur, donde presentan su máxima fuerza.**

Cualquier material magnético puede imantarse o ser atraído por un imán. El hierro, cobalto, níquel y sus aleaciones, y las tierras raras son magnéticos, es decir, pueden imantarse por contacto con otro imán o por una corriente eléctrica. Tras ser imantados, estos materiales continúan así hasta que se desimanten por choque, calor o campo electromagnético (ver p. 93). La mayoría de los materiales restantes, como el aluminio, el cobre y el plástico, no son magnéticos.

## Los polos opuestos se atraen, los polos iguales se repelen

El campo de fuerza invisible alrededor de un imán se denomina campo magnético. Las virutas de hierro delatan el campo magnético entre ambos polos.

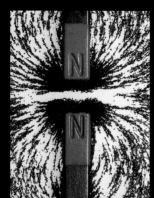

**Atracción**
Los polos opuestos (polo norte y polo sur) se atraen entre sí. Las virutas de hierro revelan las líneas de fuerza entre los polos opuestos.

**Repulsión**
Los polos iguales (dos polos norte o dos polos sur) se repelen. Las virutas de hierro delatan las líneas de fuerza repeliéndose entre los polos iguales.

## Inducción magnética

Un objeto de material magnético, como un clip de acero, se compone de dominios, cada uno con su propio campo magnético. Al acercar un imán, se alinearán los campos de los dominios y el objeto se convertirá en un imán. Ahora los dos imanes se atraen: por eso los clips se pegan a los imanes. Al tocar un clip con un imán, los dominios a veces quedan alineados de forma permanente.

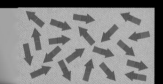

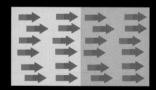

**Dominios dispersos**
En un objeto sin imantar, los dominios apuntan en todas direcciones.

**Dominios alineados**
Cuando se acerca un imán, los campos de los dominios del objeto se alinean.

**Brújula magnética**
La aguja de una brújula magnética, hecha de metal imantado y montada de manera que pueda girar con libertad, se alinea con el campo magnético de la Tierra. Dado que el polo norte magnético de la Tierra atrae el polo norte, o el polo que busca el norte, de los imanes, en realidad es el polo sur del campo magnético de nuestro planeta

## Campo magnético en forma de gota

El campo magnético de la Tierra nos protege de los nocivos efectos de la radiación solar. A su vez, un flujo de partículas con carga eléctrica del Sol, conocido como viento solar, altera el campo magnético, le da forma de gota y causa las auroras polares, los espectáculos de luz en los polos (ver pp. 90-91).

## Distorsión de la magnetosfera

El bombardeo de partículas cargadas del Sol comprime el campo magnético de la Tierra por la cara más cercana al Sol y aleja el campo de la Tierra en una larga «magnetocola» por la otra cara.

### Norte magnético y geográfico

Existe una diferencia de pocos grados entre la dirección que marca una brújula, conocida como el norte verdadero, y el polo norte geográfico, que marca el eje de rotación sobre el que la Tierra gira sobre sí misma al orbitar el Sol. Realmente los polos magnéticos se mueven siempre y se invierten por completo cada pocos miles de años.

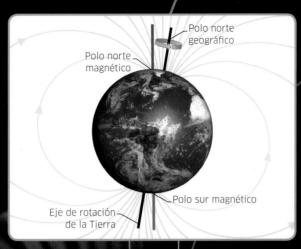

Polo norte geográfico

Polo norte magnético

Polo sur magnético

Eje de rotación de la Tierra

### Magnetismo terrestre

La Tierra se puede considerar un potente imán descomunal con un campo de fuerza magnético, denominado magnetosfera, que asciende a miles de kilómetros hacia el espacio. Las responsables del campo magnético son las potentes corrientes eléctricas del hierro y níquel líquidos que giran por el núcleo exterior de la Tierra.

### Líneas de fuerza

Estas líneas, que representan el campo de fuerza magnética de la Tierra, están más juntas cerca de los polos, donde el campo es más potente.

### Magnetosfera terrestre

El campo de fuerza sube entre 65 000 km y 600 000 km hacia el espacio (entre unas diez y cien veces el radio de la Tierra).

# Aurora boreal

**El magnífico espectáculo de luz natural que se conoce como aurora boreal (o aurora austral) es una visión deslumbrante de luces verdes, amarillas y rosas que danzan.**

Las auroras se producen por un flujo de partículas cargadas que emite la superficie del Sol denominado viento solar. El campo magnético de la Tierra guía estas partículas hacia los polos. Cuando impactan en las moléculas de oxígeno y nitrógeno de la atmósfera, sus electrones emiten luz de color. La aurora boreal, en el polo norte, y la aurora austral, en el polo sur, aparecen siempre que sopla viento solar, normalmente unas 200 noches por año.

# Electricidad

**La electricidad, una útil forma de energía que puede convertirse en calor, luz y sonido, hace mover el mundo moderno.**

Los átomos contienen unas diminutas partículas, los electrones, con carga eléctrica negativa, que orbitan el núcleo atómico, con carga positiva, pero del que pueden separarse. La electricidad estática es la acumulación de carga en un objeto. La electricidad dinámica es cuando fluye la carga.

## Electricidad dinámica

Cuando una carga eléctrica fluye por un metal se denomina corriente eléctrica. La marea de electrones con carga negativa a través de un conductor en un circuito eléctrico causa la corriente. Los electrones individuales de hecho viajan muy lentamente, pero transmiten muy rápido la energía eléctrica a través de un cable.

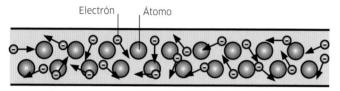

Electrón        Átomo

**Sin corriente**
Si no se conecta un cable conductor a una fuente de alimentación, los electrones libres de su interior se mueven aleatoriamente en todas direcciones.

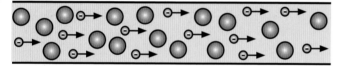

**Corriente continua (CC)**
Cuando una batería suministra energía al cable, los electrones se disparan hacia el polo positivo de la fuente de alimentación. Si la carga fluye en un único sentido, se denomina corriente continua (CC).

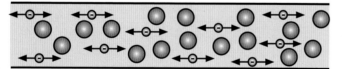

**Corriente alterna (CA)**
La electricidad doméstica es de corriente alterna (CA). La carga cambia de dirección de manera periódica y envía a los electrones primero hacia un lado y después hacia el otro.

El cable de cobre es un buen conductor.

El plástico es aislante.

## Conductores y aislantes

Las partículas cargadas pueden fluir a través de algunas sustancias y no de otras. En los metales, los electrones se mueven entre átomos. En las soluciones de sales, fluyen los iones (átomos con carga positiva). Estas sustancias se conocen como conductores. La corriente no puede pasar a través de los aislantes, como el plástico, pues no tiene electrones libres. Los semiconductores como el silicio tienen estructuras atómicas que pueden alterarse para controlar el flujo eléctrico; se usan mucho en electrónica.

## Electricidad estática

La electricidad que no fluye se denomina electricidad estática. Se puede crear una carga estática frotando dos materiales: se transfieren electrones de uno a otro. Los objetos que ganan electrones se cargan negativamente; los que los pierden, positivamente.

**Atracción y repulsión**
Al frotar un globo contra el pelo, el globo se carga de electrones y el pelo queda con carga positiva. La carga negativa del globo atraerá a la carga positiva del pelo.

**Descarga estática**
Cuando las partículas de hielo de dentro de una nube colisionan, cobran carga positiva y negativa. Un rayo o un relámpago es una descarga eléctrica entre las partes positivas y negativas de una nube de tormenta eléctrica y el suelo.

## Crear electricidad

Para hacer que los electrones se muevan hace falta una fuente de energía, que puede ser en forma de luz, calor o presión, o puede ser la energía de una reacción química. La energía química es la fuente de energía de un circuito a pilas.

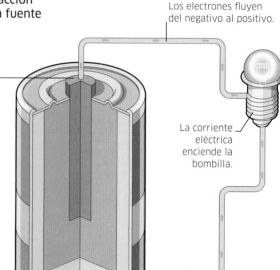

Los electrones fluyen del negativo al positivo.

Ánodo de carbono (+)

La corriente eléctrica enciende la bombilla.

**Pila o batería**
Una pila estándar produce una corriente eléctrica con carbono y cinc conductores y una pasta química denominada electrolito (ver pp. 52-53). En un circuito, los electrones fluyen del electrodo negativo (cátodo) al electrodo positivo (ánodo). Las baterías de litio, con cátodos de manganeso y ánodos de litio, crean una tensión (flujo de electrones) más potente.

La cubierta de cinc es el cátodo (-).

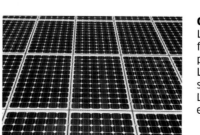

**Célula solar**
La luz que impacta sobre una célula fotovoltaica, como una célula solar, puede producir una corriente eléctrica. La luz desplaza a los electrones de sus órbitas alrededor de los átomos. Los electrones se mueven por la célula en forma de corriente eléctrica.

En 1600, el científico inglés William Gilbert observó el enlace entre el «efecto ámbar» y el magnetismo.

En 1752, el estadista y científico estadounidense Benjamin Franklin **hizo volar una cometa con una llave en la línea hacia una tormenta eléctrica** para demostrar la electricidad de los relámpagos.

**93**

# Circuitos eléctricos

Un circuito eléctrico es el camino por el que fluye una corriente de electricidad. Un circuito simple incluye una fuente de energía eléctrica (por ejemplo, una batería) y cables conductores que unen diferentes componentes (por ejemplo, interruptores, bombillas y resistencias) que controlan el flujo de la corriente. La resistencia es el grado en el que los materiales se oponen al flujo de la corriente.

### Circuito en serie

En un circuito en serie, los componentes están conectados uno tras otro, de manera que comparten la tensión de la fuente. Si se interrumpe el circuito, la electricidad deja de fluir.

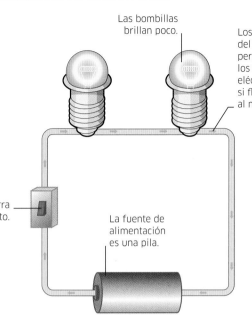

Las bombillas brillan poco.

El interruptor cierra o abre el circuito.

La fuente de alimentación es una pila.

Los electrones fluyen del negativo al positivo, pero en los diagramas de los circuitos, la corriente eléctrica aparece como si fluyeran del positivo al negativo.

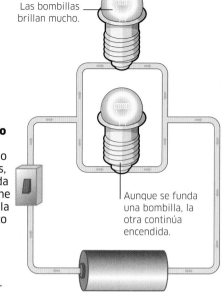

Las bombillas brillan mucho.

### Circuito en paralelo

Un circuito en paralelo tiene dos o más ramificaciones, de manera que cada ramificación obtiene toda la tensión de la fuente. Si el circuito se interrumpe en alguna de las ramificaciones, el flujo continúa a través de las otras.

Aunque se funda una bombilla, la otra continúa encendida.

# Electromagnetismo

Desplazando un cable por un campo magnético se crea una corriente a través del cable, mientras que una corriente eléctrica fluyendo a través de un cable genera un campo magnético alrededor del mismo. Así se crea un electroimán, un dispositivo útil porque permite controlar su magnetismo.

### Campo electromagnético

Cuando una corriente eléctrica fluye por un cable, se generan anillos de campo magnético a su alrededor. Para comprobarlo, coloca una brújula cerca de un cable con corriente. Cuanto más potente sea la corriente, mayor será su magnetismo.

Campo magnético

Dirección de la corriente

### Motores eléctricos

En un motor eléctrico, la corriente fluye a través de una espiral de cable entre los polos de un imán. El campo magnético que produce la espiral interactúa con el campo del imán y obliga a la espiral a girar. La espiral en rotación se fija a un eje de transmisión para que empuje una máquina.

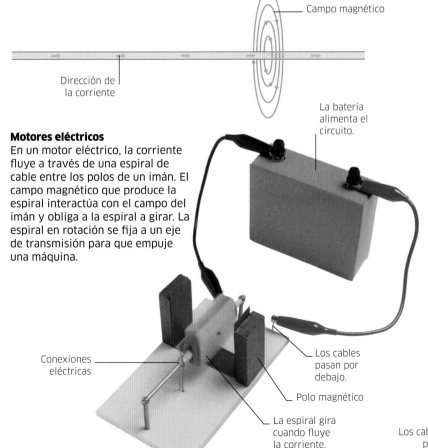

La batería alimenta el circuito.

Conexiones eléctricas

Los cables pasan por debajo.

Polo magnético

La espiral gira cuando fluye la corriente.

### Solenoide

Una espiral de cable con corriente produce un campo magnético más potente que el de un cable recto. Esta espiral crea un tipo habitual de electroimán: el solenoide. Enrollando un solenoide sobre un núcleo de hierro se crea un campo magnético aún más potente.

Polo norte

La espiral crea anillos de campo magnético

Dirección de la corriente

### Generadores eléctricos

Un generador produce corriente haciendo girar una espiral de cable entre los polos de un imán, o haciendo girar un imán en una espiral estática. Los generadores pueden ser tan grandes como para alimentar una ciudad o bien pequeños y portátiles para suministrar electricidad de manera individual.

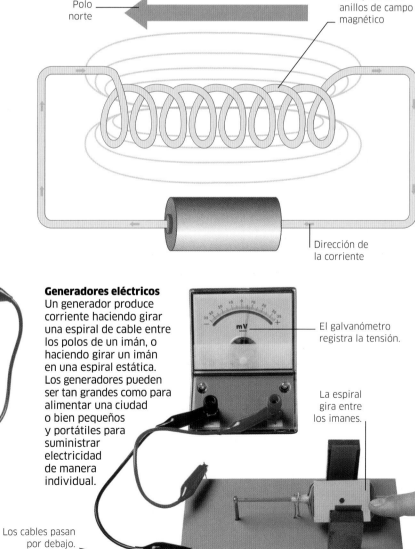

El galvanómetro registra la tensión.

La espiral gira entre los imanes.

Los cables pasan por debajo.

**94** energía y fuerzas • **ELECTRÓNICA**

**En 1965**, el cofundador de Intel predijo correctamente que el número de transistores de un chip se duplicaría cada dos años.

# Electrónica

**Una marea de electrones a través de un circuito causa la corriente eléctrica. Un dispositivo electrónico usa la electricidad de una manera más precisa que los electrodomésticos, ya sea para capturar fotos digitales o reproducir tus canciones preferidas.**

Solo hace falta una potente corriente para calentar una tostadora; en cambio, la electrónica usa corrientes eléctricas muy controladas, miles o millones de veces más pequeñas y en algunas ocasiones solo electrones sueltos, para activar todo tipo de dispositivos complejos. Los ordenadores, teléfonos móviles, amplificadores y mandos a distancia aprovechan la electrónica para procesar información, comunicarse, ampliar el sonido o encender y apagar cosas.

**Placa de circuito impreso (PCB)**
El «cerebro» de un teléfono inteligente está en su placa de circuito impreso, un circuito electrónico exclusivo de cada dispositivo. La PCB (por sus siglas en inglés) se compone de chips interconectados (izquierda); cada uno consiste en una capa diminuta de silicio con un circuito integrado en su interior con millones de componentes microscópicos.

**Placa base**
La placa de circuito impreso principal, el procesador principal del teléfono, también se conoce como placa madre o placa principal.

Cámara digital

Cámara frontal

Batería

La carcasa de metal hace de antena.

## Componentes electrónicos

Los componentes electrónicos son las piezas básicas de los circuitos. Un radiotransistor quizá tiene una docena, mientras que el chip de memoria y el procesador de un ordenador puede tener miles de millones. Cuatro tipos son especialmente importantes y aparecen en casi todos los circuitos.

**Diodo**
Los diodos hacen que la corriente eléctrica fluya en una única dirección. Pueden convertir la corriente alterna en continua.

**Resistencia**
Las resistencias reducen la corriente eléctrica para que sea menos potente. Las hay fijas y variables.

**Transistor**
Los transistores encienden o apagan la corriente o convierten corrientes pequeñas en grandes.

**Condensador**
Los condensadores almacenan electricidad. Se usan para detectar las pulsaciones de las pantallas táctiles.

Componentes del sensor de huellas dactilares

Puerto conector Lightning

Antena wifi

Bandeja de tarjeta micro SIM

Tarjeta micro SIM

## Teléfono inteligente

Los teléfonos móviles actuales están tan avanzados que realmente son ordenadores de mano. Además de conectarse con otros dispositivos digitales, contienen potentes chips procesadores y mucha memoria para almacenar aplicaciones.

Los móviles **actuales son** más potentes que los **ordenadores** de la NASA que enviaron el *Apollo 11* a la Luna.

**95**

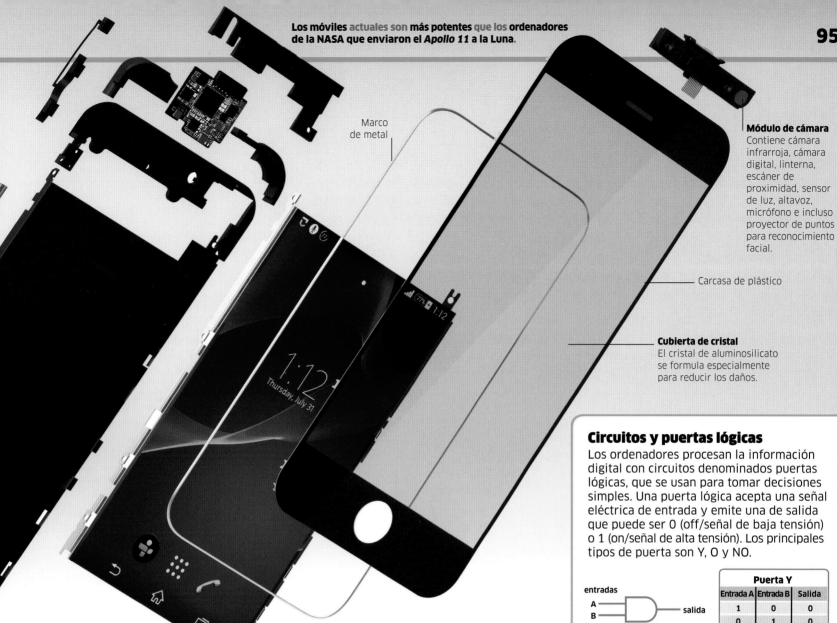

Marco de metal

**Módulo de cámara**
Contiene cámara infrarroja, cámara digital, linterna, escáner de proximidad, sensor de luz, altavoz, micrófono e incluso proyector de puntos para reconocimiento facial.

Carcasa de plástico

**Cubierta de cristal**
El cristal de aluminosilicato se formula especialmente para reducir los daños.

**Pantalla táctil**
Una matriz de sensores registra el tacto en forma de señales eléctricas y lo envía al procesador, que interpreta el gesto y lo relaciona con la aplicación en marcha.

## Circuitos y puertas lógicas

Los ordenadores procesan la información digital con circuitos denominados puertas lógicas, que se usan para tomar decisiones simples. Una puerta lógica acepta una señal eléctrica de entrada y emite una de salida que puede ser 0 (off/señal de baja tensión) o 1 (on/señal de alta tensión). Los principales tipos de puerta son Y, O y NO.

entradas

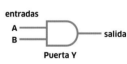

A
B
salida
**Puerta Y**

| Puerta Y | | |
|---|---|---|
| Entrada A | Entrada B | Salida |
| 1 | 0 | 0 |
| 0 | 1 | 0 |
| 0 | 0 | 0 |
| 1 | 1 | 1 |

**Puerta Y**
Compara dos números y se enciende solo si ambos son 1. Únicamente habrá salida si ambas entradas están encendidas.

## Electrónica digital

Casi toda la tecnología actual es digital, y convierte la información en números o dígitos que se procesan en lugar de la información original. Las cámaras digitales convierten las imágenes en patrones de números, y los móviles envían y reciben llamadas con señales compuestas por cadenas de números, que se envían en código binario, un código que solo usa los números 1 y 0 (en lugar del decimal, del 0 al 9).

## De analógico a digital

La onda de sonido que emite un instrumento musical se captura como información analógica. La onda sube y baja a medida que el sonido sube y baja. La onda se mide en varios puntos para obtener una versión digital con un patrón más parecido a una serie de pasos que a una forma de onda.

entradas

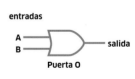

A
B
salida
**Puerta O**

| Puerta O | | |
|---|---|---|
| Entrada A | Entrada B | Salida |
| 0 | 0 | 0 |
| 0 | 1 | 1 |
| 1 | 0 | 1 |
| 1 | 1 | 1 |

**Puerta O**
Se enciende si cualquiera de los dos números es 1. Si ambos números son 0, se apaga. Habrá salida si una o ambas entradas están encendidas.

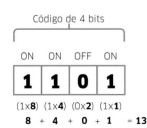

Código de 4 bits

| ON | ON | OFF | ON |
|---|---|---|---|
| **1** | **1** | **0** | **1** |

(1x**8**) (1x**4**) (0x**2**) (1x**1**)

**8** + **4** + **0** + **1** = **13**

**Números binarios**
En binario, la posición de 1 y 0 se corresponde con un valor decimal. Cada posición binaria dobla el valor decimal de derecha a izquierda (1, 2, 4, 8) y estos valores están encendidos (x1) o apagados (x0). En este código de 4 bits, los valores de 8, 4 y 1 están encendidos; la suma de sus valores da 13.

**Muestreo**
El tamaño de una onda se «muestrea» o mide en diferentes momentos y se registra su valor en forma de cadena de números.

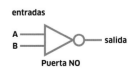

| 3 | 5 | 6 | 6 | 4 | 2 | 1 | 2 |
|---|---|---|---|---|---|---|---|
| **001** | **101** | **110** | **110** | **100** | **010** | **001** | **010** |

**Valores binarios**
Las mediciones se convierten en cadenas de números binarios.

entradas

A
B
salida
**Puerta NO**

| Puerta NO | |
|---|---|
| Entrada | Salida |
| 0 | 1 |
| 1 | 0 |

**Puerta NO**
Invierte el valor que entra. Un 0 se convierte en un 1 y viceversa. La salida se enciende solo si la entrada está apagada. Si la entrada está encendida, la salida se apaga.

# FUERZAS

Existen fuerzas invisibles en acción constante en nuestra vida cotidiana, desde el viento arrastrando las hojas de los árboles hasta la tensión de los cables de un puente colgante. Una fuerza es cualquier empuje o tracción. Las fuerzas pueden cambiar la velocidad o dirección de movimiento de un objeto, o cambiar su forma. Hace más de 300 años el científico inglés Isaac Newton investigó cómo las fuerzas afectaban al movimiento (ver pp. 98-99). Sus principios continúan aplicándose en muchos campos de la ciencia, la ingeniería y en la vida cotidiana actual.

## ¿QUÉ ES UNA FUERZA?

Una fuerza puede ser de empuje o tracción. Aunque no veas una fuerza, a menudo ves su resultado. Una fuerza puede cambiar la velocidad, la dirección o la forma de un objeto. Las fuerzas causan movimiento, pero no siempre hacen que las cosas se muevan: el equilibrio de fuerzas es esencial para conseguir estabilidad.

### Fuerzas de contacto

Cuando un objeto entra en contacto con otro y ejerce una fuerza se denomina fuerza de contacto. Ya sea por empuje o tracción, esta fuerza cambia la dirección, velocidad o forma del objeto.

**Cambio de dirección**
Si un futbolista chuta el balón contra la pared durante un entreno, la pared ejerce una fuerza contra el balón que le hace cambiar de dirección.

**Cambio de velocidad**
Cuando un futbolista chuta, golpea de talón o hace una volea con el balón, su velocidad cambia por la fuerza aplicada.

**Cambio de forma**
Chutar o pisar el balón aplica una fuerza que lo aplasta momentáneamente y lo hace cambiar de forma.

### Fuerzas a distancia

Todas las fuerzas son invisibles, pero algunas se ejercen sin contacto físico entre los objetos. Cuanto más cerca estén dos objetos, más potente es la fuerza.

**Gravedad**
La gravedad es la fuerza de atracción entre objetos con masa. Todos los objetos del universo atraen a los otros objetos.

**Magnetismo**
Un imán crea un campo magnético a su alrededor. Si un material magnético penetra en el campo, se ejerce una fuerza sobre el mismo.

**Electricidad estática**
Un objeto cargado crea un campo eléctrico. Si otro objeto cargado penetra en el campo, una fuerza actúa sobre el mismo.

### Peso, gravedad y masa

El peso no es lo mismo que la masa, que mide la cantidad de materia en un objeto. El peso es la fuerza que actúa sobre dicha materia, y que resulta de la gravedad. La masa de un objeto es la misma independientemente del lugar, pero su peso puede cambiar.

**Medición de las fuerzas**
El dinamómetro, un dispositivo con un muelle conectado a un gancho de metal, sirve para medir fuerzas. El muelle se estira cuando se aplica fuerza en el gancho. A mayor fuerza, más se estira el muelle y mayor es su valor. La unidad de la fuerza es el newton (N).

**Cálculo del peso**
La masa se mide en kilogramos (kg). El peso se calcula así: masa x gravedad (N/kg). La tracción de la gravedad en la superficie de la Tierra es de unos 10 N/kg, por lo que un objeto con una masa de 1 kg pesa 10 N.

## EQUILIBRIO Y DESEQUILIBRIO DE FUERZAS

No todas las fuerzas que actúan en un objeto hacen que se mueva más rápido o en otra dirección: las fuerzas de un puente deben estar en equilibrio para que la estructura se mantenga estable. En el juego de la cuerda, no hay ganador mientras dura el equilibrio de fuerzas; para ganar, un equipo tiene que aplicar más fuerza que el otro.

**Equilibrio de fuerzas**
Si dos fuerzas que actúan sobre un objeto tienen la misma magnitud pero sentidos opuestos, se equilibran. Un objeto que no se mueva continuará quieto, y un objeto en movimiento continuará moviéndose a la misma velocidad en la misma dirección.

La tensión de la cuerda es de 500 N.

250N  250N

**Desequilibrio de fuerzas**
Si dos fuerzas que actúan sobre un objeto no son iguales, están desequilibradas. Un objeto que no se mueva empezará a moverse, y un objeto en movimiento cambiará de velocidad o dirección.

150N  350N

# FUERZAS DE DEFORMACIÓN

Cuando una fuerza actúa sobre un objeto que no se puede mover, o cuando diversas fuerzas diferentes actúan en direcciones distintas, el objeto cambia de forma.
El tipo de distorsión que sufre un objeto depende del número, sentidos y potencias de las fuerzas en acción, y de su estructura y composición: si es elástico (vuelve a su forma original) o plástico (se deforma con facilidad pero no vuelve a su forma original). Los materiales frágiles se fracturan, agrietan o muestran fatiga si se les aplican fuerzas.

### Compresión
Cuando dos o más fuerzas actúan en sentidos opuestos y coinciden en un objeto, este se abomba y comprime.

### Tensión
Cuando dos o más fuerzas actúan en sentidos opuestos y tiran de un objeto elástico, este se estira.

### Torsión
Las fuerzas de giro, o torsión, que actúan en sentidos opuestos hacen torcer el objeto.

### Flexión
Cuando actúan diversas fuerzas sobre un objeto en diferentes sitios, el objeto se dobla (si es maleable) o se rompe.

### Fuerzas resultantes
Una fuerza queda equilibrada cuando otra fuerza de la misma potencia actúa en sentido contrario. En general, suele tener el mismo efecto que si no hubiera ninguna fuerza.

**FUERZA RESULTANTE: 0 N**

Cuando dos equipos opuestos tiran con la misma fuerza, la fuerza resultante es de 0 N.

**FUERZA RESULTANTE: 200 N**

Un equipo tira con más fuerza que el otro. La fuerza resultante es de 200 N.

# FUERZAS GIRATORIAS

En lugar de solo mover o acelerar un objeto en línea recta, o enviar a un objeto en línea recta pero en dirección diferente, las fuerzas también pueden hacer girar un objeto alrededor de un punto denominado eje o pivote. Este tipo de fuerza actúa en ruedas, balancines y atracciones de feria, como el tiovivo. Los principios tras estas fuerzas giratorias también se usan en máquinas simples (ver pp. 106-107).

## Momento

Cuando una fuerza hace girar un objeto alrededor de un pivote, el efecto de esta fuerza se denomina momento. El efecto giratorio de una fuerza depende de la magnitud de la fuerza y la distancia de la fuerza hasta el pivote. El momento se mide en newton metros (Nm) y se calcula así: fuerza (N) x distancia (m).

La posición más cercana al pivote del balancín es la que tiene más momento.

Un mayor peso aumenta el momento.

El pivote del balancín está en su centro.

## Fuerzas centrípetas

Debe aplicarse una fuerza constante para que un objeto continúe girando en círculos y obedezca así la primera ley del movimiento de Newton (ver pp. 98-99). Esta fuerza se denomina fuerza centrípeta y tira del objeto hacia el centro de rotación; el yoyó, por ejemplo, gira en círculo al final de su cuerda, cambiando continuamente de dirección, mientras el movimiento cambia su velocidad. Sin esta fuerza, el objeto se movería en línea recta alejándose del centro.

**Fuerza centrípeta**
La tensión de los soportes de metal aporta la fuerza centrípeta para que las cabinas se muevan en círculo.

El suelo y los asientos de las cabinas aportan la fuerza necesaria para que los usuarios continúen moviéndose en círculo.

**En órbita**
Las cabinas «orbitan» alrededor del eje mientras la atracción está en marcha.

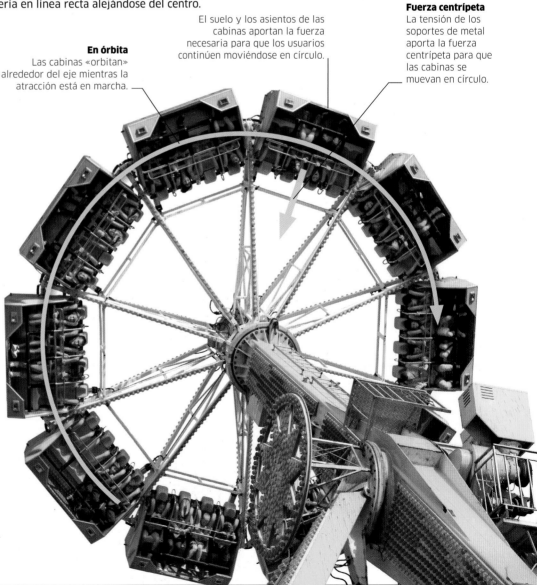

# Leyes del movimiento

**Cuando una fuerza actúa sobre un objeto que se puede mover libremente, este se moverá siguiendo las tres leyes del movimiento de Newton.**

El físico y matemático inglés Isaac Newton publicó estas leyes en 1687, que explican cómo se mueven (o no se mueven) los objetos y cómo reaccionan con otros objetos y fuerzas. Estas tres leyes científicas forman la base de la mecánica clásica. La física moderna demuestra que las leyes de Newton no tienen una precisión perfecta, pero continúan siendo útiles en situaciones cotidianas.

## Primera ley del movimiento

Cualquier objeto se mantendrá en reposo, o se moverá en línea recta a velocidad constante, hasta que una fuerza externa actúe sobre él. Por tanto, un balón estará quieto hasta que se chute; se moverá hasta que otras fuerzas lo paren, esto es lo que se conoce como inercia. Si todas las fuerzas externas están en equilibrio, el objeto mantendrá una velocidad constante. Si el objeto no se mueve, su velocidad es cero.

**En reposo**
La gravedad actúa sobre el balón, pero el suelo evita que se mueva; continúa en reposo.

**La fuerza causa el movimiento**
El impacto de una bota al chutar el balón aplica una fuerza y lo acelera.

**La fuerza detiene el movimiento**
El balón se frena por la fricción y se detiene al tocar otra bota.

## Segunda ley del movimiento

Cuando una fuerza actúa sobre un objeto, en general el objeto se moverá en la dirección de la fuerza. Esto causa un cambio de velocidad conocido como aceleración. Cuanto mayor sea la fuerza, mayor será la aceleración del objeto. Cuanto más masivo sea el objeto, mayor deberá ser la fuerza para acelerarlo. Su ecuación es: fuerza = masa x aceleración.

Fuerza   Aceleración

**Masa pequeña, fuerza pequeña**
Una fuerza hace que un objeto se acelere (cambie su velocidad por segundo).

**Masa pequeña, fuerza doble**
Si la masa es la misma pero se dobla la fuerza, el objeto se acelerará al doble de velocidad.

**Masa doble, fuerza doble**
Si se dobla la masa y también la fuerza, la velocidad de aceleración será la misma.

## Ariane 5

El cohete *Ariane 5* es un vehículo lanzadera usado para poner en órbita cargas masivas, como por ejemplo satélites de comunicación. Hacer que un cohete acelere en vertical requiere unas fuerzas enormes para superar la tracción de la gravedad. Los gases calientes se expanden y ejercen fuerza contra las paredes de la cámara de combustión que eleva el cohete. Las paredes de la cámara producen una fuerza de reacción que devuelve el empuje a los gases, y estos escapan a gran velocidad por los escapes del final. Estas fuerzas crean la aceleración.

Se pone en órbita un sistema de navegación global.

La etapa superior contiene un satélite de comunicaciones.

**Equipamiento del vehículo**
El «cerebro» del cohete contiene el equipo que lo guía y le hace el seguimiento.

**Etapa superior criogénica**
Otro motor separado quema la etapa superior para colocar los satélites en órbita.

El depósito de oxígeno líquido contiene 150 t de oxidante.

**Etapa principal criogénica**
La etapa principal contiene el hidrógeno líquido que se mezcla con oxígeno líquido en la cámara de combustión para combustionar.

El depósito de hidrógeno líquido contiene 25 t de combustible.

EMPUJE

FUERZA NETA

El carenado protege a los satélites durante el lanzamiento.

esa

**773 t** Peso del *Ariane 5* en el lanzamiento. Su **empuje de despegue es de 1340 t**.

Para llegar a una **órbita terrestre baja**, un cohete debe generar un **empuje** que llegue a una **velocidad de 29 000 km/h**.

**99**

**Cohete acelerador sólido**
Dos cohetes de combustible sólido aportan más del 90% de la propulsión en la corta explosión del despegue.

**Motor Vulcain 2**
El motor principal quema unos 10 minutos para aportar empuje.

El combustible se combustiona en la cámara de combustión y genera gases calientes de alta presión.

El escape del cohete expele gases de escape calientes que empujan hacia atrás.

PESO

## Las tres leyes de Newton en acción

El despegue de un cohete demuestra las tres leyes de Newton. Antes del lanzamiento, el descomunal peso del cohete (resultado de la gravedad tirando de él hacia la Tierra) se equilibra con la fuerza hacia arriba de la plataforma de lanzamiento y, por tanto, permanece quieto (primera ley). La combustión del combustible en los motores crea un empuje que lanza arriba el cohete (segunda ley). Esta propulsión es una reacción de los gases de escape calientes empujando hacia atrás (tercera ley).

## Velocidad, dirección y aceleración

La velocidad mide el tiempo necesario para cubrir una distancia; a veces incluye el vector de dirección. La aceleración determina el cambio de velocidad en un tiempo concreto. Acelerar, girar y frenar son diferentes tipos de aceleración.

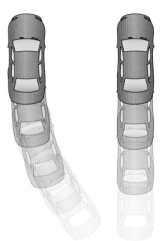

**Más velocidad**
Cuando se aplica una fuerza a un objeto, su velocidad aumenta: el objeto se acelera.

**Cambio de dirección**
Cuando un objeto cambia de dirección, su vector de velocidad cambia; esto también es un tipo de aceleración.

**Menos velocidad**
Cuando una fuerza frena un objeto en movimiento, se reduce su velocidad: se desacelera, o acelera negativamente.

## Tercera ley del movimiento

Las fuerzas vienen en parejas, cualquier objeto reaccionará ante cualquier fuerza que se le aplique. La fuerza de reacción es igual y actúa en sentido contrario a la fuerza que la produce. Si un objeto no se puede mover, se moverá el otro. Si ambos se pueden mover, el objeto con menos masa acelerará más que el otro. Cada acción tiene una reacción igual y opuesta.

El patinador se mueve, pero la pared se queda quieta.

Los patinadores se mueven en sentidos opuestos a la misma velocidad.

**Acción**
Si un patinador empuja una pared, la pared le empuja con una fuerza de reacción que hace que se aleje rodando.

**Reacción**
Si un patinador empuja a otro, la acción y la reacción hacen que ambos se alejen entre sí.

## Momento

Un objeto en movimiento continúa moviéndose gracias a su momento y continuará en marcha hasta que lo detenga una fuerza. No obstante, al chocar contra otro objeto, el momento se transferirá a este.

**Péndulo de Newton**
La energía se conserva cuando las bolas chocan.

Cuando la bola de la izquierda impacta en la línea de bolas, su velocidad disminuye y su momento baja hasta cero.

El momento de la primera bola pasa a la bola de la derecha, que aumenta su velocidad.

## Velocidad relativa

La velocidad de un objeto incluye su dirección concreta en forma de vector. Dos objetos que viajan a la misma velocidad pero en direcciones opuestas, o a diferentes velocidades en la misma dirección, no tienen el mismo vector de velocidad.

**Misma dirección, misma velocidad**
La velocidad relativa de los dos coches es de 0 km/h.

**Misma dirección, velocidades diferentes**
La velocidad relativa de los dos coches es de 15 km/h.

**Dirección contraria, misma velocidad**
La velocidad relativa de los dos coches en caso de colisión es de 100 km/h.

COCHE A 50 KM/H
COCHE A 50 KM/H
COCHE A 65 KM/H
COCHE A 50 KM/H
COCHE A 50 KM/H
COCHE A 50 KM/H

# Fricción

**La fricción es la fuerza que se produce cuando un objeto sólido frota o se desliza sobre otro, o cuando pasa a través de un líquido o un gas. Siempre actúa en el sentido contrario al movimiento.**

Cuanto más rugosas sean las superficies y más presión ejerzan entre sí, mayor será la fricción; aun así, la fricción aparece incluso entre superficies muy lisas. La fricción puede ser útil, gracias a ella podemos mantenernos de pie, caminar y correr, pero también puede ser un estorbo, ya que frena el movimiento y hace que las máquinas no sean eficientes. El calor es un producto secundario de la fricción.

**Depósito del líquido de frenos**

**Latiguillo del líquido de frenos**

**Palanca de freno**
El piloto tira de la palanca para frenar.

**Piel**
Las prendas de piel protegen al piloto de las quemaduras y roces por fricción en caso de accidente.

**Rodamientos**
Dentro del eje de las ruedas, los rodamientos reducen la fricción entre las piezas giratorias. Las bolas rotan a medida que la rueda gira para que las superficies se deslicen con más facilidad. Están lubricados con aceite.

**Rodadura del neumático**
La rodadura, el patrón de ranuras del neumático, ayuda a mantener el agarre en diferentes tipos de superficie.

**Pedal de freno**
La fricción entre el pie y el pedal mantiene el agarre.

**Quilla**
En los laterales de la moto, la quilla reduce la resistencia.

**Los peces** y los mamíferos acuáticos como **ballenas y delfines** tienen **formas hidrodinámicas** para reducir la resistencia del agua.

**Si el ángulo de reentrada de una nave espacial es muy inclinado,** la frenada por la **fricción atmosférica romperá la nave espacial.**

**101**

# Fricción en una motocicleta

La fuerza de fricción ayuda y perjudica a los motociclistas. La fricción entre los neumáticos y el suelo es esencial para el movimiento y el agarre, y es la fuerza que hace posible frenar. La resistencia, la fricción que se produce entre el aire y la moto, frena al motociclista, y la fricción entre las partes en movimiento restan eficiencia a la moto.

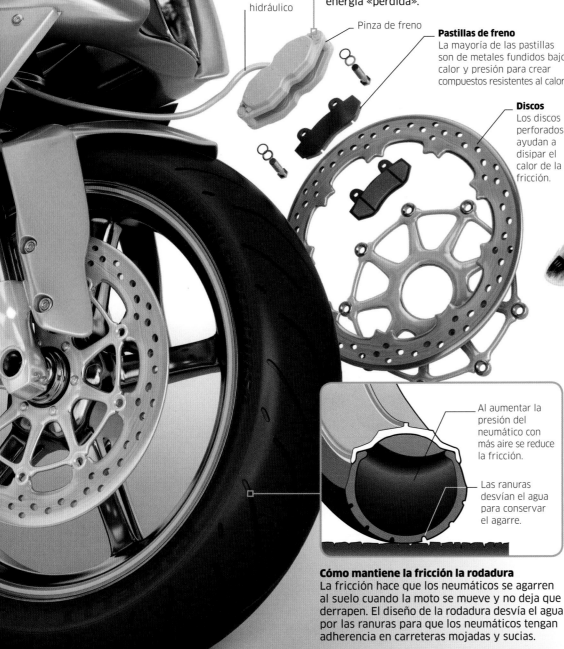

**Carenado frontal**
La parte frontal de la moto es aerodinámica para que el aire fluya y se reduzca la resistencia.

Al tirar de la palanca se empuja un pequeño pistón que ejerce presión en el líquido del latiguillo de freno.

La presión transmitida a la pinza actúa como un gran pistón que presiona las pastillas contra el disco.

El disco de freno está unido a la rueda. Al detener el disco, se detiene la rueda.

Pastilla de freno

### Cómo funcionan los frenos de discos
La mayoría de las motocicletas modernas disponen de frenos de disco en las ruedas. Cuando se tira de la palanca de freno, la presión hidráulica (ver p. 106) multiplica la fuerza para que las pastillas de freno hagan presión contra el disco. La fricción entre las pastillas y el disco frena o detiene la moto y genera calor como energía «perdida».

Latiguillo del freno hidráulico

Pinza de freno

**Pastillas de freno**
La mayoría de las pastillas son de metales fundidos bajo calor y presión para crear compuestos resistentes al calor.

**Discos**
Los discos perforados ayudan a disipar el calor de la fricción.

Al aumentar la presión del neumático con más aire se reduce la fricción.

Las ranuras desvían el agua para conservar el agarre.

### Cómo mantiene la fricción la rodadura
La fricción hace que los neumáticos se agarren al suelo cuando la moto se mueve y no deja que derrapen. El diseño de la rodadura desvía el agua por las ranuras para que los neumáticos tengan adherencia en carreteras mojadas y sucias.

# Resistencia de fluidos

Cuando un objeto pasa a través de un fluido, lo aparta hacia los lados. Eso requiere energía, y por eso el objeto se frena, necesita más empuje; esto se conoce como resistencia. El fluido también crea fricción al fluir por la superficie del objeto; eso es el rozamiento.

**Resistencia del agua**
Cuando un barco avanza, empuja el agua que tiene delante. Esta se resiste, se levanta en forma de olas de proa a popa y crea olas transversales tras la estela del barco.

# Resistencia del aire

Cuando un objeto se mueve a través del aire, debe enfrentarse a la resistencia del aire. Cuanto más grande y menos aerodinámico sea el objeto y más rápido se mueva, mayor será la resistencia. Cuando las naves espaciales vuelven a la atmósfera a mucha velocidad, la resistencia calienta sus superficies hasta los 1500 °C.

# Fricción útil e inútil

A menudo pensamos que la fricción es una fuerza inútil que dificulta el movimiento, pero también puede ser útil. Sin fricción entre las superficies no habría adherencia y sería imposible caminar, correr o ir en bici. No obstante, en el caso de esquiadores y patinadores es justo al contrario, ya que minimizan la fricción para deslizarse.

**Menor fricción**
Las hojas de acero de los patines de hielo reducen la fricción, lo que permite a los patinadores deslizarse.

**Mayor fricción**
Las botas de montaña de suela de goma aumentan la fricción y el agarre de los alpinistas.

**102**   energía y fuerzas • **GRAVEDAD**

**23** kg: el peso en Marte, debido a la menor gravedad, de una persona de 62 kg en la Tierra.

## Ley de la caída de los cuerpos

La gravedad tira más fuerte de los objetos más pesados, pero estos objetos más pesados necesitan más fuerza para acelerar que los más ligeros. Galileo fue el primero que observó, en 1590, que dos objetos cualquiera liberados juntos aceleran a la misma velocidad e impactan juntos contra el suelo. Estamos acostumbrados a ver que los objetos más ligeros caen más lentamente, pero es porque la resistencia del aire los frena más.

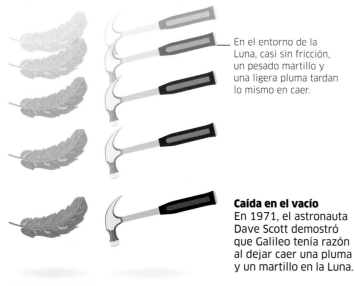

En el entorno de la Luna, casi sin fricción, un pesado martillo y una ligera pluma tardan lo mismo en caer.

**Caída en el vacío**
En 1971, el astronauta Dave Scott demostró que Galileo tenía razón al dejar caer una pluma y un martillo en la Luna.

## Ley de la gravitación universal

En 1687, el científico inglés Isaac Newton ideó su ley de la gravitación universal, que afirma que dos objetos cualesquiera se atraen entre sí con una fuerza que depende de las masas de los objetos y la distancia entre ellos.

**Iguales y opuestas**
La fuerza gravitatoria entre dos objetos tira de ellos por igual, independientemente de sus masas relativas, pero en direcciones opuestas.

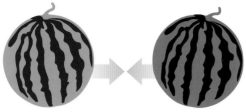

**El doble de masa**
Si se dobla la masa de un objeto, también se dobla su fuerza gravitatoria. Si se dobla la masa de ambos objetos (como pasa aquí), la fuerza es cuatro veces más potente.

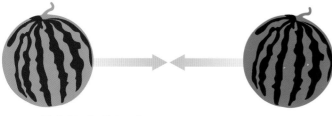

**El doble de distancia**
Si se dobla la distancia entre dos objetos, la fuerza gravitatoria se divide por cuatro.

## Gravedad y órbitas

Newton aprovechó su concepción de la gravedad (ver izquierda) y el movimiento para investigar cómo los planetas, incluida la Tierra, permanecen en sus órbitas alrededor del Sol. Se dio cuenta de que sin la gravedad la Tierra viajaría en línea recta por el espacio. La fuerza de la gravedad tira de la Tierra hacia el Sol y la mantiene en su órbita. La Tierra está cayendo de manera constante hacia el Sol, pero nunca se acerca más. ¡Si la Tierra frenase o dejara de moverse acabaría cayendo en el Sol!

**Órbita elíptica**
La órbita terrestre alrededor del Sol realmente es elíptica (un círculo aplastado) y no circular.

**Velocidad de crucero**
Si la Tierra no se desplazara por el espacio, la gravedad tiraría de ella hacia el Sol.

**Tierra**
A partir de la potencia de la fuerza gravitatoria, ¡la masa de la Tierra se calcula en unos 5,9 cuatrillones (5,9 seguido de 24 ceros) de toneladas!

La fuerza de la gravedad a 100 km de la Tierra es un
**3 % inferior**
que en el nivel del mar.

**9,8** m/s²: el **ritmo** al que un objeto en caída libre **se acelera hacia la Tierra**.

La gravedad es la **más débil de las cuatro fuerzas fundamentales:** nuclear fuerte, electromagnética, nuclear débil y gravitatoria.

**103**

# Gravedad

**La gravedad es la fuerza de atracción entre dos objetos. Cuanta más masa tengan los objetos y más cerca estén entre sí, mayor será la fuerza de atracción.**

La gravedad de la Tierra es la fuerza gravitatoria más palpable del planeta: nos mantiene en el suelo y no deja que flotemos hacia el espacio. De hecho, nosotros tiramos de la Tierra tanto como la Tierra tira de nosotros. La gravedad también mantiene a los planetas en órbita alrededor del Sol, y a la Luna alrededor de la Tierra. Sin ella, cada planeta avanzaría en línea recta por el espacio.

La mejor manera que tienen los científicos para explicar la gravedad es a través de la teoría general de la relatividad que formuló Albert Einstein en 1915, según la que la gravedad realmente se produce porque el espacio se distorsiona alrededor de los objetos con masa. Cuando los objetos viajan por el espacio distorsionado, cambian de dirección. Por tanto, según Einstein, ¡la gravedad no es realmente una fuerza!

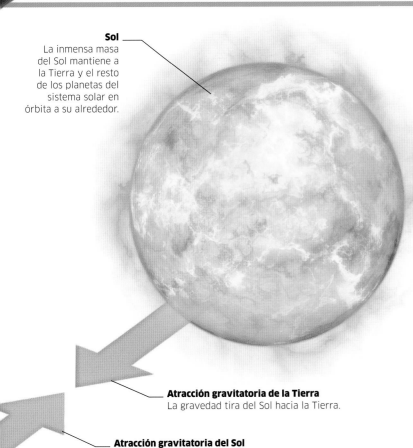

**Sol**
La inmensa masa del Sol mantiene a la Tierra y el resto de los planetas del sistema solar en órbita a su alrededor.

**Atracción gravitatoria de la Tierra**
La gravedad tira del Sol hacia la Tierra.

**Atracción gravitatoria del Sol**
La gravedad tira de la Tierra hacia el Sol.

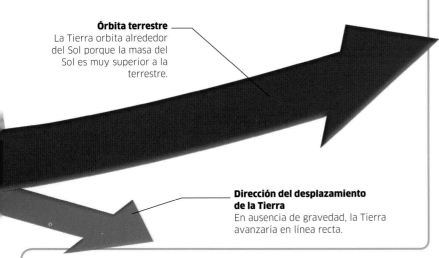

**Órbita terrestre**
La Tierra orbita alrededor del Sol porque la masa del Sol es muy superior a la terrestre.

**Dirección del desplazamiento de la Tierra**
En ausencia de gravedad, la Tierra avanzaría en línea recta.

## Mareas

La atracción gravitatoria de la Luna y el Sol hace que sobresalgan los océanos. La atracción de la Luna es más potente, porque está más cerca de la Tierra, y es la causa principal de las mareas. No obstante, en determinados momentos de cada mes lunar, la gravedad del Sol también desempeña su papel y hace subir o bajar más las mareas.

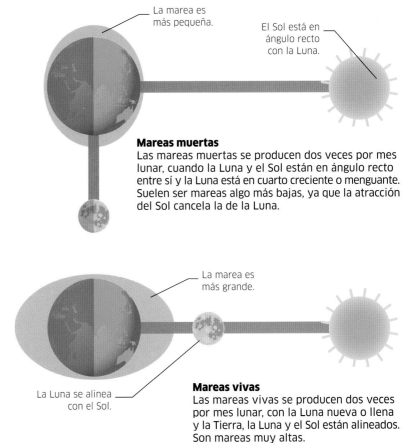

La marea es más pequeña.

El Sol está en ángulo recto con la Luna.

**Mareas muertas**
Las mareas muertas se producen dos veces por mes lunar, cuando la Luna y el Sol están en ángulo recto entre sí y la Luna está en cuarto creciente o menguante. Suelen ser mareas algo más bajas, ya que la atracción del Sol cancela la de la Luna.

La marea es más grande.

La Luna se alinea con el Sol.

**Mareas vivas**
Las mareas vivas se producen dos veces por mes lunar, con la Luna nueva o llena y la Tierra, la Luna y el Sol están alineados. Son mareas muy altas.

## Masa y peso

La masa es la cantidad de materia que contiene un objeto; es un valor constante, independientemente de la ubicación. Se mide en kilogramos (kg). El peso es una fuerza causada por la gravedad. Cuanta más masa tiene un objeto y más potente sea la gravedad, mayor será su peso. El peso se mide en newtons (N).

**TIERRA**

Un niño de 30 kg de masa pesa 300 N.

**LUNA**

Un niño de 30 kg de masa pesa 50 N.

**Peso en la Tierra y la Luna**
En la Luna, la gravedad es una sexta parte la de la Tierra; es decir, en la Luna pesarías una sexta parte de lo que pesas en la Tierra.

# Presión

La presión es el empuje sobre una superficie creado por una o más fuerzas. La presión ejercida depende de la potencia de las fuerzas y el área de la superficie. Puedes caminar por la nieve con raquetas y no te hundirás... pero no darás un paso por el césped con tacones de aguja.

Los sólidos, líquidos y gases aplican presión sobre una superficie cuando su peso reposa sobre la misma. La presión aplicada por líquidos y gases puede aumentar comprimiéndolos. La presión se mide en newtons por metro cuadrado (N/m²), también denominados pascales (Pa).

## Presión atmosférica y del agua

Cerca del nivel del mar, el peso del aire que nos rodea presiona con una fuerza de unos 100 000 Pa. La presión baja con la altitud, porque hay menos aire encima presionando hacia abajo. En el océano, la presión aumenta rápido con la profundidad, ya que el agua es más densa que el aire.

**400 km**
Cuando la nave espacial *Soyuz* viaja a la Estación Espacial Internacional (ISS), que orbita a 400 km, quedan tan pocas moléculas de gas y están tan alejadas que la presión del aire es casi inexistente. La atmósfera de la estación se mantiene a la misma presión que al nivel del mar.

**35 000 m**
A medida que los globos meteorológicos suben hacia la estratosfera, se expanden desde los 2 a los 8 m, ya que la presión del aire baja hasta los 1000 Pa. Las moléculas de gas del interior del globo se expanden a medida que disminuye la presión exterior.

**18 000 m**
Por encima de esta altitud (la línea de Armstrong) los humanos no pueden sobrevivir en un entorno sin presurizar. La presión del aire es de 7000 Pa y los fluidos corporales expuestos, como la saliva y la humedad de los pulmones, empiezan a hervir; la sangre del sistema circulatorio, en cambio, no lo hace.

**111 000 m**
Esta es la altura de crucero de los reactores comerciales. Cuando el avión despega, es posible que te duelan los oídos por el cambio de presión: el aire atrapado en el oído interno conserva la misma presión, pero la presión del aire exterior cambia y eso ejerce una fuerza en el tímpano. La presión cae hasta los 23 000 Pa en el exterior del avión.

**8848 m**
En el pico del Everest, la presión atmosférica es un tercio que al nivel del mar: 33 000 Pa. Es difícil hacer té a esa altura, pues el agua hierve a 72 °C, insuficiente para que infusione bien. Los líquidos hierven cuando las partículas que lo componen se mueven a la velocidad suficiente como para igualar la presión del aire; por tanto, cuando baja la presión, también baja el punto de ebullición.

Felix Baumgartner estableció el récord de caída libre desde 38 964 m.

Los pilotos de los cazas que vuelan a 15 000 m usan trajes presurizados.

**40 000 m**

**SOBRE EL NIVEL DEL MAR**

40 000 m

35 000 m

30 000 m

25 000 m

20 000 m

15 000 m

El **récord de altura de un avión de reacción** con cabina presurizada **es de 37 649 m**, establecido por un MiG-25M ruso.

El **récord de profundidad de buceo**, establecido por el buceador egipcio Ahmed Gabr es de **332,5 m por debajo del nivel del mar.**

**105**

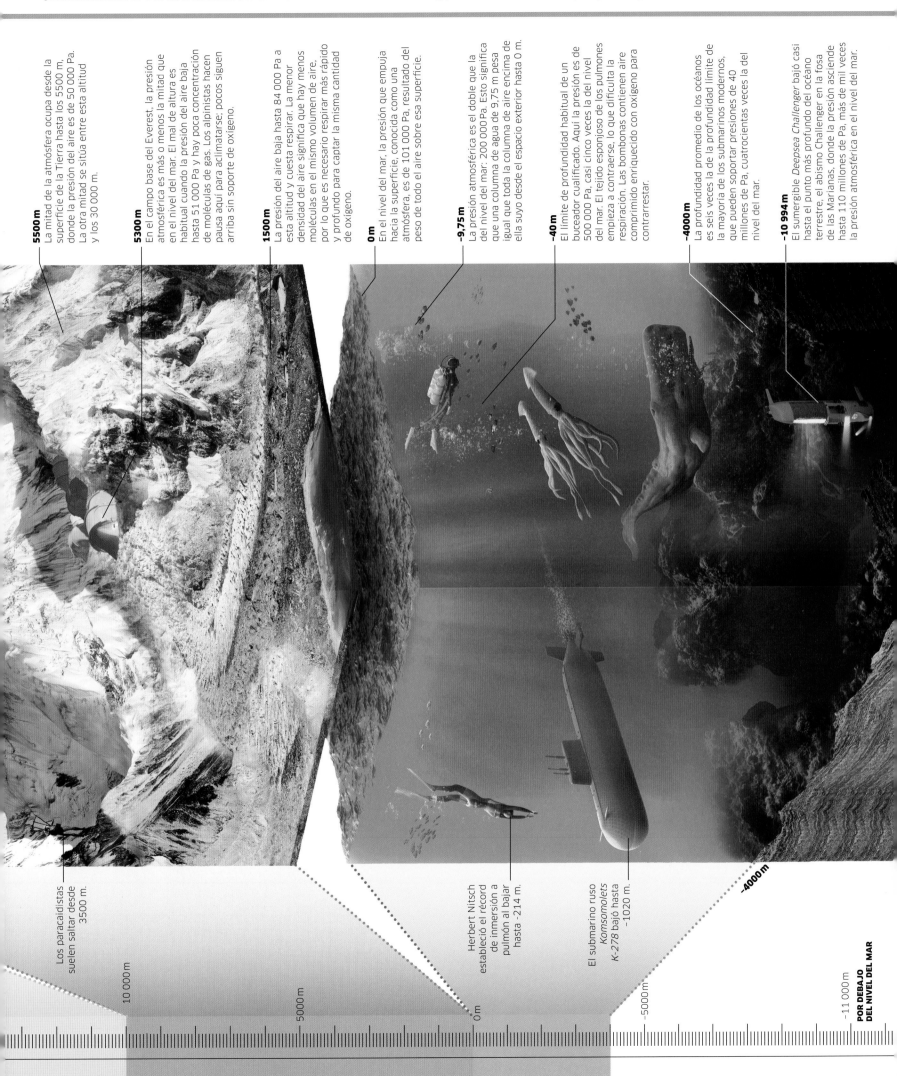

**5500 m**
La mitad de la atmósfera ocupa desde la superficie de la Tierra hasta los 5500 m, donde la presión del aire es de 50 000 Pa. La otra mitad se sitúa entre esta altitud y los 30 000 m.

**5300 m**
En el campo base del Everest, la presión atmosférica es más o menos la mitad que en el nivel del mar. El mal de altura es habitual cuando la presión del aire baja hasta 51 000 Pa y hay poca concentración de moléculas de gas. Los alpinistas hacen pausa aquí para aclimatarse; pocos siguen arriba sin soporte de oxígeno.

**1500 m**
La presión del aire baja hasta 84 000 Pa a esta altitud y cuesta respirar. La menor densidad del aire significa que hay menos moléculas en el mismo volumen de aire, por lo que es necesario respirar más rápido y profundo para captar la misma cantidad de oxígeno.

**0 m**
En el nivel del mar, la presión que empuja hacia la superficie, conocida como una atmósfera, es de 101 000 Pa, resultado del peso de todo el aire sobre esa superficie.

**–9,75 m**
La presión atmosférica es el doble que la del nivel del mar: 200 000 Pa. Esto significa que una columna de agua de 9,75 m pesa igual que toda la columna de aire encima de ella suyo desde el espacio exterior hasta 0 m.

**–40 m**
El límite de profundidad habitual de un buceador cualificado. Aquí la presión es de 500 000 Pa, casi cinco veces la del nivel del mar. El tejido esponjoso de los pulmones empieza a contraerse, lo que dificulta la respiración. Las bombonas contienen aire comprimido enriquecido con oxígeno para contrarrestar.

**–4000 m**
La profundidad promedio de los océanos es seis veces la de la profundidad límite de la mayoría de los submarinos modernos, que pueden soportar presiones de 40 millones de Pa, cuatrocientas veces la del nivel del mar.

**–10 994 m**
El sumergible *Deepsea Challenger* bajó casi hasta el punto más profundo del océano terrestre, el abismo Challenger en la fosa de las Marianas, donde la presión asciende hasta 110 millones de Pa, más de mil veces la presión atmosférica en el nivel del mar.

Los paracaidistas suelen saltar desde 3500 m.

Herbert Nitsch estableció el récord de inmersión a pulmón al bajar hasta –214 m.

El submarino ruso *Komsomolets K-278* bajó hasta –1020 m.

10 000 m

5000 m

0 m

–5000 m

–4000 m

–11 000 m

**POR DEBAJO DEL NIVEL DEL MAR**

**106** energía y fuerzas ○ **MÁQUINAS SIMPLES**

**Un complejo sistema de palancas** conecta las teclas del piano con los martillos que impactan en las cuerdas para que **suenen las notas**.

# Máquinas simples

**Una máquina es cualquier cosa que cambia la magnitud o la dirección de una fuerza y facilita una tarea: rampas, cuñas, tornillos, palancas, ruedas, poleas...**

Las máquinas complejas, como grúas y excavadoras, combinan diversas máquinas simples, pero independientemente de la escala, los principios físicos son los mismos. Muchas de las máquinas más efectivas son las más simples: una bajada (rampa), un cuchillo (cuña), la tapa de un bote (tornillo), tijeras, cascanueces y pinzas (palancas), un grifo (rueda y eje) o un montacargas (polea), por ejemplo. La hidráulica y la neumática usan la presión de los fluidos (líquidos y gases) para transmitir la fuerza.

Aplicar el esfuerzo en la mitad del brazo dobla la distancia de desplazamiento de la carga.

CARGA

ESFUERZO

FULCRO

**Palanca**
El brazo de la grúa es una larga palanca de tercer grado. Cuando el brazo hidráulico aplica una fuerza superior a la de la carga entre esta y el fulcro, la grúa la levanta.

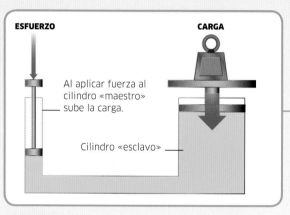

ESFUERZO

CARGA

Al aplicar fuerza al cilindro «maestro» sube la carga.

Cilindro «esclavo»

**Hidráulico**
Un sistema hidráulico aprovecha la presión de un líquido aplicando fuerza (esfuerzo) a un cilindro «maestro», que aumenta la presión del fluido en un cilindro «esclavo». El brazo hidráulico levanta el brazo de la grúa gracias a la presión del fluido en el cilindro para que levante el pistón.

FUERZA DE SALIDA

Girar el eje hace que la rueda gire también.

El exterior de la rueda se desplaza más que el exterior del eje.

FUERZA DE ENTRADA

**Rueda y eje**
Se puede usar una rueda con un eje de dos maneras: aplicando una fuerza en el eje para que gire la rueda, lo que multiplica la distancia recorrida; o aplicando una fuerza a la rueda para que gire el eje, como en una llave inglesa.

CARGA

ESFUERZO

**Rampa y cuña**
La rampa, también conocida como plano inclinado, reduce la fuerza necesaria para mover un objeto de un sitio más bajo a otro más alto. La cuña actúa como un plano inclinado en movimiento y aplica una fuerza superior para levantar un objeto.

Es necesario menos esfuerzo para empujar una carga por una rampa, pero también recorre más distancia por la pendiente que verticalmente.

La herramienta conocida como **tornillo de Arquímedes** se ha usado para **transportar agua de riego** desde el **siglo VII a. C.**

**107**

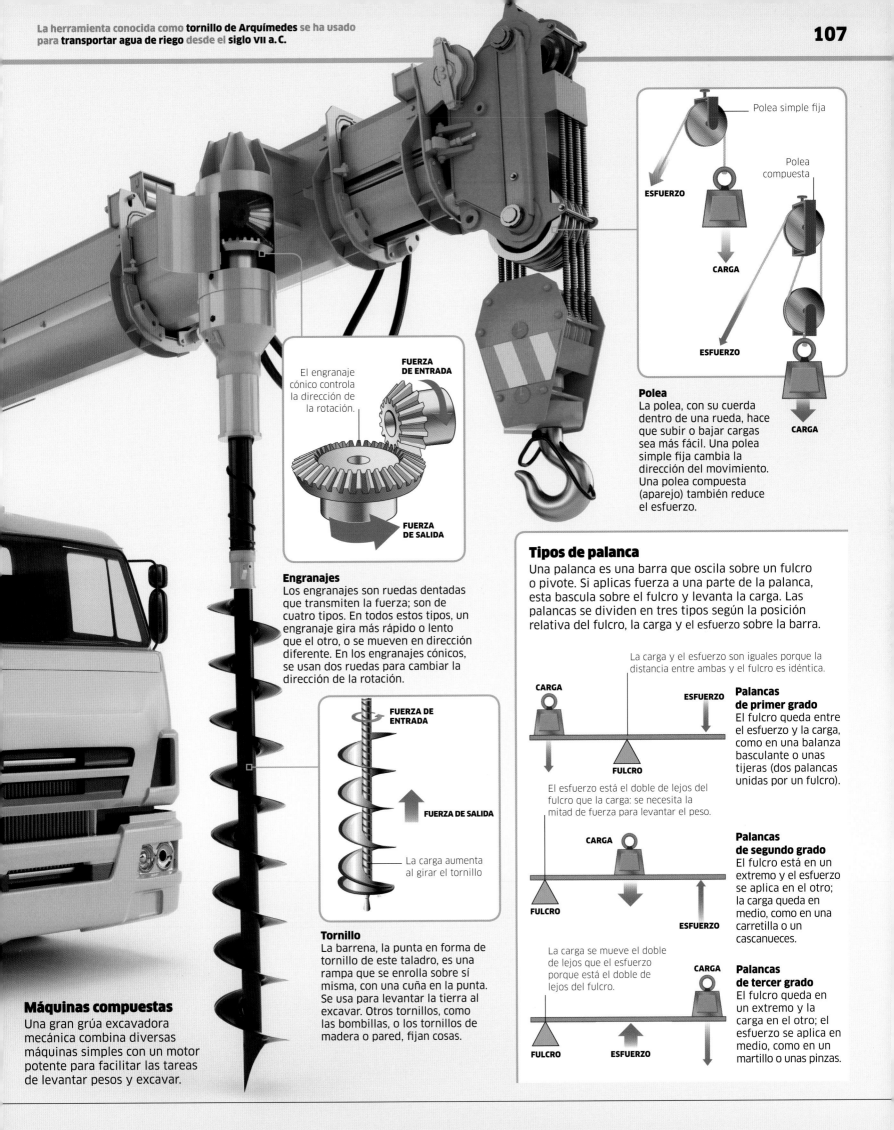

Polea simple fija

**ESFUERZO**

**CARGA**

Polea compuesta

**ESFUERZO**

**CARGA**

### Polea
La polea, con su cuerda dentro de una rueda, hace que subir o bajar cargas sea más fácil. Una polea simple fija cambia la dirección del movimiento. Una polea compuesta (aparejo) también reduce el esfuerzo.

El engranaje cónico controla la dirección de la rotación.

**FUERZA DE ENTRADA**

**FUERZA DE SALIDA**

### Engranajes
Los engranajes son ruedas dentadas que transmiten la fuerza; son de cuatro tipos. En todos estos tipos, un engranaje gira más rápido o lento que el otro, o se mueven en dirección diferente. En los engranajes cónicos, se usan dos ruedas para cambiar la dirección de la rotación.

**FUERZA DE ENTRADA**

**FUERZA DE SALIDA**

La carga aumenta al girar el tornillo

### Tornillo
La barrena, la punta en forma de tornillo de este taladro, es una rampa que se enrolla sobre sí misma, con una cuña en la punta. Se usa para levantar la tierra al excavar. Otros tornillos, como las bombillas, o los tornillos de madera o pared, fijan cosas.

### Máquinas compuestas
Una gran grúa excavadora mecánica combina diversas máquinas simples con un motor potente para facilitar las tareas de levantar pesos y excavar.

## Tipos de palanca
Una palanca es una barra que oscila sobre un fulcro o pivote. Si aplicas fuerza a una parte de la palanca, esta bascula sobre el fulcro y levanta la carga. Las palancas se dividen en tres tipos según la posición relativa del fulcro, la carga y el esfuerzo sobre la barra.

La carga y el esfuerzo son iguales porque la distancia entre ambas y el fulcro es idéntica.

**CARGA**

**ESFUERZO**

**FULCRO**

### Palancas de primer grado
El fulcro queda entre el esfuerzo y la carga, como en una balanza basculante o unas tijeras (dos palancas unidas por un fulcro).

El esfuerzo está el doble de lejos del fulcro que la carga: se necesita la mitad de fuerza para levantar el peso.

**CARGA**

**FULCRO**

**ESFUERZO**

### Palancas de segundo grado
El fulcro está en un extremo y el esfuerzo se aplica en el otro; la carga queda en medio, como en una carretilla o un cascanueces.

La carga se mueve el doble de lejos que el esfuerzo porque está el doble de lejos del fulcro.

**CARGA**

**FULCRO**

**ESFUERZO**

### Palancas de tercer grado
El fulcro queda en un extremo y la carga en el otro; el esfuerzo se aplica en medio, como en un martillo o unas pinzas.

**108** energía y fuerzas ∘ **FLOTACIÓN**

La mayoría de los sólidos son más densos que sus formas líquidas, pero el agua es una excepción: **el hielo es menos denso que el agua; por eso flotan los cubitos y los icebergs.**

# Flotación

## ¿Por qué una manzana flota pero una manzana de oro del mismo tamaño se hunde? ¿Cómo flotan los cargueros en el mar? ¿Qué hace que un globo flote en el aire?

Los fluidos (líquidos y gases) ejercen presión sobre la superficie de cualquier objeto que se introduzca en ellos. La presión en un fluido aumenta con la profundidad, por lo que la presión hacia arriba del fondo de un objeto es superior a la presión que empuja hacia abajo de la parte superior. Esto resulta en una fuerza hacia arriba, o solevantamiento, que si es mayor o igual al peso del objeto, este flota. Si es inferior al peso, en cambio, el objeto se hunde. Los objetos del mismo tamaño pero de diferentes densidades pueden pesar más o menos, por eso a veces un objeto flota y otro del mismo tamaño se hunde.

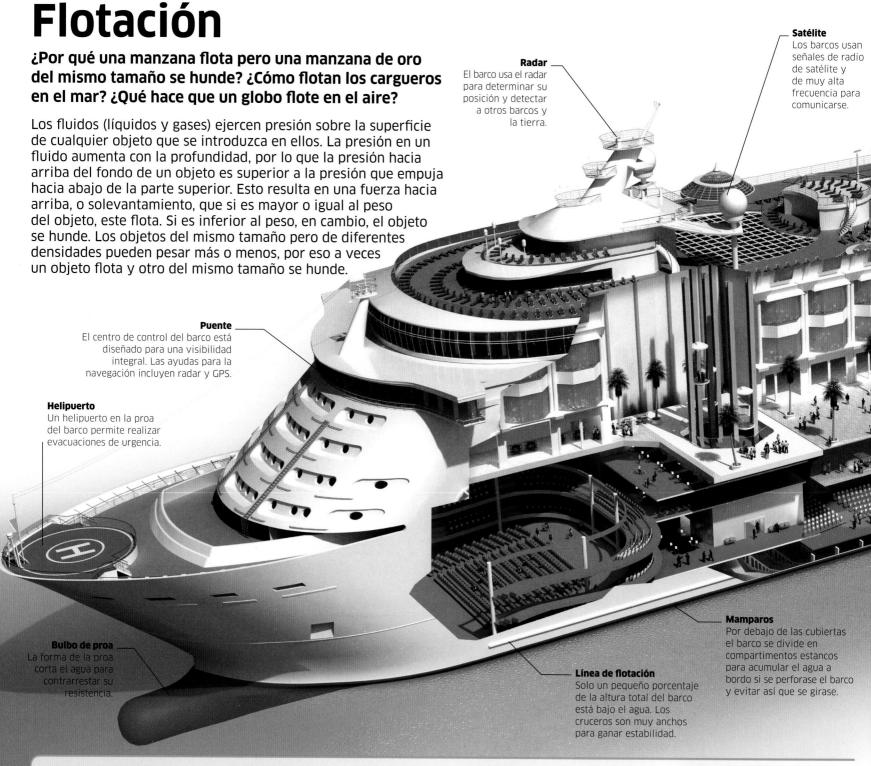

**Radar**
El barco usa el radar para determinar su posición y detectar a otros barcos y la tierra.

**Satélite**
Los barcos usan señales de radio de satélite y de muy alta frecuencia para comunicarse.

**Puente**
El centro de control del barco está diseñado para una visibilidad integral. Las ayudas para la navegación incluyen radar y GPS.

**Helipuerto**
Un helipuerto en la proa del barco permite realizar evacuaciones de urgencia.

**Bulbo de proa**
La forma de la proa corta el agua para contrarrestar su resistencia.

**Línea de flotación**
Solo un pequeño porcentaje de la altura total del barco está bajo el agua. Los cruceros son muy anchos para ganar estabilidad.

**Mamparos**
Por debajo de las cubiertas el barco se divide en compartimentos estancos para acumular el agua a bordo si se perforase el barco y evitar así que se girase.

## Densidad del agua

Cuando se abrieron las rutas comerciales globales, a los marineros les sorprendía que sus barcos se hundieran cerca del ecuador. Se producía porque la densidad de las cálidas aguas tropicales era inferior a la de las frías aguas del norte y daban menos solevantamiento. Cuando los barcos entraban en puertos de agua dulce, la densidad del agua era aún más baja y por lo tanto, tenían aún más posibilidades de hundirse.

**AGUA DULCE TROPICAL**

El agua cálida sin sal tiene poca densidad y por eso el barco flota poco.

**AGUA DE MAR TROPICAL**

El agua salada tiene más densidad que el agua dulce, por eso flota más.

**AGUA DE MAR TEMPLADA DE VERANO**

Cuando el agua salada se enfría, aumenta su densidad y el barco se hunde menos.

**AGUA DE MAR DEL ATLÁNTICO NORTE EN INVIERNO**

En las gélidas aguas del Atlántico Norte, los barcos flotan mucho.

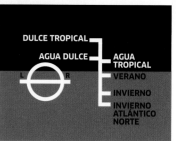

**Marca de francobordo**
Esta marca en el casco indica la profundidad a la que el barco puede hundirse estando cargado; varía según el tamaño del barco, la carga, la época del año y la densidad del agua en el puerto y el mar.

El filósofo griego **Arquímedes fue el primero de establecer el principio de flotación**, o cómo flotan las cosas, en el **siglo II a.C.**

**109**

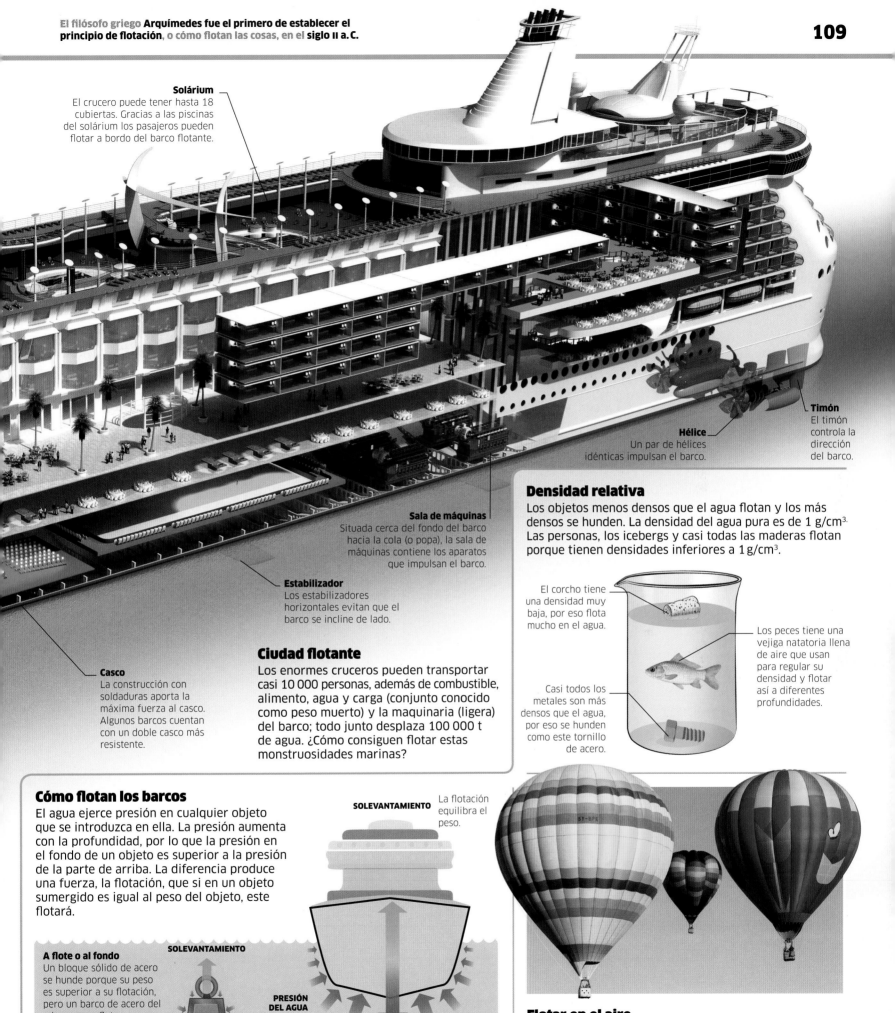

**Solárium**
El crucero puede tener hasta 18 cubiertas. Gracias a las piscinas del solárium los pasajeros pueden flotar a bordo del barco flotante.

**Timón**
El timón controla la dirección del barco.

**Hélice**
Un par de hélices idénticas impulsan el barco.

**Sala de máquinas**
Situada cerca del fondo del barco hacia la cola (o popa), la sala de máquinas contiene los aparatos que impulsan el barco.

**Estabilizador**
Los estabilizadores horizontales evitan que el barco se incline de lado.

**Casco**
La construcción con soldaduras aporta la máxima fuerza al casco. Algunos barcos cuentan con un doble casco más resistente.

## Densidad relativa

Los objetos menos densos que el agua flotan y los más densos se hunden. La densidad del agua pura es de 1 g/cm³. Las personas, los icebergs y casi todas las maderas flotan porque tienen densidades inferiores a 1 g/cm³.

El corcho tiene una densidad muy baja, por eso flota mucho en el agua.

Los peces tiene una vejiga natatoria llena de aire que usan para regular su densidad y flotar así a diferentes profundidades.

Casi todos los metales son más densos que el agua, por eso se hunden como este tornillo de acero.

## Ciudad flotante

Los enormes cruceros pueden transportar casi 10 000 personas, además de combustible, alimento, agua y carga (conjunto conocido como peso muerto) y la maquinaria (ligera) del barco; todo junto desplaza 100 000 t de agua. ¿Cómo consiguen flotar estas monstruosidades marinas?

## Cómo flotan los barcos

El agua ejerce presión en cualquier objeto que se introduzca en ella. La presión aumenta con la profundidad, por lo que la presión en el fondo de un objeto es superior a la presión de la parte de arriba. La diferencia produce una fuerza, la flotación, que si en un objeto sumergido es igual al peso del objeto, este flotará.

**SOLEVANTAMIENTO**
La flotación equilibra el peso.

**A flote o al fondo**
Un bloque sólido de acero se hunde porque su peso es superior a su flotación, pero un barco de acero del mismo peso flota porque su casco está lleno de aire, de manera que su densidad global es inferior a la densidad del agua.

**SOLEVANTAMIENTO**

**PRESIÓN DEL AGUA**

**PESO**

La flotación es inferior al peso.

**PESO**

## Flotar en el aire

Igual que el agua, el aire ejerce presión sobre los objetos con una fuerza igual al peso del aire que aparta el objeto. Pocos objetos flotan en el aire, pues es ligero; el aire caliente de los globos aerostáticos es menos denso que el aire frío.

**110** energía y fuerzas ○ **VUELO**

Los aviones Airbus emplean un sistema «**fly-by-wire**»:
el piloto controla el avión con **palanca de control y pedales.**

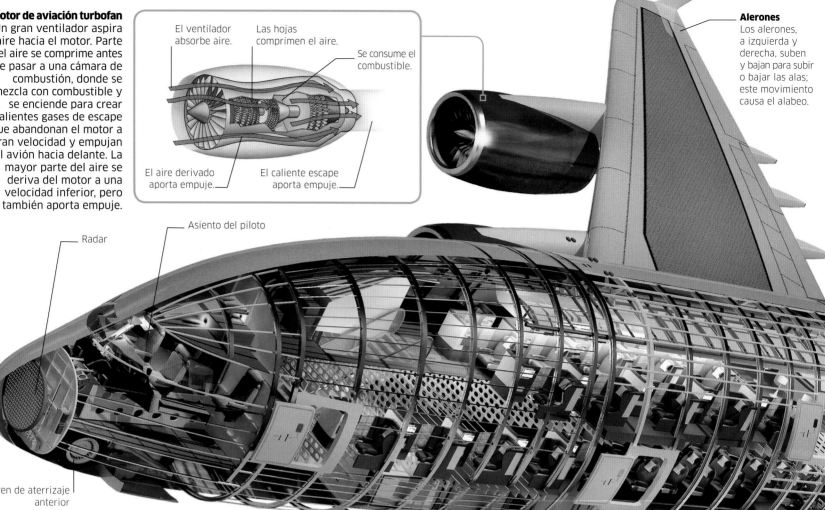

**Motor de aviación turbofan**
Un gran ventilador aspira aire hacia el motor. Parte del aire se comprime antes de pasar a una cámara de combustión, donde se mezcla con combustible y se enciende para crear calientes gases de escape que abandonan el motor a gran velocidad y empujan el avión hacia delante. La mayor parte del aire se deriva del motor a una velocidad inferior, pero también aporta empuje.

El ventilador absorbe aire.

Las hojas comprimen el aire.

Se consume el combustible.

El aire derivado aporta empuje.

El caliente escape aporta empuje.

**Alerones**
Los alerones, a izquierda y derecha, suben y bajan para subir o bajar las alas; este movimiento causa el alabeo.

Radar

Asiento del piloto

Tren de aterrizaje anterior

# Vuelo

**La dinámica es la ciencia del movimiento y la aerodinámica es el movimiento por el aire. Para volar, los aviones usan el empuje y la sustentación para contrarrestar las fuerzas de la resistencia y la gravedad.**

Poco más de un siglo después del primer vuelo autopropulsado, más de 100 000 aviones vuelan a diario y nos parece normal que un avión de 562 t surque los cielos. Para despegar, un avión debe generar suficiente sustentación para superar la gravedad, usando la potencia de sus motores para crear un empuje que venza la resistencia.

### Airbus A380
El Airbus 380 es el avión de pasajeros más grande del mundo: 73 m de longitud y 79,8 m de envergadura. Es capaz de alojar 555 personas en dos pisos y transportar 150 t de carga.

### Fuerzas del vuelo
Actúan cuatro fuerzas sobre un avión en el aire: empuje, sustentación, gravedad y resistencia. El empuje de los motores impulsa al avión hacia delante, desvía el aire por encima de las alas, lo que crea sustentación para despegar, mientras que la gravedad tira del avión abajo y la resistencia (del aire) tira de él hacia atrás. Durante un vuelo a velocidad y altura constantes, estas cuatro fuerzas están en perfecto equilibrio.

**Empuje**
Los motores aportan empuje hacia delante, aspiran aire de la parte frontal y lo envían hacia atrás para propulsar adelante el avión.

**Sustentación**
La forma de las alas aporta sustentación cuando el empuje hacia delante obliga al aire a pasar por encima y por debajo de las alas.

SUSTENTACIÓN

EMPUJE

RESISTENCIA

**Gravedad**
La fuerza de la gravedad tira de la masa del avión hacia abajo. Si el avión debe subir, la fuerza de sustentación tiene que ser como mínimo igual al peso del avión.

GRAVEDAD

**Resistencia**
La resistencia del aire tira hacia atrás. A mayor velocidad del avión, mayor resistencia. Su forma aerodinámica reduce la resistencia.

**262 t** Capacidad máxima de combustible de un Airbus A380.

**280** km/h: promedio de velocidad de despegue de un reactor comercial.

**111**

## Perfil alar

La sección transversal del ala de un avión tiene un perfil que favorece la sustentación, ya que hace que el aire acelere por encima y frene por debajo. El perfil alar tiene un ángulo concreto de manera que el aire que pasa por debajo se empuja hacia abajo. El aire que pasa por encima del ala también se envía hacia abajo. El ángulo crea un área de presión muy baja sobre el ala. Como resultado del ala empujando hacia abajo el aire y la diferencia de presión entre las dos caras del ala, el aire empuja hacia arriba el ala (y el avión).

Aire a menor presión sobre el ala

La diferencia de presión genera la sustentación.

Aire a mayor presión bajo el ala

La gravedad contrarresta la sustentación.

### Ángulo de ataque
La forma aerodinámica del perfil alar se inclina abajo, hacia la cola del avión, para que el aire pase suavemente por encima. Esto se conoce como el ángulo de ataque.

El aire que pasa por encima y debajo del ala se envía hacia abajo.

Estabilizador vertical

**Fuselaje trasero**
El diseño del fuselaje soporta los cambios de presión del aire.

**Timón de cola**
Girar el timón de la aleta de cola hacia la izquierda hace que la cola del avión gire hacia la derecha y que su morro vire hacia la izquierda; este movimiento se denomina guiñada.

Unidad de potencia auxiliar

**Timón de profundidad**
Al levantarlo sube el morro y baja la cola, de manera que el avión sube; si se hace al revés, el avión baja. Esto se conoce como cabeceo.

Depósitos adicionales de combustible

Tren de aterrizaje principal

Estabilizador horizontal móvil

**Depósitos de combustible**
Los depósitos de las alas tienen una capacidad máxima de 370 000 l de combustible Jet A-1, un hidrocarburo de tipo queroseno.

Ventilador

**Motor de reactor**
Cuatro potentes motores de reacción expulsan aire caliente y gases de escape a mucha velocidad para empujar el avión hacia delante.

**Aletas del borde de ataque**
También conocidas como morros basculantes, ayudan a mantener la sustentación a baja velocidad.

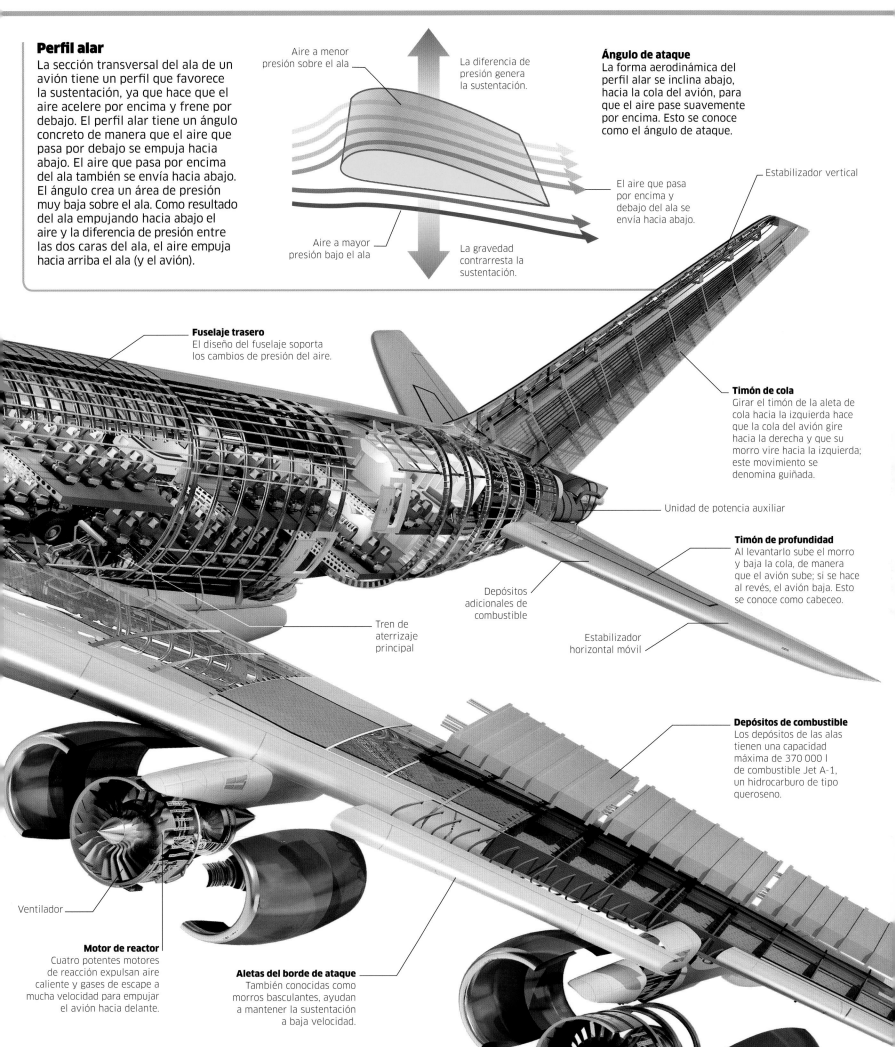

# EL ESPACIO Y LA TIERRA

Todo lo que forma parte del espacio, materia, energía y tiempo, compone el universo, una enorme creación de expansión constante, tan grande que tardaríamos miles de millones de años en cruzarlo, aunque lo hiciéramos a la velocidad de la luz. Dentro del universo existen agrupaciones de materia conocidas como galaxias, cuyo interior contiene planetas como el nuestro, la Tierra.

## LA EXPANSIÓN DEL ESPACIO

Los astrónomos de la Tierra observan cómo las galaxias se alejan de nosotros, pero lo que hacen realmente es alejarse de cualquier otro punto del universo. Estas galaxias no se mueven hacia un espacio nuevo, sino que todo el espacio se está expandiendo y alejándose de todo. Es fácil imaginarse este efecto si pensamos en el universo como un globo: a medida que el globo se hincha, la goma se estira y cada punto individual se aleja del resto.

En el futuro habrá enormes espacios vacíos entre galaxias.

Aunque las galaxias son del mismo tamaño, la distancia entre ellas ha crecido.

Las galaxias antes estaban más agrupadas.

**HACE MILES DE MILLONES DE AÑOS**

**HOY**

**DENTRO DE MILES DE MILLONES DE AÑOS**

## EL BIG BANG

El universo comenzó a existir hace unos 13 800 millones de años en un cataclismo explosivo conocido como el Big Bang. Empezó más pequeño que un átomo y se expandió muy rápidamente para formar estrellas y grupos de estrellas, o galaxias. Una gran parte de esta expansión fue increíblemente rápida: llegó al billón de kilómetros en menos de un segundo.

El universo es oscuro hasta que se forman las estrellas.

Se forman las estrel

379 000 años después del Big Bang, se emitió este brillo posterior, que aún puede verse hoy en día en el universo.

Se produce una rápida expansión.

El universo empieza a partir de la nada.

Se forman las primeras galaxias.

**1** El universo aparece de repente. En este momento está compuesto por energía pura y alcanza temperaturas extremas.

**2** Tiene lugar una rápida expansión (inflación) que transforma el universo de una diminuta masa más pequeña que una fracción de átomo a un gigante espacio del tamaño de una ciudad.

**3** Se crea la materia a partir de la energía del universo. Empieza en forma de minúsculas partículas y antipartículas (con la misma masa como partículas pero con carga eléctrica opuesta); muchas convergen y se cancelan entre sí, pero dejan algo de materia.

**4** El universo tiene menos de un segundo de vida cuando empiezan a formarse las primeras partículas subatómicas reconocibles: protones y neutrones, las partículas que componen el núcleo de los átomos.

**5** Durante los siguientes 379 000 años, el universo se enfría lentamente hasta que al final se pueden formar los átomos. Así el universo deja de ser una niebla espesa para convertirse en un espacio vacío salpicado de nubes gaseosas de hidrógeno y helio. Ahora puede pasar la luz.

## EL UNIVERSO OBSERVABLE

Al mirar objetos distantes en el cielo nocturno, realmente vemos el aspecto que tenían hace millones o miles de millones de años, pues es el tiempo que ha tardado su luz en llegar hasta nosotros. Todo el espacio que vemos desde la Tierra se conoce como el universo observable. Quedan otras partes más allá, pero están demasiado lejos para que su luz nos haya llegado. No obstante, con un observatorio en el espacio, como el telescopio espacial *Hubble*, podemos captar imágenes del espacio profundo y usarlas para descifrar el pasado del universo.

### Imágenes del *Hubble*

El telescopio espacial *Hubble* lleva en funcionamiento desde 1990 y ha capturado miles de imágenes del universo. Muchas se han usado para crear vistas increíbles de las partes más lejanas (y por lo tanto antiguas) del universo que podemos ver conocidas como las imágenes del Campo profundo.

El primer Campo profundo del *Hubble* observó una parte del cielo nocturno durante 10 días. Reveló galaxias de mil millones

La última imagen del Campo ultraprofundo del *Hubble* (arriba) ilustra aún más hacia el pasado, con galaxias formadas hace 13 millones de años, cuando el universo

Hay regiones del espacio más atrás en el tiempo que el *Hubble* y otros potentes telescopios

MPO PROFUNDO DEL HUB

CAMPO ULTRAPROFUNDO DEL HUBBLE

PRIMERAS GALAXIAS

PRIMERAS ESTRELLAS

EDAD OSCURA

ERA DE LA RADIACIÓN

**6** Poco después de medio millón de años después del Big Bang empieza a cambiar la distribución de la materia en el universo. La gravedad empieza a unir unos diminutos grupos de materia.

**8** Se forman estrellas en grupo dentro de descomunales nubes de gas. Los primeros grupos se convierten en las primeras galaxias. La mayoría son relativamente pequeñas, pero más adelante se fusionan para formar galaxias más grandes que ocupan cientos de millones de años luz.

**10** Nuestro sistema solar inicia su existencia tras 9000 millones de años, se forma a partir del colapso de una gran nebulosa (una nube de gas y polvo). Primero el material forma el Sol; después otras agrupaciones se convierten en los varios planetas a su alrededor, incluida la Tierra.

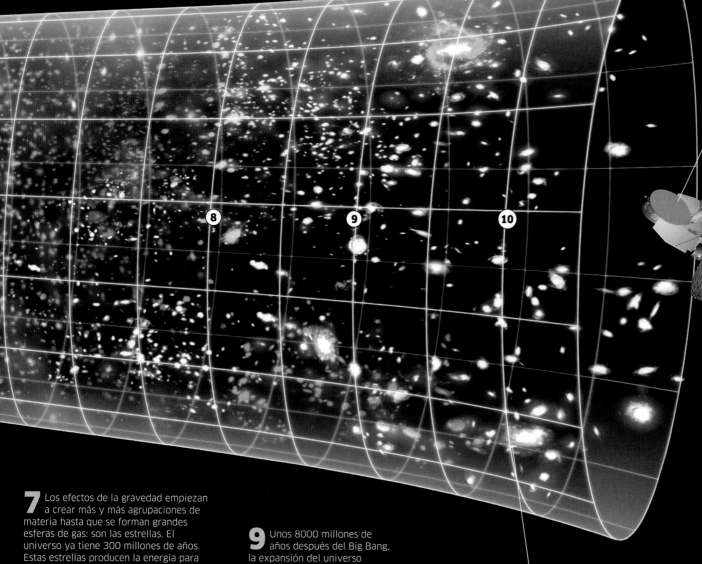

En 2001 se lanzó una sonda de la NASA para determinar el tamaño y las propiedades del universo.

**11** En el futuro, el universo seguirá expandiéndose y cambiando, y nuestro sistema solar no durará para siempre. El Sol se está calentando lentamente; cuando el universo tenga 20 mil millones de años, también crecerá... llevándose a la Tierra por delante.

**7** Los efectos de la gravedad empiezan a crear más y más agrupaciones de materia hasta que se forman grandes esferas de gas: son las estrellas. El universo ya tiene 300 millones de años. Estas estrellas producen la energía para mantenerse mediante fusión nuclear.

**9** Unos 8000 millones de años después del Big Bang, la expansión del universo empieza a acelerarse.

Se forma el sistema solar.

**12** Los científicos no saben exactamente cómo acabará el universo, pero se predice que seguirá expandiéndose y acabará siendo increíblemente frío y oscuro en un proceso conocido como Big Freeze.

---

**Desplazamiento hacia el rojo**
Cuando un objeto (una galaxia distante) se aleja del observador (nosotros), sus longitudes de onda se hacen más largas. Por eso la luz que emite se desplaza hacia el extremo rojo del espectro de la luz. Las galaxias más lejanas tienen un mayor desplazamiento hacia el rojo, lo que apoya la teoría de que el universo se expande.

**Desplazamiento hacia el azul**
Se nos están acercando unas pocas galaxias cercanas. Sus longitudes de onda serán más cortas y desplazan la luz que emiten hacia el extremo azul del espectro.

## EL BIG BANG

Los científicos no siempre han creído en la teoría de un universo en expansión y el Big Bang, pero durante el siglo XX se realizaron diversos descubrimientos que apoyaron esta idea. En 1929, el astrónomo estadounidense Edwin Hubble observó que la luz de las galaxias distantes aparecía más roja de lo que debería ser. Lo atribuyó a un fenómeno, conocido como desplazamiento hacia el rojo, que sugiere que las galaxias se están alejando de nosotros. Otra prueba fue **el descubrimiento de la radiación cósmica de fondo: microondas viniendo de todas direcciones en el espacio que solo pueden explicarse como resultado del Big Bang.**

**Radiación cósmica de fondo**
Esta imagen, capturada por la Sonda de Anisotropía de Microondas Wilkinson de la NASA, muestra una ilustración en falso color de la radiación de fondo que llena todo el universo, correspondiente a los restos de la intensa explosión de energía liberada por el Big Bang.

La mayor parte de la **masa de una galaxia** es **materia oscura**.

Se calcula que existen **2 billones de galaxias** en las partes del **universo** que podemos ver.

# Galaxias

**Las galaxias son conjuntos inmensos de gas, polvo, estrellas y planetas: algunas son espirales, como la nuestra, otras son como bolas aplastadas, e incluso las hay sin forma alguna.**

Al mirar el cielo de noche, todas las estrellas que vemos componen nuestra galaxia, la Vía Láctea, que forma parte de lo que denominamos Grupo local, con unas 50 galaxias. Más allá existe un sinfín de galaxias que ocupa todo lo que abarcan los telescopios. Las galaxias más pequeñas del universo contienen pocos millones de estrellas; las más grandes, billones. La Vía Láctea se queda en un término medio, agrupa entre cien mil millones y un billón de estrellas. La fuerza de la gravedad mantiene juntas las estrellas de una galaxia, que las hace viajar lentamente hacia el centro. El núcleo de la mayoría de las galaxias oculta un agujero negro supermasivo.

Los astrónomos han identificado cuatro tipos de galaxias: espirales, lenticulares, elípticas e irregulares. Las galaxias espirales son discos planos en rotación con un gran núcleo en el centro; las lenticulares, en cambio, tienen una línea fina y larga de estrellas en su centro. Las galaxias elípticas son un elipsoide, tienen la forma de una esfera aplastada. Son las galaxias más grandes. La última categoría corresponde a las galaxias irregulares, sin forma definida.

## VÍA LÁCTEA
*Tipo:* lenticular
*Diámetro:* 100 000 años luz

Se cree que la Vía Láctea, nuestra propia galaxia, tiene forma lenticular, pero no vemos bien su forma desde la Tierra porque estamos dentro. Desde nuestro sistema solar, se revela como una franja pálida en el cielo con una concentración de estrellas en el centro. Por encima tendría el aspecto de un remolino gigante que realiza una rotación cada 200 millones de años.

### Núcleo galáctico
Las imágenes infrarrojas y de rayos X revelan una intensa actividad cerca del núcleo galáctico. La brillante región blanca contiene el centro de la galaxia. Cientos de miles de estrellas cuya luz visible no puede verse giran a su alrededor y calientan las espectaculares nubes de gas y polvo.

**Sistema solar**
Nuestro sistema solar está en un brazo menor de la espiral denominado el brazo de Orión.

**Vista lateral de la Vía Láctea**
Vista de lado, la Vía Láctea parecería dos huevos fritos uno encima del otro. La gravedad mantiene juntas las estrellas de la galaxia, que viajan lentamente hacia el centro galáctico en una órbita plana.

El **Sol** está entre **25 000** y **28 000 años luz** del **centro de la Vía Láctea**.

Las **mayores galaxias** del universo cubren hasta **2 millones de años luz**.

La palabra *galaxia* viene del griego *galaxias kyklos*, que significa «**círculo lechoso**».

**115**

## ANDRÓMEDA

**Tipo:** *espiral*

**Distancia:** *2 450 000 años luz*

Andrómeda es la galaxia vecina más cercana, un punto central envuelto por un disco plano de estrellas, gas y polvo, que a veces puede verse a simple vista desde la Tierra. Dentro de 4500 millones de años se espera que Andrómeda colisione con la Vía Láctea para formar una descomunal galaxia elíptica.

## MESSIER 87

**Tipo:** *elíptica*

**Distancia:** *53 millones de años luz*

M87, también denominada Virgo A, es una de las mayores galaxias de nuestra parte del universo. La galaxia emite un potente chorro de material desde el agujero negro supermasivo de su centro, que tiene la energía suficiente para acelerar las partículas casi hasta la velocidad de la luz.

## PEQUEÑA NUBE DE MAGALLANES

**Tipo:** *enana irregular*

**Distancia:** *197 000 años luz*

Esta galaxia enana mide 7000 años luz de través. Igual que su vecina, la Gran Nube de Magallanes, la gravedad de nuestra propia galaxia ha alterado su forma. Se considera una galaxia satélite porque orbita alrededor de la nuestra; es la tercera galaxia más cercana a la Vía Láctea.

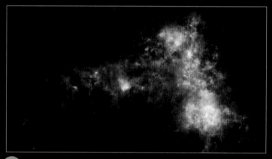

## GALAXIA RUEDA DE CARRO

**Tipo:** *anillo irregular*

**Distancia:** *500 millones de años luz*

La galaxia Rueda de Carro empezó siendo una espiral, pero hace 200 millones de años chocó contra una galaxia más pequeña, lo que alteró toda la galaxia, envió mucho gas y polvo al exterior y acabó creando su inusual forma.

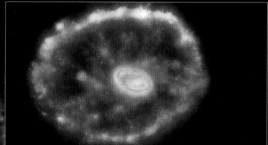

## GALAXIAS ANTENA

**Tipo:** *fusión de espirales*

**Distancia:** *45-65 millones de años luz*

Más o menos hace 1200 millones de años, las galaxias Antena eran dos galaxias independientes: una lenticular y una espiral. Empezaron su fusión hace unos cientos de millones de años, cuando se formaron las antenas, y se espera que se conviertan en una única galaxia en 400 millones de años.

## GALAXIA REMOLINO

**Tipo:** *colisión entre espiral y enana*

**Distancia:** *23 millones de años luz*

Hace unos 300 millones de años, una galaxia enana impactó contra la galaxia espiral Remolino y ahora parece que penda de uno de sus brazos en espiral. La colisión produjo nubes de gas, que a su vez provocaron una explosión de formación de estrellas, que pueden verse desde la Tierra con un pequeño telescopio.

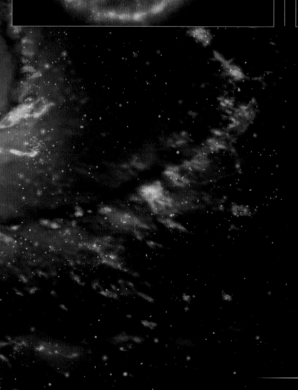

### Galaxias activas

Los centros de algunas galaxias emiten brillantes chorros de luz y partículas. Estas galaxias «activas» pueden agruparse en cuatro tipos: radiogalaxias, galaxias Seyfert, cuásares y blazares. Se cree que todas tienen agujeros negros supermasivos en el centro, conocidos como núcleos galácticos activos, que despiden los chorros de material.

El agujero negro supermasivo emana dos potentes chorros.

El material cerca del centro del agujero negro supermasivo se denomina disco de acreción. A su alrededor se forma un disco opaco de polvo y gas.

Los chorros tienen tanta energía que se mueven casi a la velocidad de la luz.

# Vida de una estrella

**Las estrellas nacen en grandes nubes de frío y denso gas interestelar que evolucionan hasta que tras miles de millones de años agotan su combustible y mueren.**

Las nuevas estrellas son enormes globos giratorios de brillante gas caliente, sobre todo de hidrógeno y algo de helio. Gran parte de este material se concentra en su núcleo, donde provoca reacciones nucleares, alimentadas por el hidrógeno, que forman helio y liberan energía en forma de calor y luz. Cuando han consumido casi todo el hidrógeno, pueden crecer, expandirse o colapsarse sobre sí mismas.

**1 Nube interestelar**
Las estrellas nacen en gigantescas nubes de gas y polvo frío y denso. La explosión de una supernova o la colisión de una estrella pueden iniciar su nacimiento.

**2 Formación de fragmentos**
La nube se divide en fragmentos. La gravedad hace agrupaciones de los más masivos y densos.

**3 Formación de la protoestrella**
La gravedad concentra más material en el núcleo de la protoestrella. Crecen la densidad, la presión y la temperatura.

**4 Disco giratorio**
El material atraído empieza a girar y emite chorros de gas.

**5 Estrella de secuencia principal**
El núcleo es tan denso y caliente que se dan reacciones nucleares y la estrella brilla.

**6 Formación de planetas**
Los escombros que giran alrededor de la estrella se agrupan para formar planetas, lunas, cometas y asteroides.

**7 Estrella estable**
El brillante núcleo produce una presión hacia el exterior que equilibra la tracción de la gravedad.

## Nacimiento, vida y muerte de una estrella

Las estrellas empiezan su vida como nubes de gas y polvo: son las nebulosas. Tras millones de años, la gravedad del gas y el polvo comienza a tirar de estas nubes hacia dentro. Al comprimirse, la nube se calienta y forma una estrella joven o protoestrella. Si alcanza los 15 millones de grados Celsius, tiene el calor suficiente para iniciar la fusión nuclear, la reacción necesaria para que se forme una estrella. La energía que produce evita que se colapse bajo su propio peso y la hace brillar. Lo que pasa cuando se agota el combustible y muere depende de la cantidad de polvo acumulado al principio.

**Hace unos 4500 millones de años que existe el Sol.**

**Hasta ahora ha gastado la mitad de su hidrógeno.**

### Muerte de una estrella pequeña
Las estrellas cuya masa es inferior a la mitad del Sol, las enanas rojas, se van apagando. Cuando se ha consumido el hidrógeno del núcleo, se empieza a emitir hidrógeno a la atmósfera y se encoge, durante un billón de años, para convertirse en una enana negra.

**Enana negra**
Tras consumir su combustible, se apaga y se convierte en un carboncillo del tamaño de la Tierra.

La estrella sigue encogiéndose y apagándose.

Se apaga la intensidad de la luz.

La estrella empieza a encogerse.

### Muerte de una estrella media
Cuando una estrella con la misma masa que el Sol ha usado todo su hidrógeno, tras unos 10 000 millones de años, la fusión nuclear abandona el núcleo y la estrella se expande hasta convertirse en una gigante roja. El núcleo se colapsa hasta que es bastante caliente y denso para fundir helio. Cuando este también se agota, se convierte en una enana blanca, cuyas capas exteriores se proyectan hacia el espacio en forma de nube de escombros.

Las estrellas de neutrones son las estrellas más pequeñas y densas del universo: 10 km de diámetro pero con hasta **treinta veces la masa del Sol**.

La energía liberada en el centro del Sol tarda **millones de años en llegar a la superficie**.

**117**

Si hiciéramos grupos de estrellas por su tamaño, el mayor sería, de lejos, el de las

# enanas rojas, las estrellas
## con menos de la mitad de masa que el Sol.

## Muerte de una estrella masiva

Las estrellas cuya masa es más de ocho veces la de nuestro Sol acumulan el calor suficiente para convertirse en supergigantes. El calor y la presión del núcleo son tan intensos que la fusión nuclear es capaz de fundir el helio y los átomos más grandes para crear elementos como el carbono y el oxígeno. Cuando pasa, las estrellas se hinchan hasta ser supergigantes; su vida acabará en una espectacular explosión denominada supernova. Las supergigantes pequeñas se convierten en estrellas de neutrones; las grandes, en agujeros negros.

## Tipos de estrella

Los astrónomos usan el diagrama de Hertzsprung-Russell para clasificar las estrellas. Tiene en cuenta su brillo y temperatura para mostrar grupos de estrellas, como las gigantes rojas (estrellas que mueren) o de secuencia principal (estrellas ordinarias). También las clasifican por colores, que guardan relación con la temperatura. El rojo es el color más frío y aparece en estrellas por debajo de los 3500 °C. Las estrellas como nuestro Sol son blancas amarillentas y están a unos 6000 °C. Las más calientes son azules, con temperaturas de superficie por encima de los 12 000 °C.

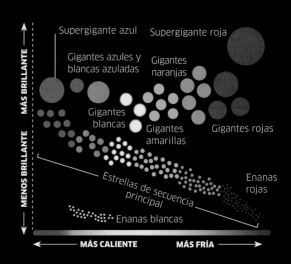

**Supergigante roja**
La fusión nuclear continúa dentro del núcleo de la supergigante y forma elementos pesados hasta que el núcleo se convierte en hierro y la estrella se colapsa.

**Supernova**
Cuando la estrella se autodestruye en una explosión más brillante que mil millones de soles, su núcleo masivo continúa colapsándose sobre sí mismo.

**Estrella de neutrones**
Una estrella de neutrones, formada a partir de una supernova de núcleo pequeño, es una estrella superdensa que gira a gran velocidad.

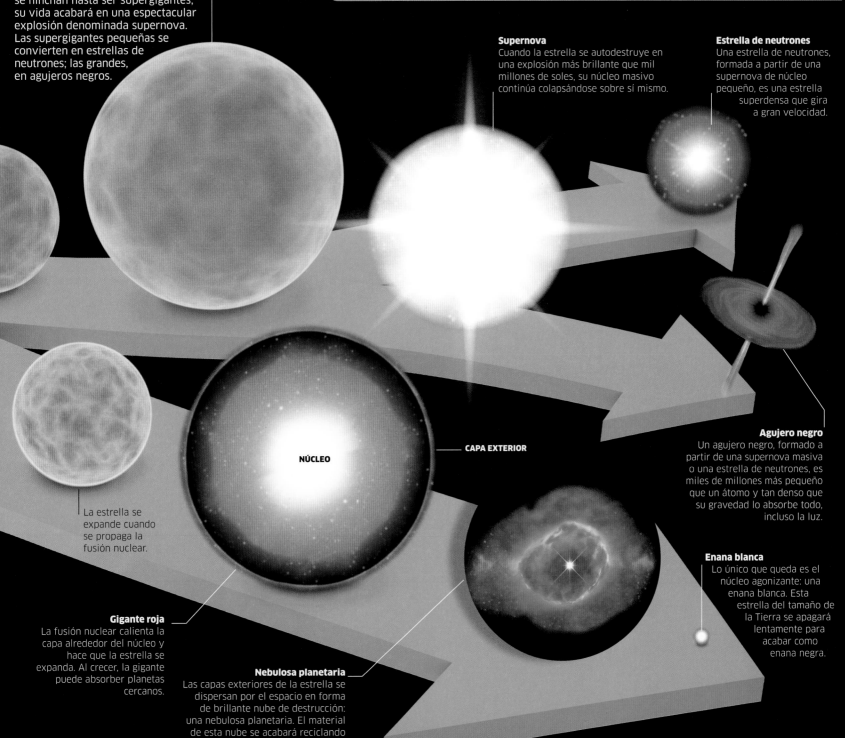

**CAPA EXTERIOR**

**NÚCLEO**

La estrella se expande cuando se propaga la fusión nuclear.

**Agujero negro**
Un agujero negro, formado a partir de una supernova masiva o una estrella de neutrones, es miles de millones más pequeño que un átomo y tan denso que su gravedad lo absorbe todo, incluso la luz.

**Gigante roja**
La fusión nuclear calienta la capa alrededor del núcleo y hace que la estrella se expanda. Al crecer, la gigante puede absorber planetas cercanos.

**Nebulosa planetaria**
Las capas exteriores de la estrella se dispersan por el espacio en forma de brillante nube de destrucción: una nebulosa planetaria. El material de esta nube se acabará reciclando en forma de nuevas estrellas.

**Enana blanca**
Lo único que queda es el núcleo agonizante: una enana blanca. Esta estrella del tamaño de la Tierra se apagará lentamente para acabar como enana negra.

# Nebulosa de la Quilla

**El telescopio espacial *Hubble* capturó esta magnífica imagen de parte de la nebulosa de la Quilla. Dentro de este enorme pilar de polvo y gas están naciendo estrellas.**

La nebulosa se compone principalmente de hidrógeno y helio, pero también contiene los restos de antiguas estrellas que explotaron. La gravedad hace que esta materia forme agrupaciones que se calientan y empiezan a brillar. Esta luz y otra radiación esculpe la nube con chorros y remolinos. La nebulosa de la Quilla está a 7500 años luz, en nuestra propia galaxia, la Vía Láctea.

## Tallas

Con un diámetro de casi 1,4 millones de km, el Sol es diez veces más ancho que Júpiter, el planeta más grande, y tiene más de mil veces más masa.

### Planetas interiores

Los cuatro planetas interiores son más pequeños que los cuatro exteriores. Se les llama planetas rocosos.

MERCURIO VENUS TIERRA MARTE

### Planetas exteriores

Los cuatro planetas exteriores son más grandes y compuestos por gas, por eso se denominan gigantes gaseosos.

JÚPITER          SATURNO

URANO           NEPTUNO

## La nube de Oort

La nube de Oort es un anillo de diminutos cuerpos helados que se cree que está entre cincuenta y cien mil veces más lejos del Sol que la distancia del Sol a la Tierra; sin embargo, está tan lejos que es imposible asegurarlo.

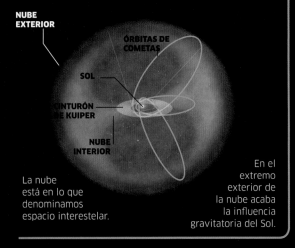

NUBE EXTERIOR

ÓRBITAS DE COMETAS

SOL

CINTURÓN DE KUIPER

NUBE INTERIOR

La nube está en lo que denominamos espacio interestelar.

En el extremo exterior de la nube acaba la influencia gravitatoria del Sol.

## Distancia hasta el Sol

Es complicado imaginar la distancia que separa la Tierra del Sol, y la diferencia de tamaño entre ambos. Si la Tierra fuera un grano de pimienta, el Sol sería del tamaño de un balón de fútbol, 100 veces más grande.

## Cinturón de Kuiper

El sistema solar no se acaba en Neptuno: el Cinturón de Kuiper (a 30-55 UA del Sol) aloja cuerpos más pequeños, incluidos los planetas enanos.

### Neptuno
Los astrónomos predijeron la existencia del planeta azul por su efecto sobre la órbita de Urano.

### Urano
El gélido gigante azul tiene el eje de rotación muy inclinado respecto del Sol. Cada invierno en el planeta dura 42 años.

### Saturno
Saturno, el segundo planeta más grande, tiene 62 lunas y está envuelto por fragmentos brillantes de hielo que forman anillos.

### Júpiter
Júpiter, más masivo que todos los otros planetas juntos, gira una vez cada 10 horas y convierte así sus nubes rojas en franjas y remolinos de tormenta.

### Cometas
Estos cuerpos helados presentan espectaculares colas de gas y polvo al acercarse al Sol.

### Órbitas
Las órbitas de los planetas y la mayoría de los asteroides alrededor del Sol están niveladas. Los cometas, en cambio, pueden tener órbitas inclinadas.

## Planetas en órbita

El sistema solar contiene ocho planetas, divididos en dos grupos. Los planetas interiores (Mercurio, Venus, la Tierra y Marte) son bolas sólidas de roca y metal. Los planetas exteriores (Júpiter, Saturno, Urano y Neptuno) son gigantes gaseosos: enormes globos giratorios compuestos principalmente por hidrógeno y helio.

# El sistema solar

**El sistema solar es un enorme disco de material, cuyo centro ocupa el Sol, que abarca más de 30 mil millones de km, hasta donde empieza el espacio interestelar.**

La mayor parte del sistema solar es espacio vacío, pero dispersos por todo su espacio existe una infinidad de objetos sólidos unidos al Sol por la gravedad, que orbitan a su alrededor, y que incluye los ocho planetas, cientos de lunas y planetas enanos, millones de asteroides, y posiblemente miles de millones de cometas. El Sol por sí solo ya contiene el 99,8 % de la masa del sistema solar.

SOL MERCURIO VENUS TIERRA MARTE

JÚPITER

SATURNO

La Tierra está a 149,6 millones de kilómetros del Sol, o una unidad astronómica (UA).

Júpiter está a 780 millones de kilómetros del Sol, el equivalente a 5,2 UA.

Saturno orbita a un promedio de 1430 millones de kilómetros del Sol, o 9,58 UA.

Se conocen **cinco planetas enanos:**
**Ceres, Plutón, Makemake, Eris y Haumea.**

**Asteroide 234 Ida**
Entre las órbitas de Marte y Júpiter gira el cinturón de asteroides. Los asteroides están hechos de una mezcla de roca y hielo. Estos escombros espaciales son el detritus de la formación de los planetas.

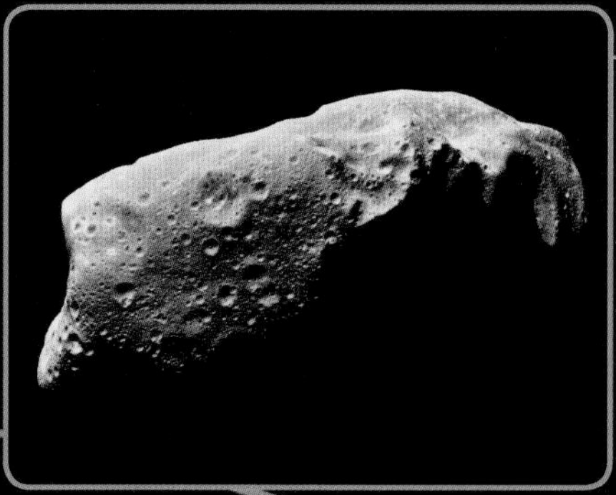

**Sol**
El Sol está en el centro del sistema solar. Gira sobre su eje y tarda menos de 25 días en dar una vuelta completa sobre sí mismo a pesar de su tamaño masivo.

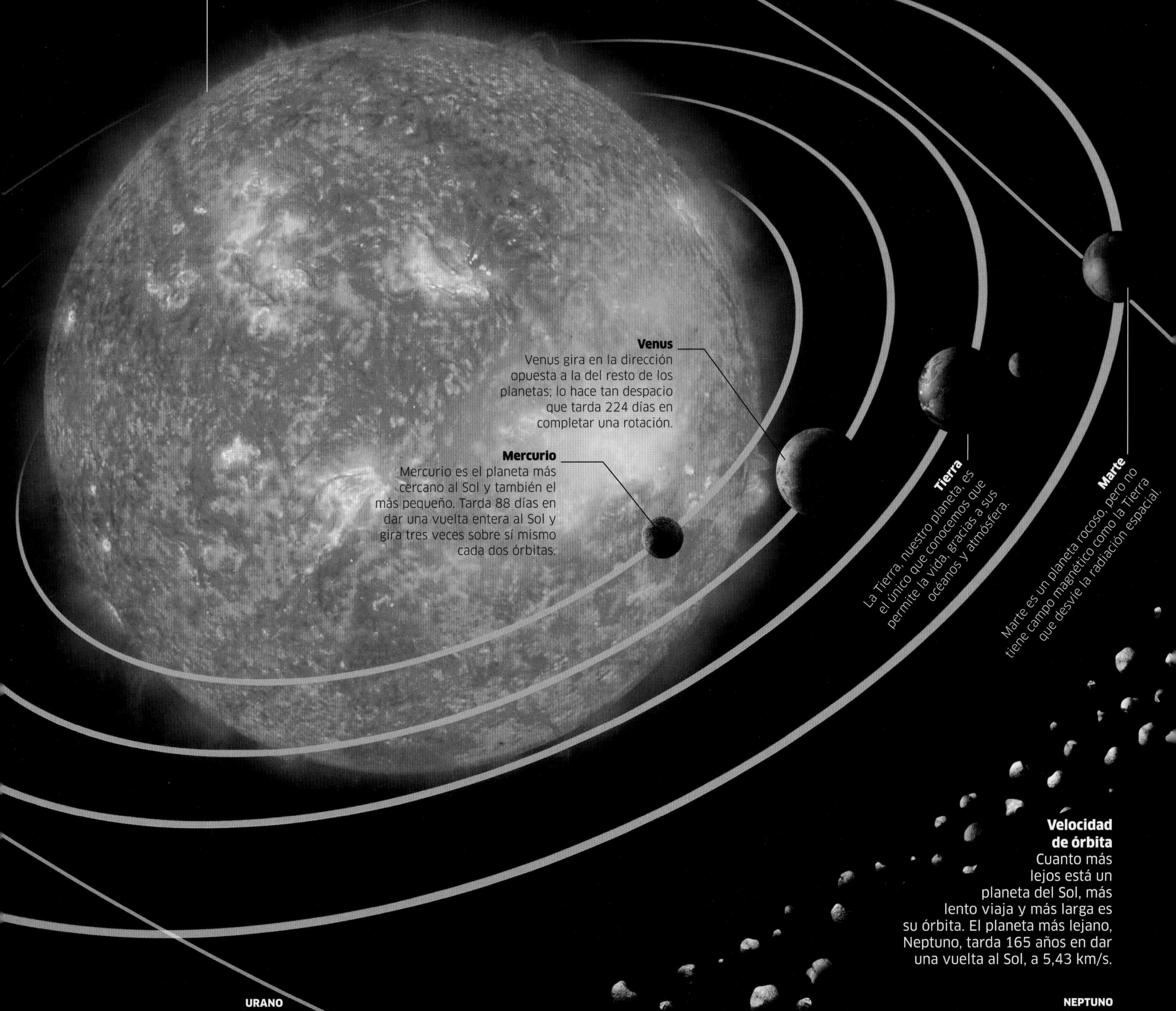

**Venus**
Venus gira en la dirección opuesta a la del resto de los planetas; lo hace tan despacio que tarda 224 días en completar una rotación.

**Mercurio**
Mercurio es el planeta más cercano al Sol y también el más pequeño. Tarda 88 días en dar una vuelta entera al Sol y gira tres veces sobre sí mismo cada dos órbitas.

**Tierra**
La Tierra, nuestro planeta, es el único que conocemos que permite la vida, gracias a sus océanos y atmósfera.

**Marte**
Marte es un planeta rocoso, pero no tiene campo magnético como la Tierra que desvíe la radiación espacial.

**Velocidad de órbita**
Cuanto más lejos está un planeta del Sol, más lento viaja y más larga es su órbita. El planeta más lejano, Neptuno, tarda 165 años en dar una vuelta al Sol, a 5,43 km/s.

**URANO**

**NEPTUNO**

Urano está a un promedio de 2870 millones de kilómetros del Sol, o 19,14 UA.

Neptuno orbita a 4530 millones de kilómetros, un promedio de treinta veces la distancia entre la Tierra y el Sol, o 30 UA.

## Estaciones

La Tierra orbita alrededor del Sol y además gira sobre sí misma siguiendo un eje norte-sur imaginario. Este eje está inclinado 23,4° respecto de la órbita de la Tierra, por lo que una parte del planeta siempre está más lejos o más cerca del Sol, y eso causa las estaciones.

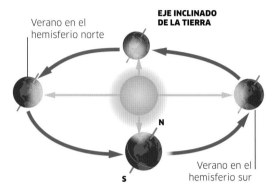

Verano en el hemisferio norte

**EJE INCLINADO DE LA TIERRA**

N

S

Verano en el hemisferio sur

## Atmósfera

La atmósfera de la Tierra consiste en una mezcla de gases: un 78 % de nitrógeno, un 21 % de oxígeno y una pequeña cantidad de otros, como dióxido de carbono y argón. Estos gases atrapan el calor en el planeta y nos permiten respirar. La atmósfera tiene cinco capas diferenciadas.

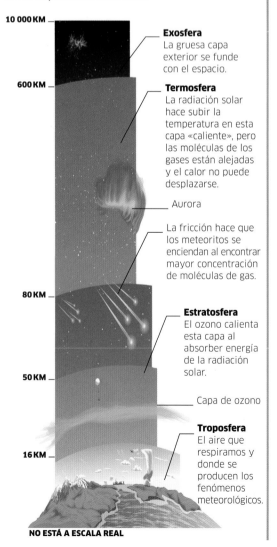

10 000 KM

600 KM

80 KM

50 KM

16 KM

**Exosfera**
La gruesa capa exterior se funde con el espacio.

**Termosfera**
La radiación solar hace subir la temperatura en esta capa «caliente», pero las moléculas de los gases están alejadas y el calor no puede desplazarse.

Aurora

La fricción hace que los meteoritos se enciendan al encontrar mayor concentración de moléculas de gas.

**Estratosfera**
El ozono calienta esta capa al absorber energía de la radiación solar.

Capa de ozono

**Troposfera**
El aire que respiramos y donde se producen los fenómenos meteorológicos.

**NO ESTÁ A ESCALA REAL**

# La Tierra y la Luna

**La Tierra, tiene unos 4500 millones de años. Con un diámetro justo por encima de los 12 000 km, orbita alrededor del Sol cada 365,3 días y gira sobre su eje una vez cada 23,9 horas.**

De todos los planetas del universo, el nuestro es el único lugar en el que se sabe que existe vida. La Tierra es uno de los cuatro planetas rocosos del sistema solar, y el tercero desde el Sol. Su atmósfera, agua en la superficie y campo magnético (que nos protege de la radiación solar) hacen que la Tierra sea un lugar perfecto para vivir.

## La Tierra por dentro

La Tierra está compuesta por capas de rocas. La corteza exterior flota sobre una capa rocosa conocida como el manto. Debajo queda el caliente núcleo exterior líquido y el núcleo interior sólido.

**Núcleo exterior**
La capa líquida exterior del núcleo de la Tierra está caliente y compuesta por hierro y níquel líquidos; tiene un grosor de 2300 km.

**Corteza oceánica**
La sólida capa exterior de rocas es la corteza. Bajo los océanos, tiene un grosor de solo 10 km, pero es más densa que la corteza continental.

**Corteza continental**
La corteza continental es la tierra bajo nuestros pies. Es mucho más gruesa que la corteza oceánica: tiene un grosor de hasta 70 km, pero es menos densa.

**Sol**
El Sol tiene un diámetro 109 veces mayor que el de la Tierra.

Cada año, la **Luna se aleja 3,78 cm de la Tierra**.

El **núcleo interno de la Tierra gira a una velocidad diferente** a la del resto del planeta.

Más de **300 000 cráteres de impacto** de más de **1 km** de ancho cubren la **superficie de la Luna**.

**123**

## Luna

Con su órbita alrededor de la Tierra cada 27 días, la Luna es la cara más conocida del cielo nocturno. Desde la Tierra siempre se ve la misma cara de la Luna, la otra cara solo se ve desde una nave espacial.

### Núcleo interno

El núcleo interno de hierro mide más de dos tercios del tamaño de la Luna y está tan caliente como la superficie del Sol. Es sólido por la inmensa presión que soporta.

### Manto inferior

La capa inferior del manto contiene más de la mitad del volumen del planeta y se extiende 2900 km bajo la superficie. Es caliente y densa.

### Manto superior

La capa que cubre 410 km debajo de la corteza es principalmente de roca sólida, pero se mueve cuando la caliente roca fundida sube hacia la superficie, se enfría y se hunde.

### Tierra

El diámetro de la Tierra cuadruplica el de la Luna; nuestro planeta pesa 80 veces más que su satélite.

### De la Tierra al Sol

El Sol está a 150 millones de kilómetros de la Tierra. La luz tarda 8 minutos en cruzar esta distancia, conocida como una unidad astronómica (UA).

### Luna

La Luna está a 384 000 km de la Tierra.

## Luna

La Luna, nuestro único satélite natural, es casi tan antigua como la Tierra. Se cree que apareció cuando un objeto volante del tamaño de Marte se estrelló contra nuestro planeta y llenó la órbita terrestre de rocas, que acabaron agrupándose para formar la Luna. La atracción gravitatoria de la Luna es la responsable de las mareas.

### Interior de la Luna

Como la Tierra, la Luna cuenta con corteza, manto y núcleo.

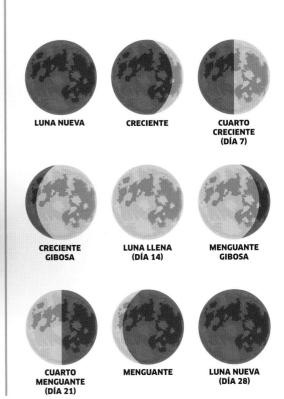

### Mares lunares

Las oscuras áreas planas conocidas como mares son de hecho enormes llanuras de lava solidificada.

### Cráteres lunares

La Luna está salpicada por cráteres causados por impactos de asteroides de hace más de 3500 millones de años.

### Ciclo lunar

La Luna no produce luz propia. El Sol ilumina exactamente la mitad de la Luna, y la parte de cara iluminada que vemos depende de la posición de la Luna en su órbita, causante del fenómeno conocido como las fases de la Luna.

| | | |
|---|---|---|
| **LUNA NUEVA** | **CRECIENTE** | **CUARTO CRECIENTE (DÍA 7)** |
| **CRECIENTE GIBOSA** | **LUNA LLENA (DÍA 14)** | **MENGUANTE GIBOSA** |
| **CUARTO MENGUANTE (DÍA 21)** | **MENGUANTE** | **LUNA NUEVA (DÍA 28)** |

# Tectónica terrestre

**La superficie de la Tierra es una capa de roca sólida dividida en gigantescos bloques, o placas tectónicas, que cambian lentamente, alteran el paisaje y causan terremotos y volcanes.**

Las placas tectónicas se componen de la frágil corteza terrestre fusionada con la capa superior del manto para formar una estructura elástica conocida como litosfera. El movimiento de las placas se debe a corrientes de convección de las viscosas capas inferiores del manto, conocidas como astenosfera, cuando la roca caliente y fundida sube hasta la superficie y la roca sólida más fría se hunde. La actividad tectónica se produce en los bordes de las placas, al separarse, acercarse o rozarse.

Las placas se mueven entre 7 mm por año, una quinta parte **de la velocidad a la que crecen las uñas,** y 150 mm por año, la velocidad a la que crece el pelo.

## Deriva continental

Durante millones de años, las placas de los continentes han chocado para crear montañas, se han combinado para formar supercontinentes, o dividido para formar *rifts*. La costa este de Sudamérica y la costa oeste de África encajan perfectamente. Las rocas y formas de vida similares indican que ambos continentes habían sido un supercontinente.

**PANGEA**

**HACE 270 MILLONES DE AÑOS**

**LAURASIA**

**GONDWANA**

**HACE 180 MILLONES DE AÑOS**

**NORTEAMÉRICA**

**ÁFRICA**

**SUDAMÉRICA**

**HACE 66 MILLONES DE AÑOS**

## Tectónica de placas

Donde las placas entran en contacto se producen acontecimientos que cambian el paisaje, como la formación de islas, *rifts* (separaciones), montañas, actividad volcánica y terremotos. Los bordes de placa se dividen en tres clases principales: divergentes, convergentes y transformantes.

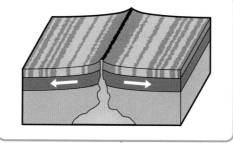

**Borde divergente**
Cuando dos placas se separan, el magma que sube del manto llena el vacío y crea placa nueva. Estos bordes están vinculados a la actividad volcánica y forman las dorsales submarinas en los océanos.

**Arco insular**
Una serie de volcanes submarinos forman una cadena de islas o archipiélago.

**Fosa oceánica**
Dos placas oceánicas se subducen para formar una fosa submarina.

**Dorsal medioceánica**
El magma sube a medida que las placas se separan y forma una dorsal en el lecho oceánico.

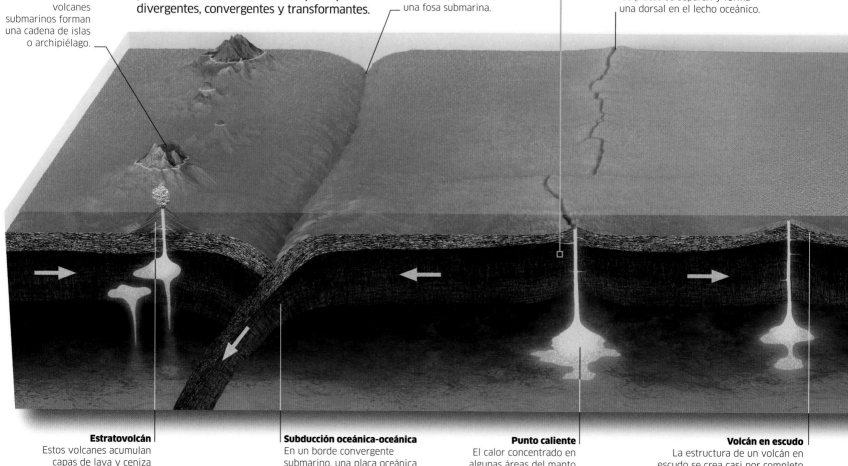

**Estratovolcán**
Estos volcanes acumulan capas de lava y ceniza endurecidas, lo que los hace más empinados que los volcanes en escudo.

**Subducción oceánica-oceánica**
En un borde convergente submarino, una placa oceánica se desliza por debajo de la otra y crea una fosa medioceánica.

**Punto caliente**
El calor concentrado en algunas áreas del manto puede erupcionar en forma de magma fundido.

**Volcán en escudo**
La estructura de un volcán en escudo se crea casi por completo por lava muy líquida, lo que le da muy poca altura.

## Placas tectónicas

Existen siete grandes placas y diversas placas de tamaño medio y pequeño, que coinciden más o menos con los continentes y océanos. El Cinturón de Fuego es una zona de terremotos y volcanes alrededor de la placa del Pacífico, desde California en el nordeste hasta Japón y Nueva Zelanda en el sudoeste.

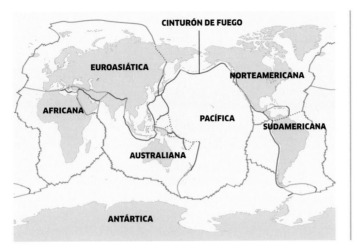

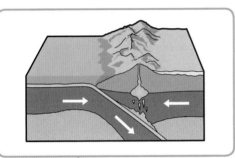

― CONVERGENTE

― DIVERGENTE

― TRANSFORMANTE

· · · · · · VARIABLE

## Colisión de continentes

Cuando los continentes chocan, las capas de roca suben para formar cordilleras. La convergencia continental entre el subcontinente indio y la masa terrestre euroasiática formó el Himalaya.

**Borde convergente**
Cuando dos placas se desplazan una contra la otra, una baja, o se subduce, bajo la otra y se destruye. Se puede formar una fosa oceánica o una cordillera de volcanes; a menudo aparecen terremotos.

**Borde transformante**
Cuando los bordes de las placas friccionan entre sí, se producen terremotos con frecuencia, por ejemplo, en la famosa falla de San Andrés en California.

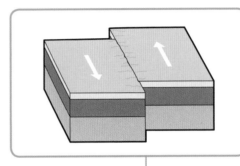

**Fricción de placas**
Las placas que friccionan entre sí pueden provocar terremotos.

**Cordilleras volcánicas**
Una cadena de volcanes aparece en el lado de la placa que no se subduce.

**Valle del Rift**
Aparece un valle cuando se separan dos placas.

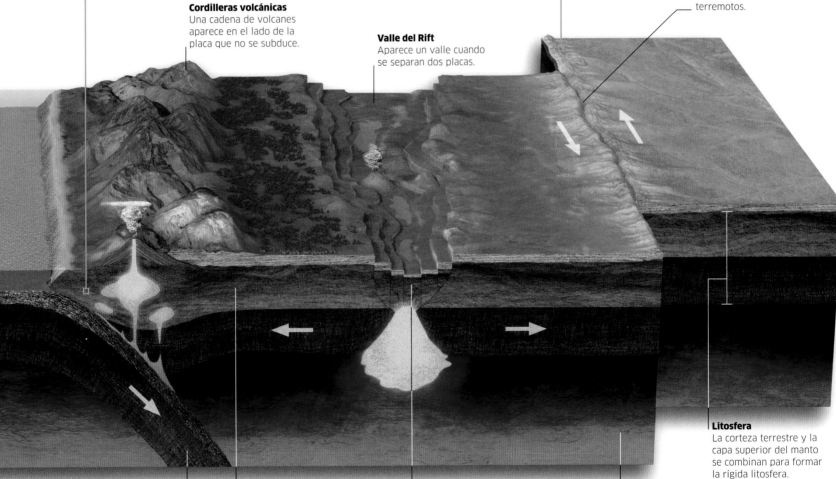

**Litosfera**
La corteza terrestre y la capa superior del manto se combinan para formar la rígida litosfera.

**Subducción oceánica-continental**
Una placa oceánica más fina se desliza por debajo de la placa continental más gruesa en este borde.

**Corteza continental**
La corteza terrestre es más gruesa y menos densa en tierra firme que bajo los océanos.

**Rift continental**
Cuando dos placas continentales se separan, crean un *rift*, como pasa en el valle del Rift de África oriental. El magma sube por el vacío y provoca actividad volcánica.

**Astenosfera**
La temperatura y presión se combinan para que la roca de esta capa esté semifundida.

**126** energía y fuerzas ○ **NUBES DE TORMENTA**

Las tormentas supercélulas pueden
durar 12 horas y desplazarse 800 km.

# Nubes de tormenta

**La acumulación de densas nubes oscuras indica que acecha una tormenta. Las tormentas eléctricas pueden tener un poder aterrador, pero también desprenden una belleza sin par.**

Los cambios en la atmósfera son los responsables de los fenómenos meteorológicos. Cuando el aire se enfría, desciende y se comprime bajo su propio peso, lo que eleva la presión sobre la superficie de la Tierra. Como las moléculas del aire están más juntas, se calientan. El aire cálido sube, cae la presión en la superficie y aparece el buen tiempo. Pero si este aire cálido sube muy rápido y se encuentra con aire frío de bajada, la atmósfera se desestabiliza. El vapor de agua en el aire se convierte en nubes, que chocan y se cargan de electricidad, que se libera en rayos y truenos que caen a la Tierra, acompañados a menudo de mucha lluvia.

## Tormentas supercélula

Uno de los fenómenos meteorológicos más peligrosos es la tormenta supercélula, en la que una descomunal masa de nubes desarrolla una corriente ascendente de aire en rotación, denominada mesociclón, en su centro. Las nubes pueden cubrir el horizonte entero. Por encima, e invisible desde el suelo, una formación nubosa denominada cumulonimbo se erige en forma de monstruosa seta plana por encima en la atmósfera superior. Una tormenta supercélula puede azotar durante horas y producir vientos destructores, lluvia torrencial y granizo gigante.

**MESOCICLÓN**

**Cumulonimbo**
Todas las tormentas eléctricas se forman a partir de un tipo de nube densa conocida como cumulonimbo. En una supercélula, puede ascender hasta más de 10 km.

Baja el aire frío.

**CORRIENTE DESCENDENTE POSTERIOR**

**CORRIENTE DESCENDENTE ANTERIOR**

**VIENTO**

**Mesociclón**
El aire cálido gira a medida que sube.

**Línea en el costado**
Detrás de la supercélula principal a veces aparece una fila de cumulonimbos.

**Base de la nube**
La base de la supercélula forma un techo denso que oculta las masas nubosas de arriba a los observadores en el suelo.

**Muralla de nubes**
A veces una muralla de nubes giratorias surge de la base de la nube principal. Es impresionante observarlo a ras de suelo.

**Tornado**
A veces baja el oscuro remolino en forma de embudo de un tornado desde la nube de tormenta.

Descarga en forma de rayo desde la nube negativa al suelo positivo.

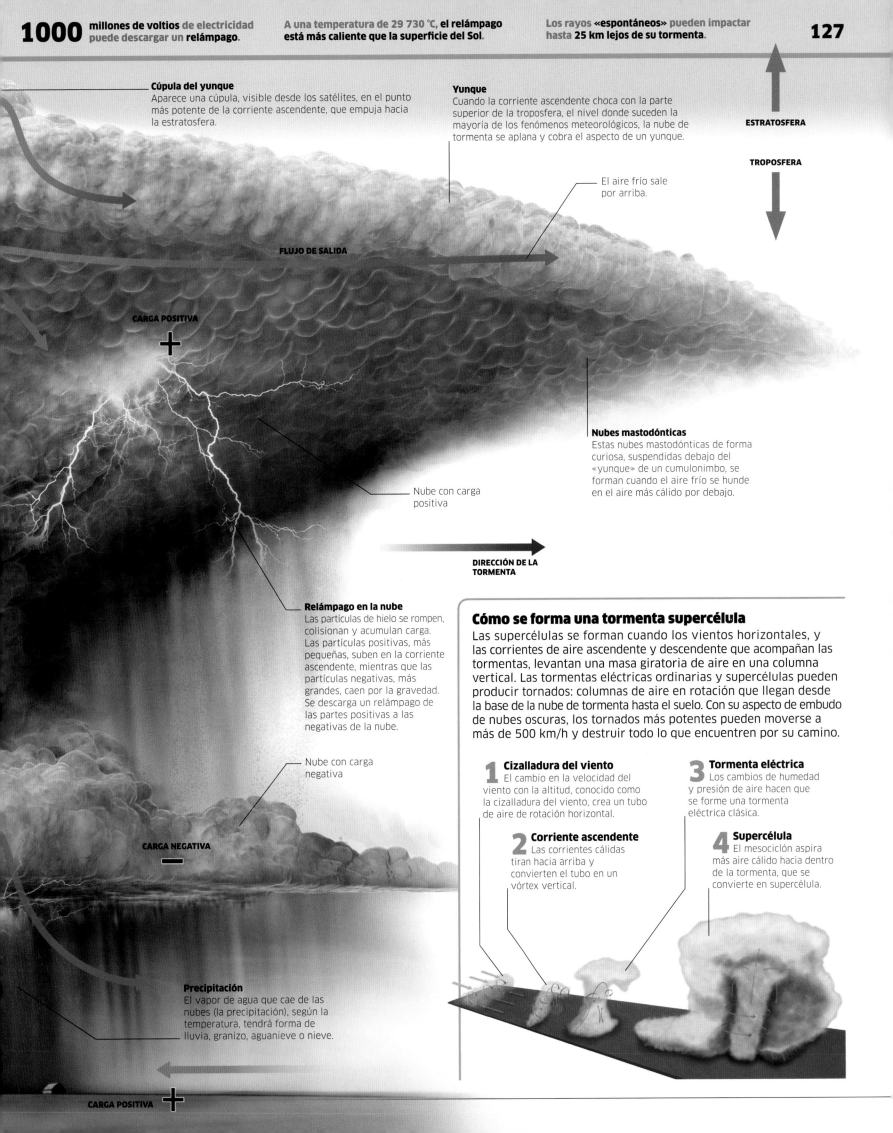

**1000** millones de voltios de electricidad puede descargar un **relámpago**.

A una temperatura de 29 730 °C, **el relámpago está más caliente que la superficie del Sol.**

Los rayos «**espontáneos**» pueden impactar hasta 25 km lejos de su tormenta.

**127**

**Cúpula del yunque**
Aparece una cúpula, visible desde los satélites, en el punto más potente de la corriente ascendente, que empuja hacia la estratosfera.

**Yunque**
Cuando la corriente ascendente choca con la parte superior de la troposfera, el nivel donde suceden la mayoría de los fenómenos meteorológicos, la nube de tormenta se aplana y cobra el aspecto de un yunque.

**ESTRATOSFERA**

**TROPOSFERA**

El aire frío sale por arriba.

CARGA POSITIVA

FLUJO DE SALIDA

**Nubes mastodónticas**
Estas nubes mastodónticas de forma curiosa, suspendidas debajo del «yunque» de un cumulonimbo, se forman cuando el aire frío se hunde en el aire más cálido por debajo.

Nube con carga positiva

DIRECCIÓN DE LA TORMENTA

**Relámpago en la nube**
Las partículas de hielo se rompen, colisionan y acumulan carga. Las partículas positivas, más pequeñas, suben en la corriente ascendente, mientras que las partículas negativas, más grandes, caen por la gravedad. Se descarga un relámpago de las partes positivas a las negativas de la nube.

Nube con carga negativa

CARGA NEGATIVA

## Cómo se forma una tormenta supercélula

Las supercélulas se forman cuando los vientos horizontales, y las corrientes de aire ascendente y descendente que acompañan las tormentas, levantan una masa giratoria de aire en una columna vertical. Las tormentas eléctricas ordinarias y supercélulas pueden producir tornados: columnas de aire en rotación que llegan desde la base de la nube de tormenta hasta el suelo. Con su aspecto de embudo de nubes oscuras, los tornados más potentes pueden moverse a más de 500 km/h y destruir todo lo que encuentren por su camino.

**1 Cizalladura del viento**
El cambio en la velocidad del viento con la altitud, conocido como la cizalladura del viento, crea un tubo de aire de rotación horizontal.

**3 Tormenta eléctrica**
Los cambios de humedad y presión de aire hacen que se forme una tormenta eléctrica clásica.

**2 Corriente ascendente**
Las corrientes cálidas tiran hacia arriba y convierten el tubo en un vórtex vertical.

**4 Supercélula**
El mesociclón aspira más aire cálido hacia dentro de la tormenta, que se convierte en supercélula.

**Precipitación**
El vapor de agua que cae de las nubes (la precipitación), según la temperatura, tendrá forma de lluvia, granizo, aguanieve o nieve.

CARGA POSITIVA

# Cambio climático

**En el último medio siglo, el clima de la Tierra cada vez es más cálido. Nuestro clima siempre ha variado de manera natural, pero las pruebas indican que este calentamiento tiene su raíz en la actividad humana y puede tener un enorme impacto en nuestras vidas.**

Calentamos el mundo sobre todo quemando combustibles fósiles como el carbón y el petróleo, que llenan el aire de dióxido de carbono que atrapa el calor del Sol. Esto se suele denominar calentamiento global, pero los científicos prefieren hablar de cambio climático porque sus efectos incluyen potenciar la meteorología extrema. En el futuro tendremos tormentas e inundaciones más potentes, además de veranos más calientes y sequías.

## Efecto invernadero

La causa del calentamiento global es el efecto invernadero. En la atmósfera, unos gases concretos conocidos como gases de efecto invernadero absorben la radiación de calor que debería salir al espacio. Esto hace que nuestro planeta sea más cálido de lo que sería de no tener atmósfera. Los principales gases de efecto invernadero son dióxido de carbono, metano, óxido nitroso y vapor de agua.

**2 Reflexión**
Casi un tercio de la energía de la luz del sol vuelve reflejada al espacio en forma de UV y luz visible.

**Transporte**
Los camiones y coches, que consumen gasolina y gasóleo, junto con los aviones de combustión, producen un 15 % de los gases de efecto invernadero.

**Ganadería y deforestación**
La ganadería intensiva libera una gran cantidad de metano, un gas de efecto invernadero. El bosque absorbe dióxido de carbono, así que la deforestación deja más dióxido de carbono en la atmósfera.

**Industria**
La industria pesada quema combustibles fósiles para obtener energía y eso supone un 13 % de las emisiones globales de gases de efecto invernadero.

**1 Luz del Sol**
La luz del Sol que cruza la atmósfera es una mezcla de tipos de radiación: ultravioleta (UV, onda corta), luz visible (onda media) e infrarroja (onda larga).

**Plantas energéticas**
Quemar carbón, gas natural y petróleo para generar electricidad genera más del 30% de todo el dióxido de carbono contaminante.

**3 Absorción**
La superficie de la Tierra absorbe la energía restante de la luz del sol, la convierte en calor y la emite hacia la atmósfera en forma de radiación infrarroja de onda larga.

**8 m** altura que **los niveles del mar** subirían si se fundieran las **capas de hielo polar**.

**50 %** aumento en la cantidad de **dióxido de carbono** en el aire desde 1980.

**129**

## 9 de cada 10

científicos creen que las emisiones de dióxido de carbono son la causa principal del calentamiento global.

### 4 Efecto invernadero

Parte de la radiación infrarroja se va al espacio, pero otra queda bloqueada por los gases de efecto invernadero, que atrapan su calidez en la atmósfera de la Tierra.

#### Hogares

Quemar gas natural, petróleo, carbón e incluso madera para cocinar y calentar las casas suma casi un 10 % de los gases de efecto invernadero.

#### Negocios

La mayoría de los gases de efecto invernadero generado por los negocios provienen del consumo de electricidad.

### Deshielo de los casquetes polares

El hielo de los polos y los glaciares de montaña se funde al calentarse el planeta. La fusión del hielo terrestre junto con la expansión del agua de mar al calentarse hacen subir los niveles del mar. La calidez del mar aporta más energía al aire, lo que crea más tormentas.

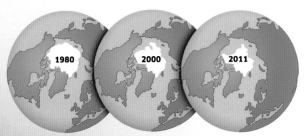

1980 · 2000 · 2011

**Desaparición del hielo**
La extensión del hielo oceánico ártico y antártico llegó a mínimos históricos en 2017.

### LAS CATÁSTROFES CLIMÁTICAS COMO INUNDACIONES, TORMENTAS Y OTROS FENÓMENOS EXTREMOS HAN TRIPLICADO SU NÚMERO DESDE 1980.

### Acidificación oceánica

Las emisiones de dióxido de carbono no solo contribuyen al efecto invernadero: el gas se disuelve en los océanos y los hace más ácidos. Esto puede tener un efecto devastador sobre las frágiles criaturas que viven dentro. Ya ha causado mucha «decoloración» del coral; los arrecifes están en retroceso.

# VIDA

No hay nada más complejo que los seres vivos. La vida viene en un abanico de formas extraordinariamente diverso: desde bacterias microscópicas hasta plantas y animales gigantes. Cada organismo tiene maneras especializadas de hacer que su cuerpo funcione y de interactuar con el entorno.

**1736** Año en el que **Carl Linnaeus**, el «padre de la clasificación», **acuñó el término** *biología*.

### 1977

### Tiempos modernos
Gracias a los avances biológicos más recientes, cosas que parecían imposibles hace tan solo un siglo se han convertido en algo habitual. Se cambian trozos del cuerpo que no funcionan por prótesis artificiales e incluso se cambian genes para modificar rasgos.

### Nuevos mundos
Científicos estadounidenses descubren animales que viven de la energía eléctrica de las chimeneas volcánicas submarinas; son la única vida que no depende del Sol y la fotosíntesis.

### 1978-1996

### Vida nueva
Nace el primer bebé «probeta» humano en 1978, creado con células fecundadas fuera del cuerpo humano. En 1996, la oveja Dolly se convierte en el primer mamífero clonado artificialmente a partir de células del cuerpo.

**LA OVEJA DOLLY**

## TIEMPOS MODERNOS

**DÉCADA DE 1960**

### Conducta animal
Cada vez más biólogos estudian la conducta de animales salvajes. En la década de 1960, la bióloga Jane Goodall descubre que los chimpancés usan herramientas.

**1953**

### La estructura del ADN
Los científicos James Watson y Francis Crick identifican que el ADN (el código genético de la vida que contienen las células) tiene forma de doble hélice.

### 1 9 0 0 - 1 9 7 0

# Descubrir la vida

**Desde que empezamos a fijarnos en el mundo natural a nuestro alrededor, hemos ido acumulando descubrimientos sobre la vida y los seres vivos.**

La biología (el estudio científico de la vida) apareció en el mundo antiguo, cuando los filósofos estudiaban la diversidad de criaturas vivas y los expertos médicos del momento diseccionaban cuerpos para ver su funcionamiento. Cientos de años más tarde, la invención del microscopio abrió el mundo de las células y los microbios, y permitió que los científicos entendieran cómo funcionaba la vida en su nivel más básico. Simultáneamente, los avances permitieron a los biólogos contestar algunas de las preguntas más importantes: las causas de las enfermedades y cómo se reproduce la vida.

**1800**  **1856-1865**

### Herencia
Un monje austríaco, Gregor Mendel, realiza experimentos con plantas de guisantes para ayudar a explicar la herencia de los rasgos característicos.

### Anestésicos y antisépticos
En la década de 1800 se dieron los mayores avances en cirugía, se usó anestesia para anular el dolor; el cirujano británico Joseph Lister usa antisépticos para reducir la infección.

### Siglo XIX
En este siglo se produjeron muchos de los descubrimientos más importantes en biología, ya fuera para hacer la medicina más segura y eficaz, ya fuera para explicar la herencia de las características y la evolución de la vida.

*SIGLO XIX*

### Cronología de los descubrimientos
Más de 2000 años de estudio y experimentos han acercado la biología a la edad moderna. Mientras que los pensadores antiguos empezaron observando las plantas y animales a su alrededor, los científicos actuales llegan a alterar la propia estructura de la vida.

**500 a. C.**

**1315**

**SANGUIJUELAS**

### De la antigüedad al siglo XVI
Las civilizaciones antiguas de Europa y Asia fueron la cuna de la ciencia. Aquí, los biólogos de aquel entonces describieron la anatomía (estructura) de animales y plantas y usaron su conocimiento para inventar maneras de tratar las enfermedades.

### Describir fósiles
Muchos pueblos antiguos descubrieron fósiles. El año 500 a. C., Jenófanes, un filósofo griego, propone que son los restos de los animales de los mares antiguos que antaño cubrían la Tierra.

### Teorías de curación
Los primeros médicos creían que las enfermedades se producían por un desequilibrio en los líquidos, o humores, del cuerpo, que podía tratarse con sanguijuelas.

### Primera anatomía
La anatomía humana se estudia al detalle abriendo cadáveres. Las disecciones incluso se convierten en espectáculos públicos: la primera pública se hizo en 1315.

### A N T E S   D E   1 6 0 0

El filósofo griego **Aristóteles** produjo la **primera clasificación de los animales** y **separó vertebrados de invertebrados**.

En 2001, los científicos publicaron los resultados del **Proyecto Genoma Humano: un catálogo de todos los genes humanos**.

**133**

**2015**

**DÉCADA DE 2010**

**2017**

### Partes artificiales
Desde la Antigüedad se usan miembros falsos, pero en el siglo XX han llegado partes artificiales más sofisticadas. El primer ojo biónico se implanta en 2015.

### Registro fósil
El descubrimiento de criaturas antiguas, a menudo conservadas en ámbar, han llevado a nuevas conclusiones, como por ejemplo que muchos dinosaurios tenían plumas.

### Cambio de genes
A finales del siglo XX, los científicos son capaces de editar los genes de los seres vivos. En 2017, se alteran genéticamente algunos mosquitos para que no puedan contagiar la malaria.

## 1970 - ACTUALIDAD

**DÉCADA DE 1930**

**1928**

**DÉCADA DE 1900**

### El ascenso de la ecología
El estudio de la ecología (cómo interactúan los organismos y sus entornos) emerge durante esta década cuando el botánico Arthur Tansley introduce la idea de los ecosistemas.

### Los antibióticos
Alexander Fleming descubre que una sustancia, la penicilina, el primer antibiótico conocido, detiene el crecimiento de los microbios. Ahora los antibióticos se usan para tratar muchas infecciones bacterianas.

### Cromosomas y genes
El científico estadounidense Thomas Hunt Morgan realiza experimentos con las moscas de la fruta que demuestran que la herencia se transmite en forma de genes en los cromosomas.

### Principios del siglo XX
Las mejoras en los microscopios y en los estudios de la composición química de las células demostró que todo ser vivo contiene su manual de fabricación: los cromosomas y el ADN. La ecología y la conducta se convirtieron en las líneas de investigación más calientes.

**SIGLO XX**

**1859**

**DÉCADA DE 1860**

### Evolución
El biólogo británico Charles Darwin publica el libro *El origen de las especies*, que explica cómo la selección natural ha favorecido la evolución de la vida en la Tierra.

**CHARLES DARWIN**

### Microbios
Un experimento del biólogo francés Louis Pasteur demuestra que los microbios son fuentes de infección. También desacredita una teoría popular que afirmaba que los organismos vivos podían generarse espontáneamente a partir de materia inerte.

**MICROBIO**

## 1800 - 1900

**1770**

**1735**

### Invención de las vacunas
El médico británico Edward Jenner usa la primera vacuna, todo un avance en medicina, para proteger contra una enfermedad letal: la viruela.

### Descubrimiento de la fotosíntesis
En la década de 1770, el biólogo holandés Jan Ingenhousz demuestra que las plantas necesitan luz, agua y dióxido de carbono para crear azúcar.

### Clasificación de la vida
El botánico sueco Carl Linnaeus desarrolla la manera de clasificar y denominar plantas y animales que continúa vigente hoy en día.

**MICROSCOPIO DE VAN LEEUWENHOEK**

### Vida microscópica
El científico Robert Hooke observa células a través del microscopio e inspira a Antony van Leeuwenhoek para que invente su propia y exclusiva versión de un microscopio.

## 1600 - 1800

**1796**

**1665**

**SIGLO XVI**

**1628**

### Catalogación de la vida
Los antiguos griegos fueron los primeros que intentaron clasificar la vida, pero no fue hasta el siglo XVI cuando se catalogan las especies en grandes volúmenes.

### Siglos XVII-XVIII
Los nuevos experimentos científicos se sumaron a todo el conocimiento acumulado de los primeros filósofos. Así se aclararon dudas importantes sobre los procesos vitales, como la circulación de la sangre en los animales y la fotosíntesis en las plantas.

**SIGLO XVII**

### Circulación de la sangre
Un médico británico, William Harvey, combina observación y experimentación para demostrar cómo el corazón bombea la sangre por el cuerpo.

# ¿QUÉ ES LA VIDA?

La vida puede definirse como la combinación de siete acciones principales que diferencian las cosas vivas de las no vivas. Al margen de su tamaño, todo organismo debe procesar comida, liberar energía y excretar residuos. Además, todos obtienen información del entorno, se mueven, crecen y se reproducen.

## Vida en la hoja

Todas las características de la vida pueden verse en acción en un diminuto trozo de hoja. Unos insectos minúsculos, los pulgones, chupan la savia de la hoja y dan a luz a la siguiente generación, mientras que las células de la hoja bajo los pies de los pulgones generan el azúcar de la savia.

## Sensibilidad

Los órganos sensitivos detectan los cambios en el entorno del organismo, por ejemplo diferencias de luz o temperatura. Los receptores captan cada tipo de cambio, o estímulo. Con esta información el cuerpo es capaz de coordinar la respuesta adecuada.

Los segmentos cerca del extremo de la antena del pulgón contienen órganos sensitivos.

### Antena

Las antenas de los pulgones tienen varios sensores, como unos que detectan olores para descubrir si las hojas son comestibles.

## Nutrición

Los alimentos se consumen o producen. Los animales, hongos y muchos organismos unicelulares obtienen el alimento para el cuerpo de su entorno. Las plantas y algas producen alimento en sus células usando la energía de la luz del Sol para convertir el dióxido de carbono y el agua en azúcares y otros nutrientes.

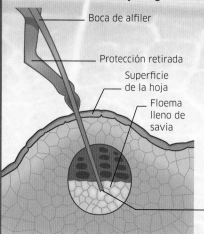

Boca de alfiler

Protección retirada

Superficie de la hoja

Floema lleno de savia

### Probóscide

Como la mayoría de los animales, los pulgones procesan el alimento en su sistema digestivo, desde donde los nutrientes pasan a las células del cuerpo. Los pulgones solo pueden beber savia líquida. Usan una afilada probóscide como si fuera una aguja para llegar a una vena de la hoja y alcanzar la savia.

La presión en la vena de la hoja hace que la savia suba por la probóscide del pulgón.

## Movimiento

Las raíces de las plantas las fijan al suelo, pero aun así pueden mover algunas partes por el entorno, por ejemplo, para orientarse hacia una fuente de luz. Los animales mueven las partes del cuerpo mucho más rápido gracias a los músculos, capaces incluso de desplazar el cuerpo entero de aquí para allá.

### Músculos de la cabeza

Todo el cuerpo del pulgón está lleno de músculos. Cuando el pulgón come, se contraen (encogen) los músculos de su cabeza para tirar y dilatar el tubo digestivo, lo que le permite consumir la savia de manera más efectiva.

Los músculos se contraen.

La savia sale hacia el sistema digestivo.

**Parto**
El pulgón hembra da
a luz a crías vivas.

## Reproducción

Al reproducirse, los organismos se aseguran de la
supervivencia de su población. En la mayoría de los
casos, la cría implica que un macho y una hembra se
reproduzcan sexualmente con células sexuales. Pero
algunos organismos pueden reproducirse de manera
asexual a partir de un único individuo.

**Bebés dentro de bebés**
Algunas hembras de
pulgón tienen una forma
de reproducción asexual
en la que se desarrollan
crías a partir de huevos
no fertilizados en el
cuerpo de la madre. En
los pulgones no nacidos
se puede desarrollar otra
generación de crías.

Las hijas maduras para
nacer ya contienen las
nietas del pulgón.

## Respiración

El organismo necesita energía para sus funciones
vitales, como crecer y moverse. Dentro de las
células se produce un proceso para liberar energía
denominado respiración celular, que descompone
determinados tipos de alimentos, como el azúcar.
La mayoría de los organismos obtienen oxígeno
del entorno para usarlo en la respiración.

Parte de la
energía se dedica
a mover material
dentro y fuera
de las células.

**ALIMENTO**

**ENERGÍA**

El alimento
libera
energía.

El resto de la
energía es para
fabricar materia
para que el
cuerpo crezca.

**CÉLULA VEGETAL**

## Excreción

Dentro de las células vivas se producen cientos de
reacciones químicas, muchas de las cuales producen
residuos que podrían ser nocivos si se acumulasen.
La excreción es la manera que tiene el organismo de
eliminarlos. Los animales tienen órganos excretores,
como los riñones, para eliminar residuos; las plantas,
en cambio, excretan por las hojas.

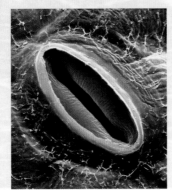

**Excreción por la hoja**
Las hojas de las
plantas tienen unos
poros, o estomas,
que liberan los gases
residuales, como el
oxígeno y el dióxido
de carbono.

## Crecimiento

Todos los organismos crecen a medida
que se hacen mayores y maduran.
Las células individuales crecen muy
poco y siempre a nivel microscópico,
pero muchos organismos, como por
ejemplo animales y plantas, tienen
cuerpos formados por muchas células
que interactúan. A medida que crecen,
estas células se dividen para producir
más células, lo que hace aumentar el
tamaño del cuerpo.

**Muda**
El cuerpo del pulgón está cubierto por
una dura piel exterior, o exoesqueleto.
Para crecer, el pulgón debe mudar esta
piel de manera periódica para que el
cuerpo pueda ser más grande. Su nueva
piel es blanda y flexible al principio,
pero se endurece rápido.

## ⊙ SIETE REINOS DE LA VIDA

Los seres vivos se dividen en siete grupos
principales, o reinos. Cada reino contiene
un conjunto de organismos que ha ido
evolucionando para desempeñar las
funciones vitales a su manera.

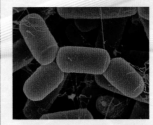

**Arqueas**
De aspecto parecido a
las bacterias, muchos
de estos organismos
unicelulares
sobreviven en
entornos extremos,
como fuentes calientes
y ácidas.

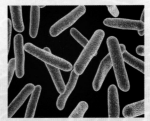

**Bacterias**
Las bacterias, los
organismos más
abundantes de la
Tierra, suelen ser
unicelulares. Consumen
alimentos, como los
animales, o lo crean,
como las plantas.

**Algas**
Las algas son parientes
simples de las plantas y
crean su alimento con la
fotosíntesis. Algunas son
unicelulares, pero otras,
como las plantas marinas
y esta pandorina, son
pluricelulares.

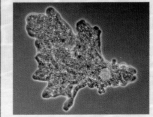

**Protozoos**
Estos organismos
unicelulares son
mayores que las
bacterias. Muchos se
comportan como
animales en miniatura y
comen otros organismos
microscópicos.

**Plantas**
La mayoría de las
plantas están fijadas
al suelo con raíces y
tienen ramas con hojas
para crear su alimento
con la fotosíntesis.

**Hongos**
Este reino incluye
setas y levaduras.
Absorben la comida
del entorno, a menudo
descomponiendo la
materia muerta.

**Animales**
Desde los gusanos
microscópicos hasta
las ballenas, todos los
animales tienen cuerpos
compuestos por un gran
número de células y se
alimentan comiendo o
absorbiendo alimentos.

# Registro fósil

**Los fósiles prehistóricos muestran cómo ha cambiado la vida y qué relación guardan las criaturas antiguas con los organismos actuales.**

La vida lleva más de 4000 millones de años en constante evolución, desde que tan solo era un mundo de microbios simples. Durante todo este tiempo se han desarrollado animales y plantas complejos. Los indicios de sus restos, en forma de fósiles en rocas prehistóricas, nos han ayudado a investigar sobre el origen de sus antepasados.

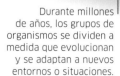

**1 Megalosaurus**
Los terópodos, como *Megalosaurus*, eran dinosaurios carnívoros que caminaban a dos patas. Algunos terópodos más pequeños y con plumas eran antepasados de las aves.

PRIMEROS ANTEPASADOS DINOSAURIOS

Igual que la mayoría de las aves, los terópodos tenían patas con tres dedos hacia delante y huesos huecos.

170 MILLONES DE AÑOS

150 MILLONES DE AÑOS

## El origen de las aves
Los esqueletos fosilizados muestran la gran similitud entre las primeras aves prehistóricas y un grupo de dinosaurios que caminaba erguido. A partir de estos fósiles, puede verse cómo las extremidades superiores evolucionaron en alas para volar y se desarrollaron las características de las aves modernas.

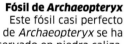

**Fósil de *Archaeopteryx***
Este fósil casi perfecto de *Archaeopteryx* se ha conservado en piedra caliza. Alrededor de los huesos del ala se aprecian claramente las impresiones de las plumas.

## Cómo se forman los fósiles
Los fósiles son los restos de organismos que murieron hace más de 10 000 años. Algunos fósiles conservan cuerpos enteros, aunque lo habitual es que solo sobrevivan fragmentos, como partes de un esqueleto óseo.

Es más probable que dejen su impresión los esqueletos y otras partes duras que los tejidos blandos.

**1 Muerte**
Los cadáveres que se asientan bajo el agua o en vegas pueden quedar enterrados muy rápido bajo la arena y el lodo.

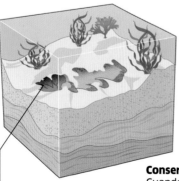

**2 Entierro**
Los sedimentos cubren el cuerpo y se acumulan encima para convertirse en roca.

**3 Aparición**
Tras millones de años, los movimientos de la corteza terrestre hacen subir las rocas; el fósil aparece en tierra firme.

**Conservado en el tiempo**
Cuando un animal moría, era más probable que su cuerpo se conservara si quedaba pronto enterrado. Al descomponerse bajo capas de sedimento, el cuerpo se convertía lentamente en mineral, hasta que aparecía el fósil resultante por erosión.

Durante millones de años, los grupos de organismos se dividen a medida que evolucionan y se adaptan a nuevos entornos o situaciones.

**4200** millones de años: edad de los **fósiles más antiguos que se han descubierto**, unos microbios diminutos en rocas.

De promedio, **cada especie sobrevive más o menos un millón de años** para después **extinguirse o evolucionar**.

**137**

**Fósil de _Confuciusornis_**
Muchos de los especímenes conservados de _Confuciusornis_ tienen colas muy largas, que se cree que eran exclusivas de los machos, quienes las podrían usar para atraer parejas durante la temporada de apareamiento.

## Extinción masiva
En la prehistoria hubo acontecimientos catastróficos que eliminaron grupos enteros de organismos. Se produjeron cinco extinciones masivas en los últimos 500 millones de años. Muchas han sido por un cambio climático y erupciones volcánicas, pero también tenemos pruebas evidentes de que un impacto de asteroide contra la Tierra causó el acontecimiento que acabó con los dinosaurios.

Las garras en el pulgar y el dedo corazón del ave quizá le servían para subirse a los árboles.

**2 _Archaeopteryx_**
El _Archaeopteryx_, considerado la primera ave auténtica, tenía alas con plumas, pero conservaba rasgos de dinosaurio, como garras en las extremidades superiores, dientes en el pico y cola ósea. Los pequeños músculos del ala indican que quizá no podía volar bien.

**3 _Confuciusornis_**
Treinta millones de años después del _Archaeopteryx_ apareció el _Confuciusornis_. Tenía cola de plumas, sin hueso, y también un pico sin dientes. Las plumas de vuelo eran más largas que las del _Archaeopteryx_, pero no las batía tan bien como las aves modernas.

**4 _Ichthyornis_**
_Ichthyornis_ vivió justo antes de la extinción de los dinosaurios, parecía un ave marina moderna y tenía el tamaño de una gaviota. Tenía unos potentes músculos de vuelo, pero todavía presentaba afilados dientes en el pico para pescar mejor.

120 MILLONES DE AÑOS

90 MILLONES DE AÑOS

El _Ichthyornis_ tenía un esternón bien desarrollado para ofrecer soporte a los potentes músculos de vuelo.

Una extinción masiva hace 66 millones de años llevó a los dinosaurios a la extinción, pero las aves descendientes consiguieron sobrevivir.

ACTUALIDAD

**5 Colibrí gorgirrubí**
El esqueleto ligero y unos potentes músculos hacen que la mayoría de las aves modernas, sin dientes en el pico, vuelen con mucha más destreza que cualquiera de sus ancestros.

# Evolución

**Un proceso de la evolución relaciona y une a todos los seres vivos. Durante millones de años, ha producido todas las especies que han habitado el planeta.**

Cambiar es ley de vida. Los organismos sufren transformaciones al crecer y envejecer. Pero en el transcurso de períodos de tiempo más largos, de millones o miles de millones de años, las poblaciones enteras de plantas, animales y microbios también cambian, o evolucionan. Todos los organismos vivos actuales descienden de otros diferentes del pasado, ya que unas variaciones imperceptibles con el paso del tiempo se combinan para producir especies completamente nuevas.

Los tordos comunes son un importante predador de caracoles: a menudo buscan sus presas en arbustos y árboles.

El pájaro rompe el caracol contra una piedra para conseguir su cuerpo blando.

## Selección natural

Los genes (ver pp. 180-181) determinan las características de los seres vivos; a veces cambian al pasar a la siguiente generación; esto son las mutaciones. Toda la variedad del mundo natural, como los colores de las conchas de los caracoles, tiene su origen en las mutaciones fortuitas; sin embargo, no a todos los organismos resultantes les va bien en su entorno, sino que solo algunos sobreviven para transmitir sus atributos a las generaciones futuras: son los ganadores de la selección natural.

El color de las conchas de los caracoles rayados va del amarillo al marrón oscuro según sus genes.

Algunos genes hacen que las conchas presenten rayas.

## Hábitat de hierba seca

Contra un fondo de hierba seca, los caracoles de concha más oscura son los que más resaltan; los más pálidos sobreviven más.

El tordo común usa la vista para cazar y, por tanto, captura los caracoles más visibles.

## Hábitat de bosque oscuro

En el bosque, los caracoles rayados cuyas conchas coinciden con la acumulación marrón oscura de hojas del suelo quedan camuflados y sobreviven; los pájaros detectan rápido a los caracoles de concha amarilla.

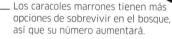

Los caracoles marrones tienen más opciones de sobrevivir en el bosque, así que su número aumentará.

## Hábitat de seto

En algunos hábitats salpicados de sol y sombra con una mezcla de hierba, ramas y hojas, los caracoles con la concha de rayas se ocultan mejor; los que son completamente marrones o amarillos se convierten en las presas.

Las conchas rayadas camuflan el perfil de los caracoles y no se ven con facilidad.

El **lago Malawi** en **África** contiene más de **500 especies de cíclidos** que han evolucionado desde un único antepasado en el último millón de años.

**50** años es el tiempo que tardan **algunas bacterias contagiosas** en **desarrollar resistencia** a los antibióticos.

**139**

## Cómo surgen las nuevas especies

Durante un largo período de evolución, las variedades de animales pueden acabar siendo tan diferentes que se convierten en una especie completamente nueva; este proceso se denomina especiación y suele pasar cuando unos grupos evolucionan diferencias que les impiden reproducirse fuera de su grupo, especialmente si su entorno cambia mucho, hasta el punto de quedar separados físicamente del resto.

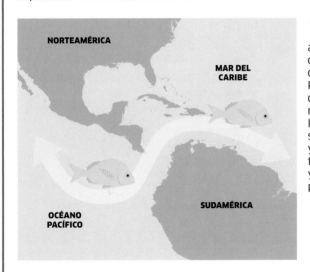

**1 Especie ancestral**

Hace 5 millones de años, antes de que se unieran las dos Américas, un ancho canal de mar conectaba el océano Pacífico al oeste con el mar del Caribe al este. Los animales marinos, como este burro de los corales, se mezclaban entre sí en las aguas abiertas al este y al oeste. Ambas poblaciones tenían características similares y podían aparearse entre sí: pertenecían a la misma especie.

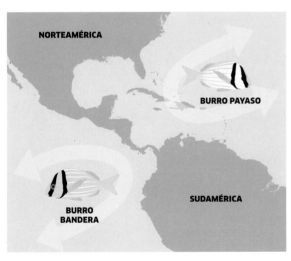

**2 Especies modernas**

El desplazamiento de la corteza terrestre hizo que las dos Américas chocaran hace casi 3 millones de años. Así se cortó el canal de mar y se aislaron las poblaciones de burro en ambos lados de América Central. Desde entonces ambas han evolucionado de manera tan diferente que ya no pueden reproducirse entre sí. Aunque aún compartan un antepasado común, actualmente el burro payaso, más blanco, y el burro bandera, más amarillo, son especies diferentes.

## Evolución en las islas

A veces las islas remotas suelen ser el escenario ideal para una evolución extrema. Los animales y plantas solo pueden llegar cruzando grandes extensiones de agua. Una vez allí, evolucionan rápidamente en el nuevo entorno separado, lo que puede llevar al desarrollo de insólitas criaturas, como por ejemplo aves que no vuelan o tortugas gigantes.

De los reptiles y mamíferos terrestres de las islas Galápagos, **el 97 %** no se encuentran en ninguna otra parte del mundo.

**Viajes de tortugas**

Las famosas tortugas gigantes que únicamente habitan en las Galápagos descienden de tortugas más pequeñas que llegaron flotando desde la cercana Sudamérica.

## Adaptación

Los seres vivos que sobreviven al implacable proceso de la selección natural conservan unas características que los adaptan a su entorno, algo evidente en grupos de especies muy similares que viven en hábitats muy diferentes, como estas siete especies de osos.

**Oso polar**

La especie más grande y más carnívora de oso está adaptada al gélido hábitat ártico. Vive de la grasa carne de foca y se protege del frío implacable con su grueso pelaje.

**Oso pardo**

El pariente más cercano del oso polar vive más al sur, en frescos bosques y llanuras. Además de cazar animales, complementa su dieta con bayas y brotes.

**Oso negro**

El oso negro norteamericano es la especie de oso más omnívora, come por igual materia animal y vegetal. Es más pequeño y ágil para encaramarse a los árboles y conseguir comida.

**Oso del sol**

El oso más pequeño de todos vive en el Asia tropical y tiene un pelaje fino para evitar el calor. Es muy goloso y roba la miel de las colmenas con su larga lengua.

**Oso bezudo**

Este más que peludo oso de la India está adaptado para comer insectos. Tiene dientes muy pequeños y confía en sus largas zarpas y largo labio inferior para cazar y comer a sus presas.

**Oso de anteojos**

El único oso de Sudamérica tiene el hocico corto y dientes adaptados para moler plantas duras. Se alimenta principalmente de hojas, corteza de árbol y fruta; en contadas ocasiones come carne.

**Panda gigante**

El oso más raro de todos viene de los bosques montañosos de China. Es casi exclusivamente vegetariano; sus garras están diseñadas para agarrar los duros brotes de bambú.

# Vida en miniatura

**Hay organismos tan minúsculos que miles de ellos pueden pasar su vida entera en una única gota de agua.**

La diminuta morada del microbio, o microorganismo, es un lugar donde los granos de arena son como gigantes rocas y la brisa más ligera parece un huracán. Estos seres vivos solo pueden verse con un microscopio; aun así, son capaces de encontrar todo lo que les hace falta para proliferar en suelos, océanos o incluso en las profundidades de los cuerpos de animales más grandes.

## ESPIROQUETA
**Reino:** bacterias

Cualquier sitio apto para la vida les sirve a las bacterias, los microorganismos más abundantes del planeta. Son cruciales para reciclar nutrientes, aunque algunos, como la espiroqueta en forma de sacacorchos, son parásitos que provocan enfermedades en humanos y otros animales.

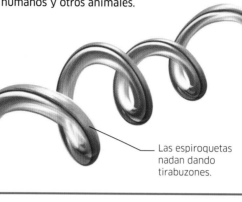

1/100 mm

Las espiroquetas nadan dando tirabuzones.

## THERMOPLASMA
**Reino:** arqueas

1/1000 mm

Estos microbios parecen bacterias, pero son una forma de vida completamente diferente. Muchos, como el *Thermoplasma volcanium*, viven en los hábitats más hostiles que podamos imaginar, como fuentes calientes de ácido concentrado.

Igual que las bacterias, las arqueas no tienen núcleo celular y les protege una dura pared celular.

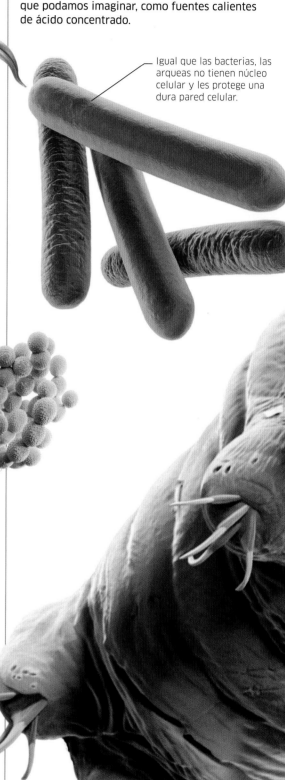

## GIARDIA
**Reino:** protozoos

Los microbios unicelulares que parecen animales se denominan protozoos. Algunos, como las amebas, usan extensiones del citoplasma (material celular) para arrastrarse. Otros, como la giardia, nadan y absorben su alimento viviendo en los intestinos de los animales.

1/100 mm

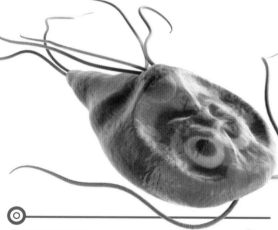

## PENICILLIUM
**Reino:** hongos

Los microscópicos filamentos de los hongos proliferan por la materia muerta, como hojarasca, para que sus jugos digestivos puedan descomponerla. Cuando se quedan sin alimento, esparcen esporas que se convertirán en más hongos.

1/10 mm

Las esporas esféricas unicelulares crecen del hongo *Penicillium*, antes de separarse.

## DIATOMEA
**Reino:** algas

Las algas más grandes crecen en forma de gigantes plantas marinas, pero muchas, como las diatomeas, son células individuales microscópicas. Todas se alimentan con la fotosíntesis; son la base de muchas cadenas tróficas submarinas que sustentan un sinfín de vidas.

1/100 mm

Una gran pared celular envuelve a las diatomeas.

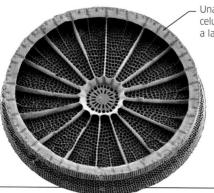

## WOLFFIA
**Reino:** plantas

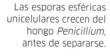

La planta más pequeña del planeta, del género Wolffia, flota en estanques y cubre su superficie a millones. Un centenar de ellas podría caber tranquilamente en la punta del dedo; cada una tiene una minúscula flor con la que puede reproducirse.

1 mm

El número de **bacterias en tu boca** es superior al número de personas sobre la faz de la Tierra.

Los **microbios iniciaron la vida en la Tierra** hace 4000 millones de años.

**141**

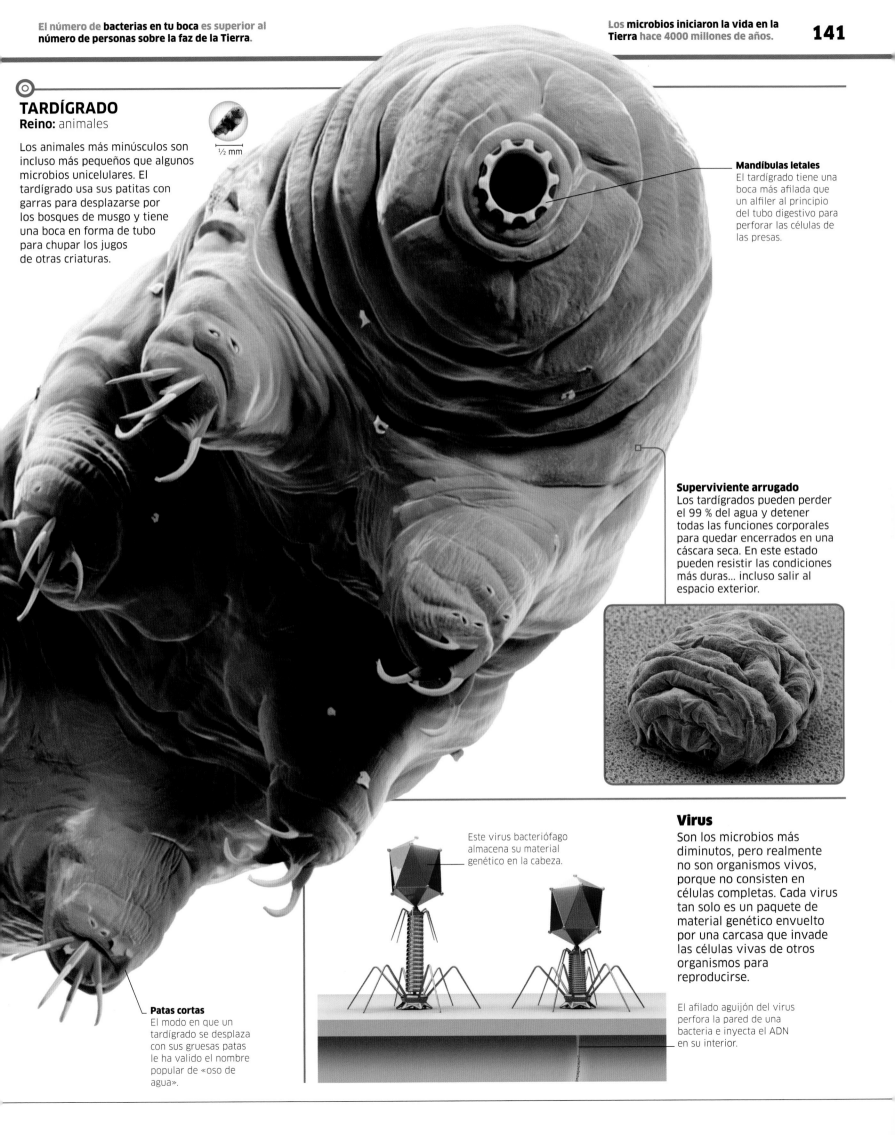

# TARDÍGRADO
**Reino:** animales

Los animales más minúsculos son incluso más pequeños que algunos microbios unicelulares. El tardígrado usa sus patitas con garras para desplazarse por los bosques de musgo y tiene una boca en forma de tubo para chupar los jugos de otras criaturas.

½ mm

**Mandíbulas letales**
El tardígrado tiene una boca más afilada que un alfiler al principio del tubo digestivo para perforar las células de las presas.

**Superviviente arrugado**
Los tardígrados pueden perder el 99 % del agua y detener todas las funciones corporales para quedar encerrados en una cáscara seca. En este estado pueden resistir las condiciones más duras... incluso salir al espacio exterior.

**Virus**
Son los microbios más diminutos, pero realmente no son organismos vivos, porque no consisten en células completas. Cada virus tan solo es un paquete de material genético envuelto por una carcasa que invade las células vivas de otros organismos para reproducirse.

Este virus bacteriófago almacena su material genético en la cabeza.

El afilado aguijón del virus perfora la pared de una bacteria e inyecta el ADN en su interior.

**Patas cortas**
El modo en que un tardígrado se desplaza con sus gruesas patas le ha valido el nombre popular de «oso de agua».

**60** billones de células componen el cuerpo humano.

Junto con el citoplasma y un núcleo, **la yema** de cualquier huevo de ave sin fecundar **es una única célula gigante.**

# Células

**Las células, los elementos básicos de animales y plantas, son las unidades de vida más pequeñas. Incluso a este nivel microscópico, en cada célula hay muchas partes complejas y especializadas.**

Las células tienen que ser complejas para realizar todas las tareas necesarias para vivir. Procesan alimentos, liberan energía, responden al entorno y, dentro de sus minúsculos límites, construyen materiales para poder crecer. Muchas partes del cuerpo cuentan con células especializadas. Las células de los músculos de los animales pueden contraerse para mover los miembros; las de la sangre están preparadas para combatir infecciones.

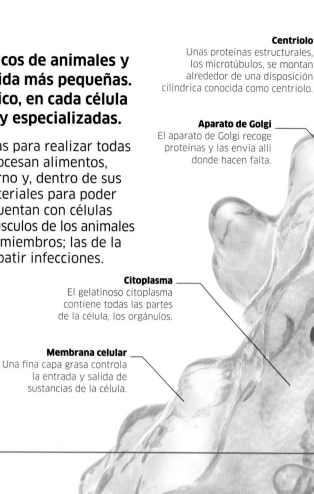

**Centriolo**
Unas proteínas estructurales, los microtúbulos, se montan alrededor de una disposición cilíndrica conocida como centriolo.

**Aparato de Golgi**
El aparato de Golgi recoge proteínas y las envía allí donde hacen falta.

**Citoplasma**
El gelatinoso citoplasma contiene todas las partes de la célula, los orgánulos.

**Membrana celular**
Una fina capa grasa controla la entrada y salida de sustancias de la célula.

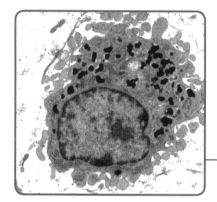

**Núcleo**
El núcleo (púrpura oscuro) controla la actividad de la célula. Está repleto de ADN (ácido desoxirribonucleico), el material genético de la célula.

**Seudópodo**
Esta extensión del citoplasma en forma de dedo es una de las muchas que usa esta célula para rodear a las bacterias.

## Células que comen células

Los glóbulos blancos son de las células más ocupadas del cuerpo humano: forman parte de un ejército en miniatura que destruye bacterias potencialmente nocivas. Para hacerlo, muchos glóbulos blancos cambian de forma para tragarse a las células invasoras: estiran dedos de citoplasma que encierran a las bacterias en bolsas para digerirlas.

**1 La bacteria se acerca**
Las células bacterianas son cien veces más pequeñas que las sanguíneas, pero pueden causar enfermedades. Los glóbulos blancos son los encargados de evitar que invadan el cuerpo.

**2 Se forma la vacuola**
La célula sanguínea envuelve a las bacterias con su citoplasma, las atrapa en bolsas llenas de líquido conocidas como vacuolas alimenticias.

**3 Empieza la digestión**
Unas diminutas bolsas de líquido digestivo, los lisosomas, se funden con la vacuola alimenticia y vacían su contenido sobre las bacterias atrapadas.

**Las células de bacteria** no se parecen a las de plantas y animales, ya que **no tienen núcleo**, mitocondrias ni cloroplastos.

**143**

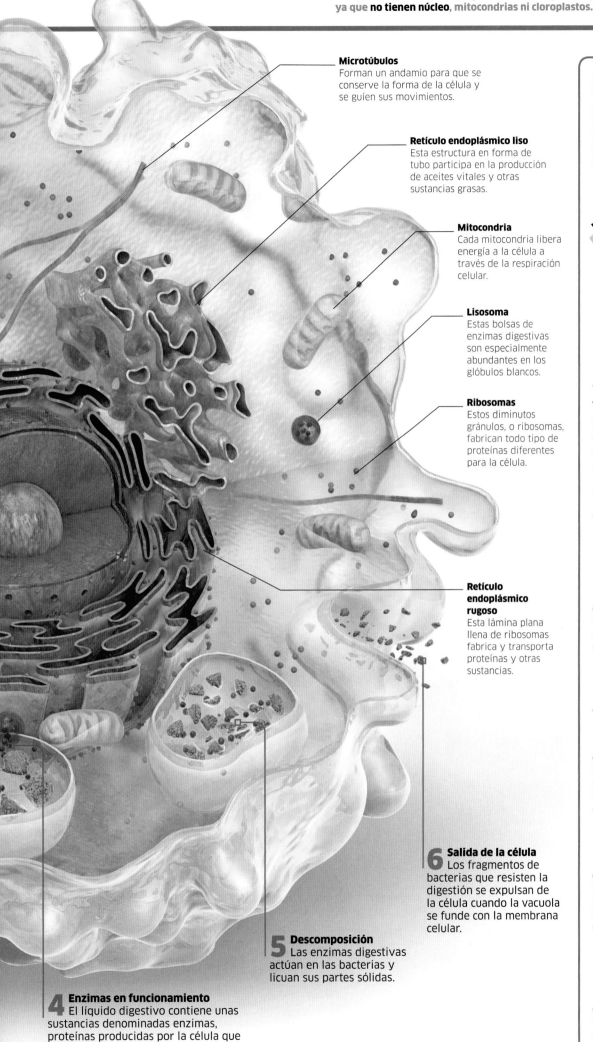

**Microtúbulos**
Forman un andamio para que se conserve la forma de la célula y se guíen sus movimientos.

**Retículo endoplásmico liso**
Esta estructura en forma de tubo participa en la producción de aceites vitales y otras sustancias grasas.

**Mitocondria**
Cada mitocondria libera energía a la célula a través de la respiración celular.

**Lisosoma**
Estas bolsas de enzimas digestivas son especialmente abundantes en los glóbulos blancos.

**Ribosomas**
Estos diminutos gránulos, o ribosomas, fabrican todo tipo de proteínas diferentes para la célula.

**Retículo endoplásmico rugoso**
Esta lámina plana llena de ribosomas fabrica y transporta proteínas y otras sustancias.

**6 Salida de la célula**
Los fragmentos de bacterias que resisten la digestión se expulsan de la célula cuando la vacuola se funde con la membrana celular.

**5 Descomposición**
Las enzimas digestivas actúan en las bacterias y licuan sus partes sólidas.

**4 Enzimas en funcionamiento**
El líquido digestivo contiene unas sustancias denominadas enzimas, proteínas producidas por la célula que se encargan del proceso de digestión.

## Enzimas

Las células producen moléculas complejas, las proteínas, que actúan a menudo como enzimas. Las enzimas son catalizadores, que aumentan la velocidad de las reacciones químicas y pueden usarse una y otra vez. Cada reacción precisa de un tipo de enzima específico.

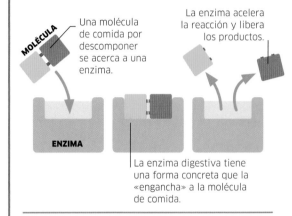

**MOLÉCULA**

Una molécula de comida por descomponer se acerca a una enzima.

La enzima acelera la reacción y libera los productos.

**ENZIMA**

La enzima digestiva tiene una forma concreta que la «engancha» a la molécula de comida.

## Variedad celular

Las células vegetales tienen una pared celular dura; muchas tienen cloroplastos productores de comida. Animales y plantas cuentan con células especializadas para diferentes tareas.

## CÉLULAS ANIMALES

**Célula grasa**
La grasa almacenada aporta energía cuando se necesita.

**Célula ósea**
Esta célula se conecta a las otras con sus largas cadenas de citoplasma.

**Célula ciliada**
Los pelitos o cilios protegen las vías aéreas de partículas extrañas.

**Célula secretora**
Estas células liberan sustancias útiles, como hormonas.

## CÉLULAS VEGETALES

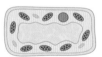

**Célula almacenadora de almidón**
Algunas células de la raíz almacenan varios gránulos de almidón ricos en energía.

**Célula de la hoja**
En su interior, los cloroplastos verdes crean comida para la planta.

**Célula de soporte**
Estas células de gruesa pared en el tallo dan sostén a las plantas.

**Célula de la fruta**
Su gran vacuola repleta de savia aporta humedad a la fruta.

## Sistema esquelético

Algunas de las partes más duras del cuerpo componen el esqueleto. El hueso contiene células vivas, pero también está repleto de minerales duros, para soportar las tensiones y esfuerzos del cuerpo en movimiento, además de para proteger órganos.

## Sistema circulatorio

No puede haber células vivas sin un vaso sanguíneo cerca. El sistema circulatorio es la línea de vida de las células. Hace circular comida, oxígeno y activadores químicos, como las hormonas, además de transportar residuos a los órganos excretores.

## Sistema digestivo

El sistema digestivo procesa la comida que entra, la fuente de combustible y nutrientes de todo el cuerpo. Descompone la comida para liberar sus nutrientes y que después pasen al torrente circulatorio para repartirse por todas las células vivas.

## Sistema muscular

Las partes en movimiento del cuerpo confían en los músculos que se contraen cuando así lo indica un impulso nervioso o un activador químico. La contracción encoge el músculo para tirar de una parte del cuerpo y causar movimiento.

El cráneo es una dura capa de protección del cerebro.

El corazón bombea sangre por todo el cuerpo.

Los músculos del centro del tórax ayudan con los movimientos de la respiración.

**Los humanos adultos tienen en total**
## 206 huesos en el sistema óseo.

El intestino delgado tiene una gran superficie para absorber nutrientes.

# Sistemas orgánicos

**Cada ser vivo tiene tantas partes en funcionamiento que células, tejidos y órganos van sobre ruedas si cooperan entre ellos en una serie de sistemas muy organizados.**

Cada sistema desempeña una función concreta y esencial para la vida, ya sea respirar, comer o reproducirse. Igual que los órganos están interconectados en sistemas de órganos, los sistemas interactúan entre sí; algunos órganos, como el páncreas, incluso forman parte de más de un sistema.

Los vasos sanguíneos llegan a todos los rincones del cuerpo.

## Sistemas del cuerpo humano

El cuerpo humano se divide en 12 sistemas; aquí aparecen los 8 más importantes para la vida. Los otros 4 son el sistema urinario (ver pp. 162-163), el tegumento (piel, pelo y uñas), el sistema linfático (que retira el exceso de líquido) y el sistema endocrino (que produce hormonas).

**La sangre es un tejido líquido** y contiene más de **4 millones de glóbulos rojos** por milímetro cúbico: **el tipo de célula más abundante** del cuerpo humano.

**La piel es el órgano más grande** de todos; suma más del **10 % del peso total del cuerpo humano.**

**145**

## Sistema reproductor

El sistema reproductor es muy diferente entre ambos sexos. Los órganos femeninos producen óvulos; el cuerpo femenino también aloja el bebé en desarrollo antes de nacer. Los órganos masculinos producen espermatozoides para fecundar los óvulos.

## Sistema nervioso

Una red de nervios transmite impulsos eléctricos de alta velocidad por todo el cuerpo bajo la coordinación del cerebro y la médula espinal. Cuando llegan a su destino, provocan respuestas que controlan la conducta del cuerpo.

## Sistema respiratorio

Los pulmones inhalan aire para obtener oxígeno. Las células usan este oxígeno para liberar energía y activar el cuerpo, mientras que el dióxido de carbono de esta reacción se exhala por la nariz y la boca.

## Sistema inmunitario

Los glóbulos blancos componen el sistema inmunitario. Estos glóbulos viajan por el cuerpo en los sistemas circulatorio y linfático, además de aparecer en determinados tejidos. Ayudan a combatir contra los microbios infecciosos que han invadido el cuerpo.

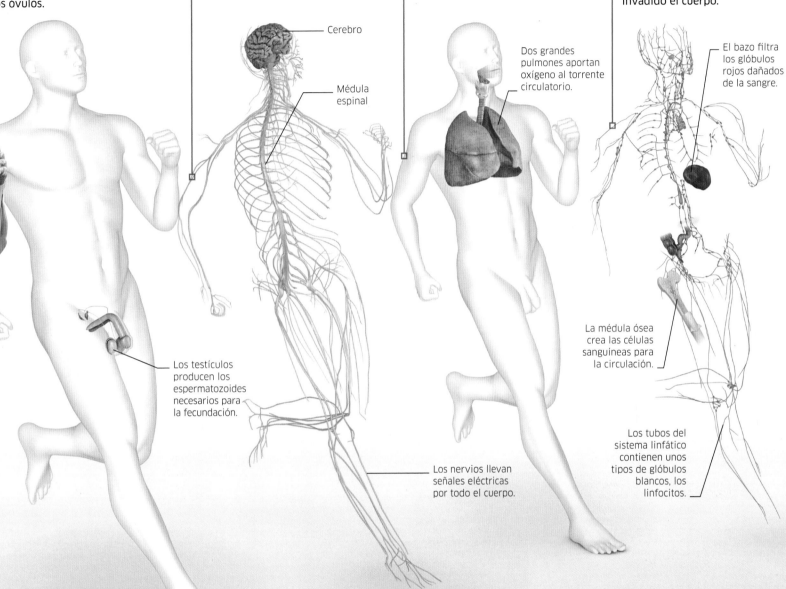

Cerebro

Médula espinal

Dos grandes pulmones aportan oxígeno al torrente circulatorio.

El bazo filtra los glóbulos rojos dañados de la sangre.

Los testículos producen los espermatozoides necesarios para la fecundación.

La médula ósea crea las células sanguíneas para la circulación.

Los nervios llevan señales eléctricas por todo el cuerpo.

Los tubos del sistema linfático contienen unos tipos de glóbulos blancos, los linfocitos.

## Creación del cuerpo

Todas las células que componen el cuerpo humano se dedican a procesos vitales, como procesar la comida. Además, se organizan para llevar a cabo tareas adicionales en disposiciones denominadas tejidos, como los músculos y la sangre. A su vez, los múltiples tejidos componen órganos, cada uno con su función vital concreta. Un sistema es un conjunto de órganos que colaboran entre sí para desempeñar un determinado proceso.

**Célula**
Las células, los elementos básicos de la vida, se pueden especializar en varias tareas diferentes.

**Tejido**
Grupos de células colaboran en tejidos que realizan funciones concretas.

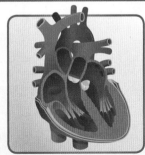

**Órgano**
Las combinaciones de tejidos se unen para crear los órganos, como el corazón humano.

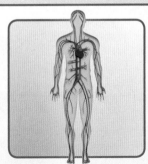

**Sistema**
Órganos complementarios se conectan en sistemas de órganos, que desempeñan procesos corporales básicos.

**Fotosintetizadores**
Las hojas contienen un pigmento verde, la clorofila, que atrapa la energía de la luz del sol para fabricar azúcares. El proceso, denominado fotosíntesis, es el origen de casi todas las cadenas tróficas de la Tierra.

La gigante flor cadáver atrae a las moscardas con el olor de su comida favorita: carne en putrefacción.

El papamoscas índigo captura las moscardas atraídas por la peste hedionda de la flor cadáver.

# Nutrición

**Todo ser vivo necesita alimento, ya sea en forma de savia azucarada que fabrican las verdes hojas de las plantas o de atracones sólidos que se dan los animales hambrientos.**

La comida aporta el combustible necesario para todos los procesos que precisan energía, como el crecimiento. Animales, hongos y muchos microbios la consumen de su entorno, comiendo o absorbiendo los materiales de otros organismos, vivos o muertos. En cambio, las plantas y otros microbios parten de ingredientes químicos simples, como dióxido de carbono y agua, para crear alimento en sus células.

## ¿Qué es el alimento?
Los nutrientes de los alimentos provienen de una compleja mezcla de moléculas; cada una contiene carbono, hidrógeno y oxígeno como elementos principales. Tres grupos básicos (hidratos de carbono, grasas y proteínas) conforman la gran mayoría de las moléculas de alimento, aunque todos los organismos precisan diferentes cantidades de cada tipo.

Esta víbora de Kinabalu caza pequeños mamíferos y aves.

Oxígeno
Carbono
Hidrógeno
**AMINOÁCIDO**
Nitrógeno

ÁCIDO GRASO

### Proteínas
Los aminoácidos son grupos de átomos que se unen para formar cadenas de proteínas, útiles para el crecimiento y la reparación.

**AZÚCAR**

### Hidratos de carbono
Estos azúcares, aportan energía y se unen para formar cadenas de almidón.

### Grasas y aceites
Se usan para almacenar energía o producir células, se componen de ácidos grasos.

### Micorrizas
Una red de filamentos de hongos, las micorrizas, crece entre las raíces. Las raíces y los filamentos se asocian para obtener alimento: las plantas aportan azúcares a los hongos a cambio de los minerales que estos recogen.

### Predadores
Los animales que se alimentan de otros se conocen como predadores. Las sanguijuelas son famosas por chupar la sangre, pero a la sanguijuela roja gigante le pirra la carne: caza lombrices gigantes cuando emerge del suelo tras la lluvia.

Las selvas tropicales **producen casi 40 000 millones de toneladas de comida** cada año.

**147**

**Parásitos**
Sorprendentemente, la flor más grande del mundo pertenece a una planta sin hojas. La descomunal floración de la flor cadáver apesta a carne putrefacta para atraer a las moscardas de la carne; el resto de la planta crece en forma de tejido trepador en el interior de una liana tropical. Es un parásito, pues roba el alimento a la liana porque no es capaz de hacer la fotosíntesis.

## Semillero de nutrientes

El suelo de la jungla de Borneo es una ajetreada comunidad de seres vivos a la búsqueda de nutrientes. Las plantas de hojas verdes crean el alimento del que al final depende el resto; multitud de predadores, parásitos y descomponedores se alimentan de presas vivas y una gran abundancia de materia muerta.

Las tupayas de montaña a veces excretan dentro de las plantas y se llevan algo de su dulce néctar.

**Plantas insectívoras**
Si el suelo tiene pocos minerales, las plantas buscan otras fuentes de alimento. Las hojas de estas insectívoras crecen hasta convertirse en vasos con líquidos capaces de digerir a los insectos que atrapen e incluso excrementos de algún mamífero.

**Saprofitos**
Las setas y otros hongos son saprofitos: absorben los restos licuados de la materia muerta. Consisten en filamentos microscópicos, o hifas, que penetran en el suelo y cubren la materia muerta para liberar jugos digestivos y absorber los productos digeridos.

El suelo contiene materia muerta que libera minerales al descomponerse.

**Bacterias**
La mayoría de las bacterias digieren materia muerta y hacen el proceso de descomposición. Otras procesan la energía química en minerales para crear alimento. Al hacerlo liberan nitratos, una importante fuente de nitrógeno que absorben las raíces.

Muchos animales devoradores de detritos viven dentro del suelo, donde están rodeados de su comida.

**Detritívoros**
El suelo de la selva está repleto de detritos orgánicos (residuos), como estas hojas muertas, que aportan alimento abundante a los detritívoros, como las lombrices azules gigantes, cuyos sistemas digestivos son capaces de procesar este duro material.

# Fotosíntesis

**Casi todas las cadenas tróficas empiezan con la fotosíntesis, el proceso químico de hojas y algas verdes crucial para crear alimento.**

Cuando luce el sol billones de microscópicas fábricas químicas generan alimento suficiente para sustentar toda la vegetación del mundo. Estos gránulos vitales se acumulan dentro de las células de las hojas de las plantas y las algas oceánicas. Contienen un pigmento, la clorofila, que hace que nuestro planeta sea verde y absorbe la energía del Sol para convertir el dióxido de carbono y el agua en azúcar vital.

**Capa cerosa**
La superficie de la hoja está recubierta de una capa cerosa para evitar que los rayos de sol la sequen.

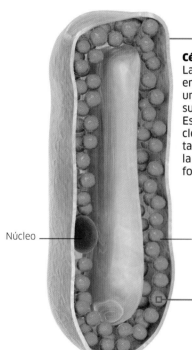

**Células en empalizada**
Las células en forma de empalizada componen una capa cerca de la superficie de la hoja. Es la parte con más cloroplastos y, por tanto, la que realiza la mayor parte de la fotosíntesis.

Núcleo

Cloroplastos compactos

**Células esponjosas**
La capa inferior de la hoja contiene células redondas rodeadas por espacios llenos de aire. Estos espacios ayudan a que el dióxido de carbono del aire llegue a las células de la fotosíntesis.

**Xilema**
Los xilemas llevan agua a la hoja.

**Floema**
Los floemas transportan el alimento creado por la fotosíntesis a otras partes de la planta.

**Clorofila**
La clorofila se fija en las membranas alrededor de los discos. Cuantos más discos tenga, más espacio para la clorofila.

**Cloroplasto**
El cloroplasto es un gránulo en forma de alubia. Juntos, todos los cloroplastos tienen la mayoría del pigmento clorofila que hace que la hoja se vea verde.

El líquido alrededor de los discos contiene unos agentes químicos, las enzimas, que impulsan la producción de azúcar.

## Una hoja por dentro

Las células que quedan cerca de la superficie de la hoja iluminada por el Sol contienen más cloroplastos. Cada cloroplasto está sellado por membranas grasas transparentes y encierra pilas de discos interconectados, el núcleo del proceso de la fotosíntesis. Los discos están cubiertos de clorofila verde que atrapa la energía lumínica del Sol, que después dispara las reacciones químicas que producen el azúcar en el líquido alrededor de los discos.

**Epidermis**
Una única capa de células, conocida como epidermis, forma una piel que protege las capas que realizan la fotosíntesis más abajo.

**Haz vascular**
Una capa de células refuerza el haz del xilema y el floema.

**Estoma**
La epidermis inferior está salpicada de poros, o estomas, que dejan penetrar el dióxido de carbono y expulsan el oxígeno.

**Células de guarda**
Cada estoma consiste en dos células de guarda que controlan cuándo se abre y cuándo se cierra.

## La fotosíntesis en invierno

En invierno, algunos tipos de planta conservan las hojas, aunque la fotosíntesis se frene. Otras especies pierden las hojas y quedan aletargadas, aprovechando que han almacenado reservas suficientes para llegar a la primavera.

**Árbol de hoja perenne**
Los pinos tienen duras hojas en forma de aguja que trabajan incluso en caso de helada.

**Árbol de hoja caduca**
En invierno, muchos árboles de hoja ancha pierden las hojas, que vuelven a crecer en primavera.

## Reacciones químicas

Dentro de los cloroplastos se produce una compleja cadena de reacciones químicas con agua y dióxido de carbono para generar azúcar y oxígeno. La energía lumínica que atrapa la clorofila se usa primero para extraer el hidrógeno del agua y expulsar el exceso de oxígeno hacia la atmósfera. A continuación se combina el hidrógeno con dióxido de carbono para crear un tipo de azúcar, la glucosa, que aporta la energía que necesita la planta para todas las funciones vitales.

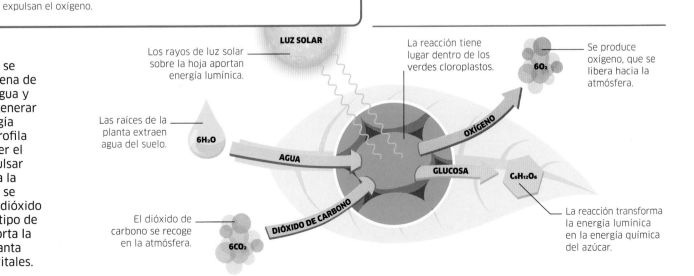

**LUZ SOLAR**

Los rayos de luz solar sobre la hoja aportan energía lumínica.

La reacción tiene lugar dentro de los verdes cloroplastos.

Se produce oxígeno, que se libera hacia la atmósfera.

$6O_2$

Las raíces de la planta extraen agua del suelo.

$6H_2O$

AGUA

OXÍGENO

GLUCOSA

$C_6H_{12}O_6$

DIÓXIDO DE CARBONO

El dióxido de carbono se recoge en la atmósfera.

$6CO_2$

La reacción transforma la energía lumínica en la energía química del azúcar.

## ESCARABAJO DE LA PATATA
**Estrategia:** devorador de hojas

Las hojas pueden ser una gran fuente de alimento, pero quienes las comen deben superar las defensas de la planta. Muchos se especializan en ciertas plantas, como el escarabajo de la patata, que se come las hojas de la patatera, tóxicas para otros animales.

## VAMPIRO COMÚN
**Estrategia:** parásito

Algunos animales obtienen la comida directamente de huéspedes vivos, sin matarlos. Los chupasangres, como el vampiro común, se dan festines ricos en proteínas. El murciélago ataca de noche, de una manera tan sigilosa que la víctima durmiente apenas nota su mordisco.

## PEZ BRUJA
**Estrategia:** carroñero

Los peces bruja son carroñeros: se alimentan de materia muerta. Haciéndose un nudo con su propio cuerpo son capaces de fijarse a los cadáveres de las ballenas muertas para arrancar toda la carne con su espinosa boca sin mandíbula.

## CANGREJO DE LOS COCOTEROS
**Estrategia:** devorador de fruta y semillas

Aunque muchas frutas y semillas están repletas de nutrientes, no todas son de fácil acceso. El mayor cangrejo terrestre del mundo se zampa cocos, duras «frutas de piedra» que revienta con sus potentes pinzas para llegar a la carne interior.

# Estrategias de alimentación

**Todos los animales necesitan alimento, en forma de otros organismos (plantas y animales) para vivir. Muchos hacen grandes esfuerzos para obtenerlo.**

Sean herbívoros, carnívoros u omnívoros, todos los animales están adaptados a sus dietas. Cada animal ha evolucionado para que su cuerpo obtenga la nutrición necesaria. Algunos solo beben líquidos, por ejemplo sangre, o filtran diminutas partículas del agua, mientras que otros usan sus músculos y mandíbulas para despedazar alimentos sólidos.

## COCODRILO DEL NILO
**Estrategia:** predador

Los carnívoros que deben matar para obtener alimento no solo deben poseer la habilidad de cazar a sus presas, sino también la fuerza para someterlas. Algunos predadores confían en su velocidad para atrapar a sus víctimas; en cambio, este cocodrilo planta una emboscada: permanece sumergido en la orilla del río hasta que su objetivo se acerca a beber, momento en el que atrapa a la presa con sus potentes mandíbulas y tira del desafortunado animal hacia el agua para ahogarlo.

**Potente mordisco**
Las mandíbulas del cocodrilo pueden morder con el triple de fuerza que las del león.

**Presa fácil**
Las cebras a menudo sufren ataques al cruzar grandes ríos.

Muchos **predadores**, como las arañas, **usan veneno paralizante** para someter a sus presas.

El **mayor animal actual**, la ballena azul, y el **mayor pez**, el tiburón ballena, se **alimentan por filtración**.

**151**

# FLAMENCO ENANO
**Estrategia:** alimentación por filtración

El flamenco enano se alimenta casi exclusivamente de las algas microscópicas de los lagos salados de África. Cada sorbo de agua de estos lagos es una sopa rica en algas que el ave filtra con su insólito pico: baja la cabeza del revés hasta el agua y bombea la lengua atrás y adelante como un pistón para que el agua entre y salga del largo pico. Una película de pelillos minúsculos del interior del pico atrapa las algas, que el ave hambrienta engulle rápidamente.

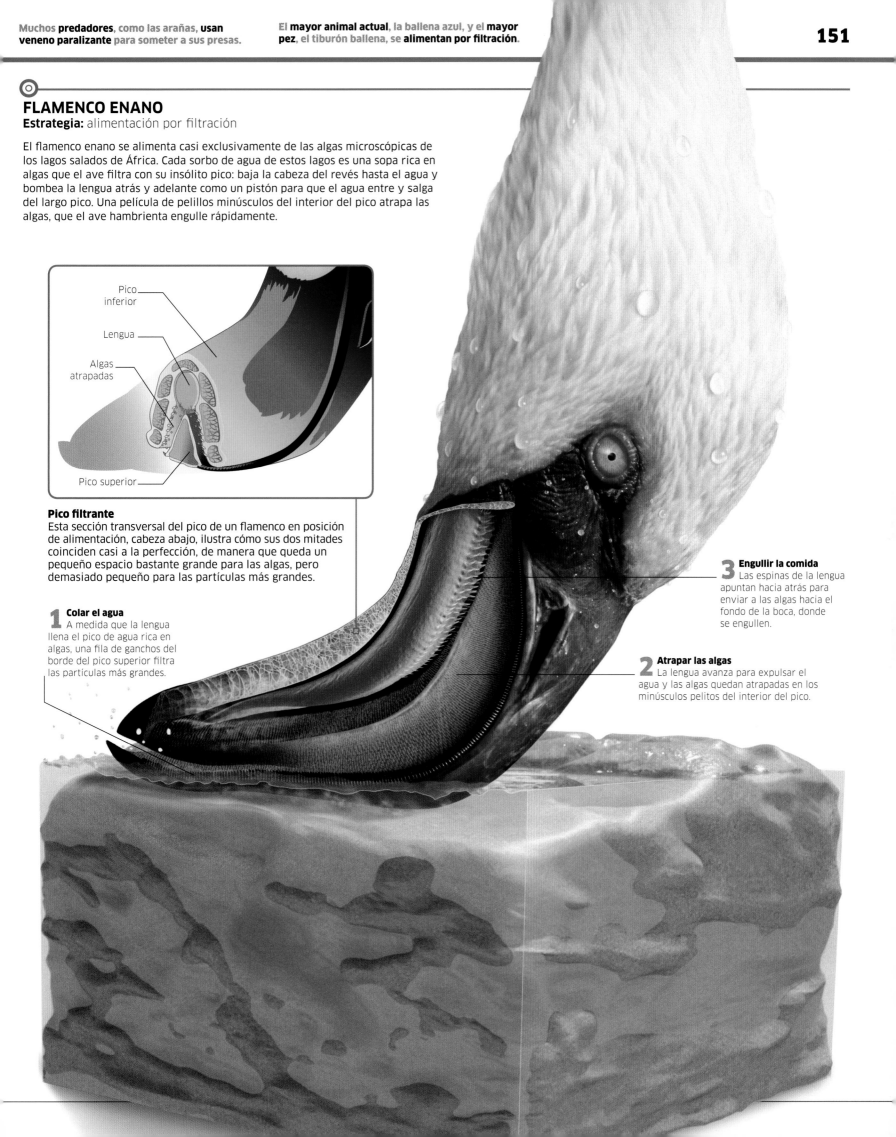

Pico inferior

Lengua

Algas atrapadas

Pico superior

**Pico filtrante**
Esta sección transversal del pico de un flamenco en posición de alimentación, cabeza abajo, ilustra cómo sus dos mitades coinciden casi a la perfección, de manera que queda un pequeño espacio bastante grande para las algas, pero demasiado pequeño para las partículas más grandes.

**1 Colar el agua**
A medida que la lengua llena el pico de agua rica en algas, una fila de ganchos del borde del pico superior filtra las partículas más grandes.

**3 Engullir la comida**
Las espinas de la lengua apuntan hacia atrás para enviar a las algas hacia el fondo de la boca, donde se engullen.

**2 Atrapar las algas**
La lengua avanza para expulsar el agua y las algas quedan atrapadas en los minúsculos pelitos del interior del pico.

**152** vida ○ **PROCESAR ALIMENTOS**

**7** m de largo: **longitud de un intestino humano adulto.**
Puede pasar **medio día hasta que el alimento lo cruza** todo.

# Procesar alimentos

**Comer es solo un episodio de la historia sobre cómo se nutre el cuerpo. El sistema digestivo del animal tiene que procesar la comida para que los nutrientes lleguen a las células.**

La comida contiene ingredientes vitales denominados nutrientes, como azúcares y vitaminas. La mayoría de los animales comen alimentos sólidos y el sistema digestivo tiene que licuarlos dentro del cuerpo para que sus nutrientes pasen al torrente circulatorio, donde circulan por el cuerpo para que lleguen donde se necesiten: dentro de las células.

**Dientes de carnívoro**
Los puntiagudos caninos y los afilados y potentes molares hacen que el lince rojo pueda matar presas y arrancarles la piel y los huesos.

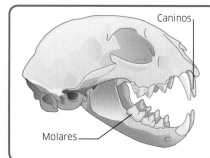

Caninos

Molares

**Esófago**
Los trozos de comida tragada bajan por el esófago hacia el estómago.

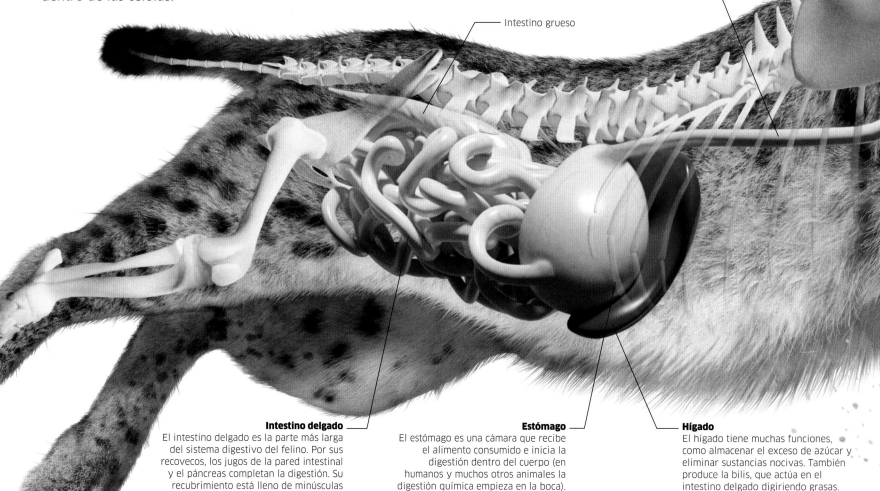

Intestino grueso

**Intestino delgado**
El intestino delgado es la parte más larga del sistema digestivo del felino. Por sus recovecos, los jugos de la pared intestinal y el páncreas completan la digestión. Su recubrimiento está lleno de minúsculas vellosidades, que proporcionan una gran superficie para absorber nutrientes.

**Estómago**
El estómago es una cámara que recibe el alimento consumido e inicia la digestión dentro del cuerpo (en humanos y muchos otros animales la digestión química empieza en la boca). Contiene ácido que activa los jugos digestivos y mata microbios nocivos.

**Hígado**
El hígado tiene muchas funciones, como almacenar el exceso de azúcar y eliminar sustancias nocivas. También produce la bilis, que actúa en el intestino delgado digiriendo grasas.

## Liberación de nutrientes

La masticación en la boca reduce la comida a trozos fáciles de tragar, pero hace falta procesar más para extraer los nutrientes. Los músculos de la pared del sistema digestivo convierten la comida en una pasta y la mezclan con jugos digestivos, que contienen unos agentes químicos, las enzimas. Las enzimas ayudan a producir las reacciones químicas que dividen las grandes moléculas en otras más pequeñas, que después pasarán a la sangre.

**Hidratos de carbono**
El almidón se digiere en forma de azúcares, como la glucosa.

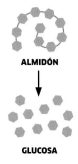

**ALMIDÓN**

↓

**GLUCOSA**

**Proteínas**
Las proteínas se digieren en forma de aminoácidos.

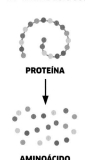

**PROTEÍNA**

↓

**AMINOÁCIDO**

**Grasas**
Las grasas y aceites se descomponen para liberar ácidos grasos y glicerol.

**GRASAS Y ACEITES**

↓

**ÁCIDOS GRASOS**   **GLICEROL**

## Sistemas digestivos

Tanto el lince rojo, carnívoro, como el conejo, herbívoro, tienen sistemas digestivos con músculos y jugos para procesar mejor la comida. No obstante, también presentan diferencias importantes: cada uno está adaptado a los retos de comer carne elástica o vegetación dura.

El tracto digestivo contiene más de
## 100 billones de bacterias.

**Algunos mamíferos herbívoros comen arcilla**, ya que los minerales de esta densa tierra **absorben los venenos defensivos** de algunas hojas.

**153**

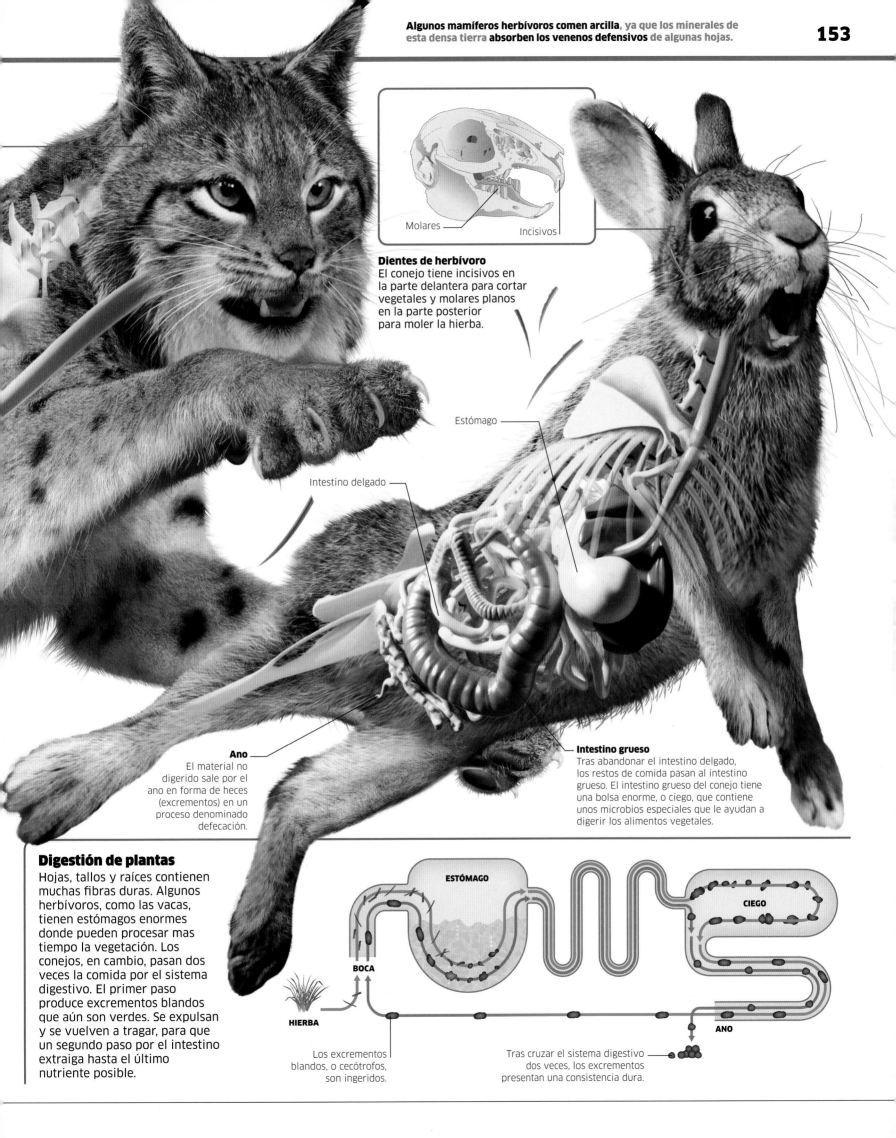

Molares

Incisivos

**Dientes de herbívoro**
El conejo tiene incisivos en la parte delantera para cortar vegetales y molares planos en la parte posterior para moler la hierba.

Estómago

Intestino delgado

**Ano**
El material no digerido sale por el ano en forma de heces (excrementos) en un proceso denominado defecación.

**Intestino grueso**
Tras abandonar el intestino delgado, los restos de comida pasan al intestino grueso. El intestino grueso del conejo tiene una bolsa enorme, o ciego, que contiene unos microbios especiales que le ayudan a digerir los alimentos vegetales.

## Digestión de plantas

Hojas, tallos y raíces contienen muchas fibras duras. Algunos herbívoros, como las vacas, tienen estómagos enormes donde pueden procesar mas tiempo la vegetación. Los conejos, en cambio, pasan dos veces la comida por el sistema digestivo. El primer paso produce excrementos blandos que aún son verdes. Se expulsan y se vuelven a tragar, para que un segundo paso por el intestino extraiga hasta el último nutriente posible.

ESTÓMAGO

CIEGO

BOCA

HIERBA

ANO

Los excrementos blandos, o cecótrofos, son ingeridos.

Tras cruzar el sistema digestivo dos veces, los excrementos presentan una consistencia dura.

# Transporte vegetal

**Para llevar agua a las ramas más altas, los árboles necesitan sistemas de transporte. Los más altos tiran del agua con la misma fuerza que una manguera de alta presión.**

Las plantas lo logran gracias a un diseño impresionante: tienen los troncos y tallos repletos de haces de tubos microscópicos. El agua y los minerales pasan del suelo a las hojas, donde se fabrica alimento que se distribuye por toda la planta.

### 3 Tracción desde arriba

El agua se evapora de los tejidos húmedos de las hojas vivas. El vapor que genera llega a la atmósfera a través de unos poros denominados estomas. Esta pérdida de agua, o transpiración, se compensa con el agua que llega del suelo a través de los xilemas, una especie de tubos.

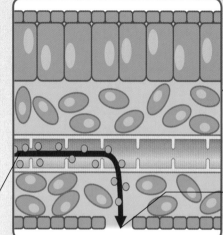

El agua pasa hacia la hoja por los xilemas de las venas de la hoja.

El vapor de agua sale por unos poros denominados estomas.

### 2 Subida del agua

Los microscópicos vasos del xilema suben columnas continuas de agua por el tallo y hacia las hojas. Las moléculas de agua se unen, así que cuando la transpiración lleva agua hacia las hojas, todas las columnas de agua suben por el tallo, como si fueran pajitas de refresco. Esto se conoce como corriente de transpiración.

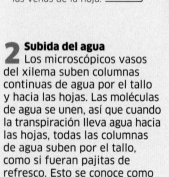

### Transpiración

El sistema de transporte de agua del árbol es muy eficiente y, al contrario que el sistema de los animales, no consume energía del organismo. El calor del Sol hace que el agua de las hojas se evapore en un proceso denominado transpiración, que hace posible que el árbol absorba más agua del suelo.

Los xilemas se componen de pilas de células muertas vacías con agujeros en los extremos.

**Corteza**

Las duras capas exteriores de corteza sirven para evitar lesiones en el tronco.

### 1 Absorción por debajo

El agua pasa del suelo a las raíces por un proceso de osmosis. A continuación entra en los vasos de xilema para unirse a la corriente de transpiración ascendente. Las extensiones microscópicas de la raíz, los pelos radiculares, aumentan al máximo el área de absorción para que el árbol pueda recoger grandes cantidades de agua y minerales.

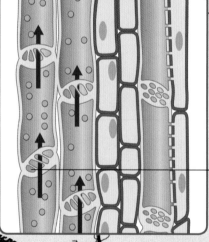

Vasos de xilema

El agua penetra en la raíz a través del pelo radicular.

Un roble maduro puede **transpirar** más
de **una bañera repleta de agua** cada día.

**155**

**Floema**
La capa más interior de la corteza del árbol, el floema, transporta el alimento creado por la fotosíntesis en las hojas.

**Cámbium**
El cámbium es una fina capa de células de división activa que genera más xilema y floema a medida que crece el árbol.

**Albura**
Contiene los vasos de xilema por los que sube el agua.

**Duramen**
Se compone de antiguos vasos de xilema que ya no transportan agua; soportan el peso del árbol.

## Distribución del alimento

Los azúcares y otros alimentos se producen en las hojas a través de la fotosíntesis (ver pp. 148-149) y después se desplazan por unos tubos, los floemas, hacia las raíces, las flores y otras partes que no pueden producirlas por sí mismas.

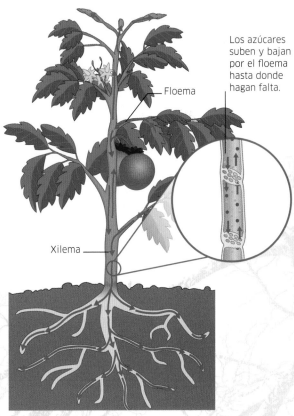

Los azúcares suben y bajan por el floema hasta donde hagan falta.

Floema

Xilema

## Osmosis

Cuando las membranas celulares separan dos soluciones con diferentes concentraciones, el agua pasa automáticamente a la de mayor concentración por un proceso denominado osmosis. Este se observa en las raíces vegetales, donde las membranas celulares de la raíz separan las débiles soluciones minerales del suelo y las concentraciones superiores dentro de las células radiculares.

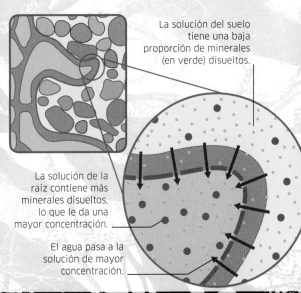

La solución del suelo tiene una baja proporción de minerales (en verde) disueltos.

La solución de la raíz contiene más minerales disueltos, lo que le da una mayor concentración.

El agua pasa a la solución de mayor concentración.

**156** vida ○ **CIRCULACIÓN**

La sangre de algunos invertebrados
es azul: tiene pigmentos de cobre.

**70** veces por minuto es la velocidad habitual
a la que late el corazón humano.

## El corazón

La ballena azul tiene el mayor corazón del reino animal: pesa 180 kg y tiene la altura de una niña de 12 años. Se divide en cuatro cavidades, está hecho de puro músculo y se contrae a un ritmo regular para bombear sangre por las arterias del cuerpo. Cuando sus músculos se relajan, la presión de las cavidades baja mucho para tirar de la sangre de las venas.

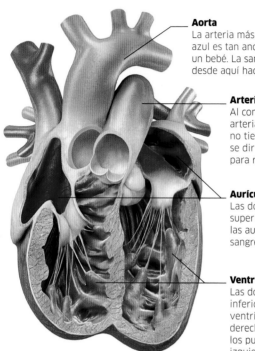

**Aorta**
La arteria más grande de la ballena azul es tan ancha que cabría en ella un bebé. La sangre se distribuye desde aquí hacia el resto del cuerpo.

**Arteria pulmonar**
Al contrario que las otras arterias, la sangre de esta no tiene oxígeno, sino que se dirige a los pulmones para recogerlo.

**Aurículas**
Las dos pequeñas cavidades superiores del corazón son las aurículas y bombean la sangre hacia los ventrículos.

**Ventrículos**
Las dos grandes cavidades inferiores del corazón son los ventrículos. El ventrículo derecho bombea sangre hacia los pulmones, mientras que el izquierdo la bombea hacia el resto del cuerpo.

## Red de vasos

Miles de kilómetros de vasos sanguíneos recorren el cuerpo de una ballena azul. Las arterias de paredes gruesas (en rojo) reparten la sangre del corazón y las venas de paredes finas (en azul) la devuelven al mismo. Ambas se ramifican infinitas veces para formar una red de capilares microscópicos (los vasos sanguíneos más pequeños) entre las células.

# Circulación

**La sangre es el sistema de soporte vital esencial de muchos animales que transporta alimento y oxígeno por el cuerpo y retira los residuos de las células.**

Los animales tienen billones de células ávidas de sustento; una enorme red de minúsculos tubos denominados vasos sanguíneos cubren todo el cuerpo para llegar a todas estas células. El bombeo del corazón hace que la sangre fluya de manera constante a través de los vasos sanguíneos; este torrente circulatorio contiene alimento del sistema digestivo y oxígeno de los pulmones o branquias. Cuando la sangre llega a las células, estos productos esenciales penetran en las células, mientras que los residuos salen para que la sangre los transporte a los órganos excretores, como los riñones.

**10 t** es lo que pesa la sangre de una ballena azul. Su corazón bombea a cada latido el volumen de dos bañeras.

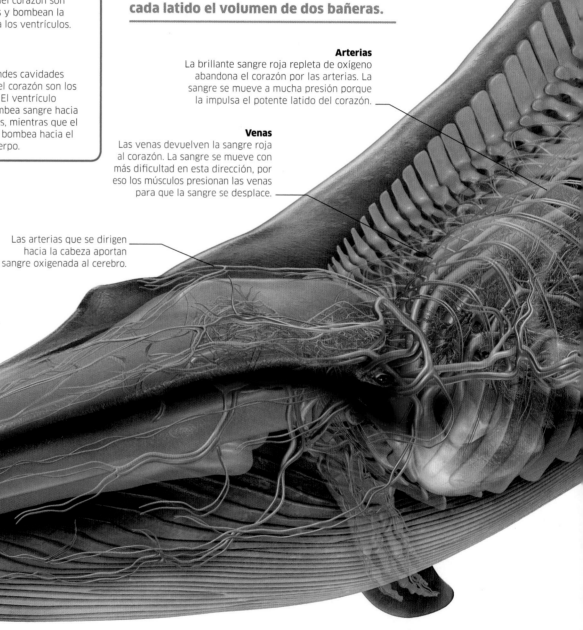

**Arterias**
La brillante sangre roja repleta de oxígeno abandona el corazón por las arterias. La sangre se mueve a mucha presión porque la impulsa el potente latido del corazón.

**Venas**
Las venas devuelven la sangre roja al corazón. La sangre se mueve con más dificultad en esta dirección, por eso los músculos presionan las venas para que la sangre se desplace.

Las arterias que se dirigen hacia la cabeza aportan sangre oxigenada al cerebro.

**Los animales minúsculos,** como las tupayas, tienen un corazón **capaz de latir** mil veces por minuto.

**La sangre** tarda **medio minuto en coagularse** al quedar expuesta al aire **para sellar cualquier herida.**

**157**

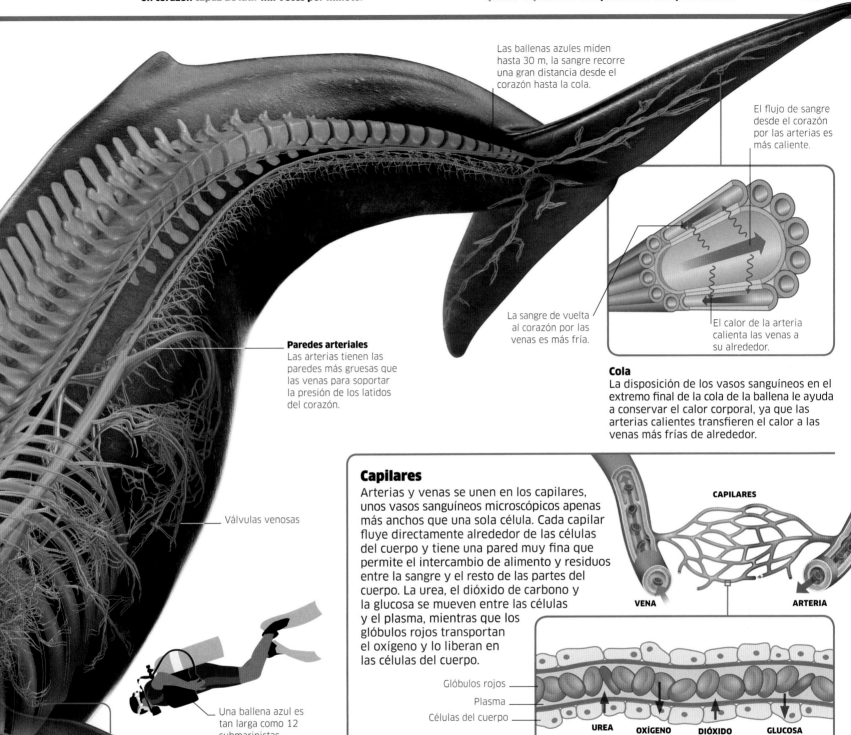

Las ballenas azules miden hasta 30 m, la sangre recorre una gran distancia desde el corazón hasta la cola.

El flujo de sangre desde el corazón por las arterias es más caliente.

La sangre de vuelta al corazón por las venas es más fría.

El calor de la arteria calienta las venas a su alrededor.

### Cola
La disposición de los vasos sanguíneos en el extremo final de la cola de la ballena le ayuda a conservar el calor corporal, ya que las arterias calientes transfieren el calor a las venas más frías de alrededor.

**Paredes arteriales**
Las arterias tienen las paredes más gruesas que las venas para soportar la presión de los latidos del corazón.

Válvulas venosas

Una ballena azul es tan larga como 12 submarinistas humanos.

La sangre fluye por la vena.

### Capilares
Arterias y venas se unen en los capilares, unos vasos sanguíneos microscópicos apenas más anchos que una sola célula. Cada capilar fluye directamente alrededor de las células del cuerpo y tiene una pared muy fina que permite el intercambio de alimento y residuos entre la sangre y el resto de las partes del cuerpo. La urea, el dióxido de carbono y la glucosa se mueven entre las células y el plasma, mientras que los glóbulos rojos transportan el oxígeno y lo liberan en las células del cuerpo.

CAPILARES

VENA

ARTERIA

Glóbulos rojos
Plasma
Células del cuerpo

UREA    OXÍGENO    DIÓXIDO DE CARBONO    GLUCOSA

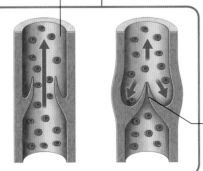

**Válvulas venosas**
Las válvulas unidireccionales de las venas se cierran tras pasar la sangre para evitar que vuelva atrás.

Las válvulas se cierran tras pasar la sangre para que no pueda volver atrás.

### Doble circulación
Los mamíferos tienen una circulación más eficiente que los peces. La sangre que bombea el corazón de un pez recoge el oxígeno en las branquias, viaja por todo el cuerpo y solo entonces vuelve al corazón. En los mamíferos, en cambio, la sangre vuelve al corazón directamente después de pasar por los pulmones, lo que le da más presión al dirigirse hacia las células, haciendo más fácil el intercambio. Por eso el corazón de los mamíferos tienen cuatro cavidades: una superior y una inferior para cada circuito.

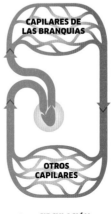

CAPILARES DE LAS BRANQUIAS

CAPILARES DE LOS PULMONES

OTROS CAPILARES

OTROS CAPILARES

CIRCULACIÓN ÚNICA

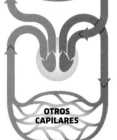

DOBLE CIRCULACIÓN

**158** vida ○ **RESPIRACIÓN**

Las arañas respiran con unas estructuras, los pulmones en libro, unas placas planas llenas de aire y apiladas que parecen las páginas de un libro.

## Pulmones para respirar

Los vertebrados terrestres, como mamíferos, aves y reptiles, respiran con los pulmones. Estas cavidades llenas de aire se alojan en el tórax y tienen paredes finas cubiertas de vasos sanguíneos. Cuando el animal inspira y espira, los músculos torácicos se expanden y vacían los pulmones, absorben aire rico en oxígeno y retiran el dióxido de carbono residual.

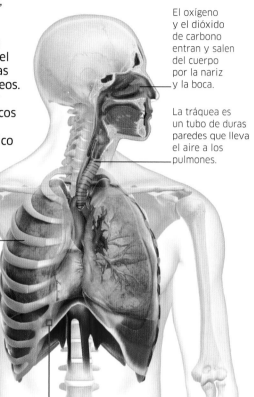

El oxígeno y el dióxido de carbono entran y salen del cuerpo por la nariz y la boca.

La tráquea es un tubo de duras paredes que lleva el aire a los pulmones.

La caja torácica protege los pulmones; los músculos torácicos los mueven.

# Respiración

**Un animal respira para aportar oxígeno, un recurso vital que permite a las células quemar el alimento y liberar la preciosa energía por el cuerpo.**

Todos los organismos, incluidos animales, plantas y microbios, obtienen energía de la respiración, una reacción química que se produce dentro de las células. La mayoría hacen reaccionar el alimento con oxígeno, lo que produce dióxido de carbono como producto de desecho. Para que el oxígeno penetre en el cuerpo, los diferentes animales tienen sistemas respiratorios muy adaptados, como los pulmones o las branquias, capaces de intercambiar grandes cantidades de gas, transportar oxígeno a las células respiratorias del torrente circulatorio y excretar el dióxido de carbono residual.

El oxígeno que desplaza la sangre se une a un pigmento, la hemoglobina, **la sustancia que le da a la sangre su color rojo.**

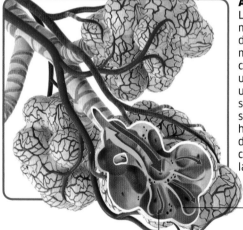

### Alveolos

Los pulmones de los mamíferos se componen de millones de bolsas microscópicas, o alveolos, cada una con su pared ultrafina recubierta de una red de capilares sanguíneos. Esta fina superficie permite que haya mucho movimiento de oxígeno y dióxido de carbono entre el aire y la sangre.

El dióxido de carbono residual vuelve de la sangre a los pulmones.

El oxígeno cruza las paredes muy finas de los alveolos hacia los capilares sanguíneos.

## Branquias para respirar

Las branquias son extensiones plumadas del cuerpo en contacto con el agua con las que respiran los animales acuáticos. Las delicadas branquias, repletas de sangre, de los peces están protegidas en unas cavidades de ambos lados de la boca. Los peces respiran abriendo la boca para que el agua rica en oxígeno fluya por sus branquias. Algunos peces confían en la corriente que generan al nadar, pero la mayoría usan los músculos de la garganta para tragar agua. El oxígeno pasa de las branquias hacia la sangre, mientras que el agua vacía sale por las agallas en ambos lados de la cabeza.

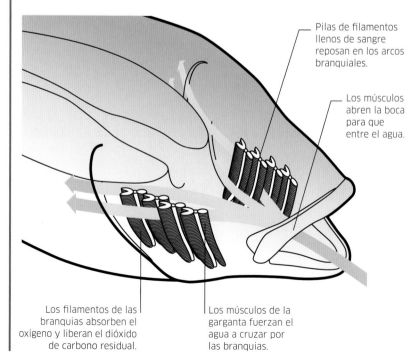

Pilas de filamentos llenos de sangre reposan en los arcos branquiales.

Los músculos abren la boca para que entre el agua.

Los filamentos de las branquias absorben el oxígeno y liberan el dióxido de carbono residual.

Los músculos de la garganta fuerzan el agua a cruzar por las branquias.

## Difusión

El oxígeno y el dióxido de carbono pueden cruzar la membrana microscópica entre los pulmones y la sangre por difusión: un proceso por el que las moléculas pasan de un área de mucha concentración a otra con menos cantidad. Esto se produce por todo el cuerpo, ya que los gases se desplazan entre las células sanguíneas y respiratorias.

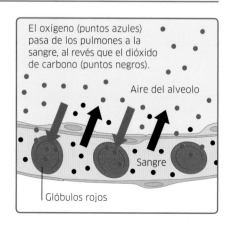

El oxígeno (puntos azules) pasa de los pulmones a la sangre, al revés que el dióxido de carbono (puntos negros).

Aire del alveolo

Sangre

Glóbulos rojos

**500** millones de alveolos contienen los pulmones humanos, una **enorme área de intercambio de gases**.

Algunos **insectos acuáticos respiran con branquias** o incluso **se llevan burbujas de aire** al sumergirse.

**159**

## Tráqueas para respirar

Los insectos e invertebrados relacionados tienen un sistema de respiración que transporta el oxígeno directamente a los músculos. En lugar de que la sangre lleve el oxígeno, una compleja red de tubos cubre el cuerpo a través de espiráculos, unos orificios para respirar. Cada tubo, denominado tráquea, se divide en ramas más pequeñas, o traqueolas, cuya precisa disposición permite que se llegue a todas las células del cuerpo para aportar aire rico en oxígeno de la atmósfera hasta el interior del insecto, donde se produce la respiración.

Traqueola

Tráquea

Espiráculo

## Traqueolas

Las minúsculas traqueolas llenas de aire del cuerpo de un insecto realizan una función similar a los capilares repletos de sangre de otros animales: pasan oxígeno a las células y retiran el dióxido de carbono. Este sistema directo y eficiente hace que las células reciban el oxígeno directamente.

CUCARACHA

### Espiráculos
Unos músculos (en verde) pueden abrir y cerrar los espiráculos según las condiciones externas.

### Traqueolas
Las traqueolas tienen las paredes muy finas para facilitar el paso del oxígeno directamente hacia las células sin pasar por la sangre.

### Tráqueas
Las tráqueas no se colapsan porque el mismo material que compone el esqueleto externo del insecto refuerza sus paredes.

La glucosa reacciona con el oxígeno dentro de las células para liberar energía.

CÉLULA RESPIRATORIA

Se forman dióxido de carbono y agua como productos de desecho.

GLUCOSA

DIÓXIDO DE CARBONO

OXÍGENO

AGUA

CÉLULA ATAREADA

MÁS GLUCOSA

MÁS DIÓXIDO DE CARBONO

MÁS OXÍGENO

MÁS AGUA

Cuando el caballo corre se libera más energía para poder mover los músculos.

## Respiración celular

El oxígeno que un animal absorbe en su cuerpo se usa en el proceso químico de la respiración, que tiene lugar en unas cápsulas de las células denominadas mitocondrias. Aquí los alimentos energéticos como el azúcar (glucosa) se descomponen en moléculas más pequeñas para liberar la energía. Cuanto más activo sea un animal, más oxígeno necesita para mantener esta reacción. Aunque el oxígeno sea crucial para la respiración, los animales bajo presión física pueden liberar un poco de energía extra sin oxígeno en un proceso conocido como respiración anaeróbica.

La glucosa de la comida se almacena en las células hasta que se necesita.

DIÓXIDO DE CARBONO

OXÍGENO

DIÓXIDO DE CARBONO

OXÍGENO

Un animal activo respira más rápido y profundo para aportar más oxígeno a las células y conseguir más energía.

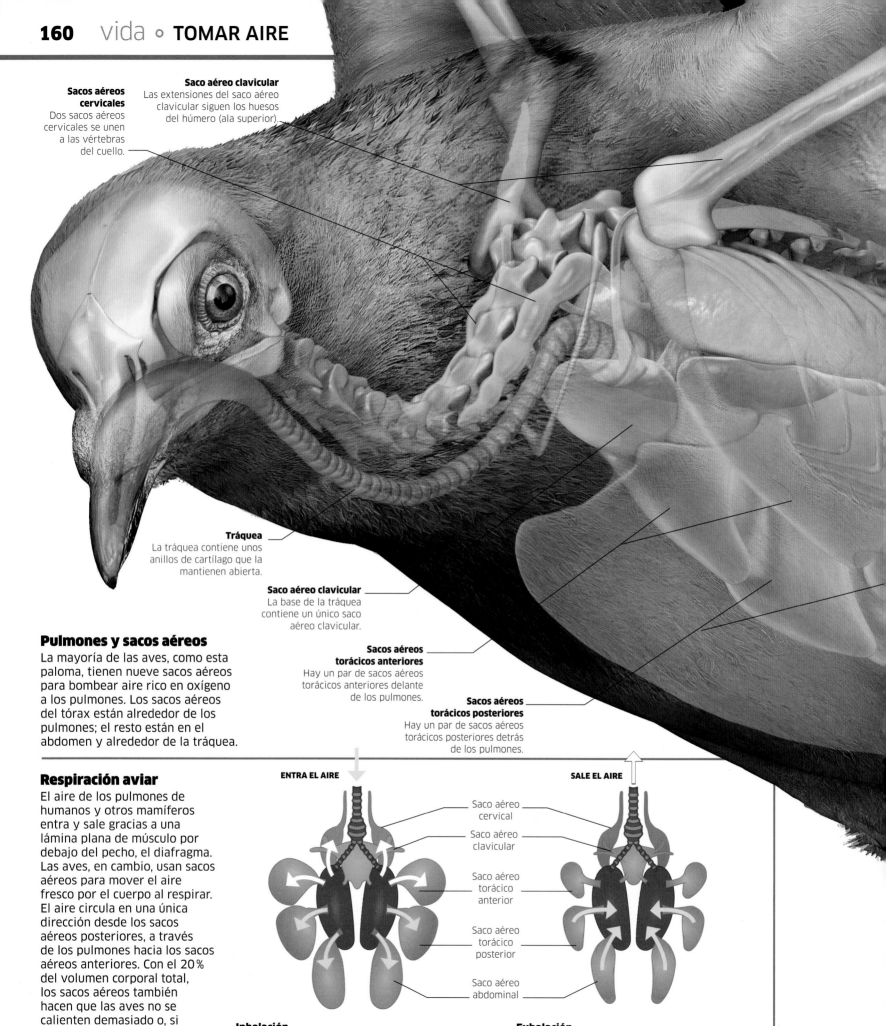

**Sacos aéreos cervicales**
Dos sacos aéreos cervicales se unen a las vértebras del cuello.

**Saco aéreo clavicular**
Las extensiones del saco aéreo clavicular siguen los huesos del húmero (ala superior).

**Tráquea**
La tráquea contiene unos anillos de cartílago que la mantienen abierta.

**Saco aéreo clavicular**
La base de la tráquea contiene un único saco aéreo clavicular.

**Sacos aéreos torácicos anteriores**
Hay un par de sacos aéreos torácicos anteriores delante de los pulmones.

**Sacos aéreos torácicos posteriores**
Hay un par de sacos aéreos torácicos posteriores detrás de los pulmones.

## Pulmones y sacos aéreos

La mayoría de las aves, como esta paloma, tienen nueve sacos aéreos para bombear aire rico en oxígeno a los pulmones. Los sacos aéreos del tórax están alrededor de los pulmones; el resto están en el abdomen y alrededor de la tráquea.

## Respiración aviar

El aire de los pulmones de humanos y otros mamíferos entra y sale gracias a una lámina plana de músculo por debajo del pecho, el diafragma. Las aves, en cambio, usan sacos aéreos para mover el aire fresco por el cuerpo al respirar. El aire circula en una única dirección desde los sacos aéreos posteriores, a través de los pulmones hacia los sacos aéreos anteriores. Con el 20 % del volumen corporal total, los sacos aéreos también hacen que las aves no se calienten demasiado o, si nadan, hacen que floten.

**ENTRA EL AIRE**

**SALE EL AIRE**

Saco aéreo cervical

Saco aéreo clavicular

Saco aéreo torácico anterior

Saco aéreo torácico posterior

Saco aéreo abdominal

### Inhalación
Al inhalar, el aire que entra llena los sacos aéreos posteriores (en amarillo). Simultáneamente, el aire que ya estaba en los pulmones sale para hinchar los sacos aéreos anteriores (blanco).

### Exhalación
Al exhalar, todos los sacos actúan como un fuelle que bombea el aire al deshincharse. Los sacos posteriores llenan los pulmones de aire, y los anteriores fuerzan la salida del aire por la boca.

# Tomar aire

**Las aves necesitan mucha energía. Su sistema para aportar oxígeno a las células presenta una exclusiva y bella eficiencia: ningún animal tiene algo parecido.**

La clave del sistema de respiración aviar está en los grandes sacos aéreos repartidos por el cuerpo. Aportan más aire a los pulmones, que, al contrario que los pulmones humanos, son pequeños y rígidos. La respiración hace que los sacos se hinchen y deshinchen como globos, y colmen los pulmones de aire fresco. El oxígeno penetra de manera constante en la sangre y circula hacia las células, que pueden liberar energía con la respiración.

**Sacos aéreos abdominales**
La pareja de sacos aéreos más grandes está en el abdomen del cuerpo.

Los parabronquios (tubos llenos de aire) aportan aire a los vasos aéreos.

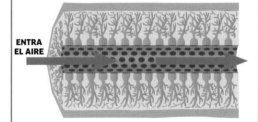

ENTRA EL AIRE

Los tubos microscópicos, o capilares, transportan sangre.

**Intercambio gaseoso**
Cada pulmón está repleto de vasos llenos de aire mezclados con vasos sanguíneos microscópicos para aportar el oxígeno lo más cerca posible de la sangre.

### Respiración a gran altitud

Los viajes a gran altura suponen un problema especial para algunas aves de altos vuelos, ya que el aire es tan ligero que apenas tiene oxígeno. La ruta migratoria del ánsar indio pasa por encima del Himalaya, la ruta más alta que se conoce entre todas las aves. Para que no suponga un problema, tienen los pulmones más grandes de todos los anseriformes, con ellos pueden respirar más profundamente. El pigmento de su sangre (hemoglobina) atrapa muy bien el oxígeno del aire.

**162** vida ○ **EQUILIBRIO CORPORAL**

**60** veces al día: frecuencia a la que los riñones humanos filtran la sangre.

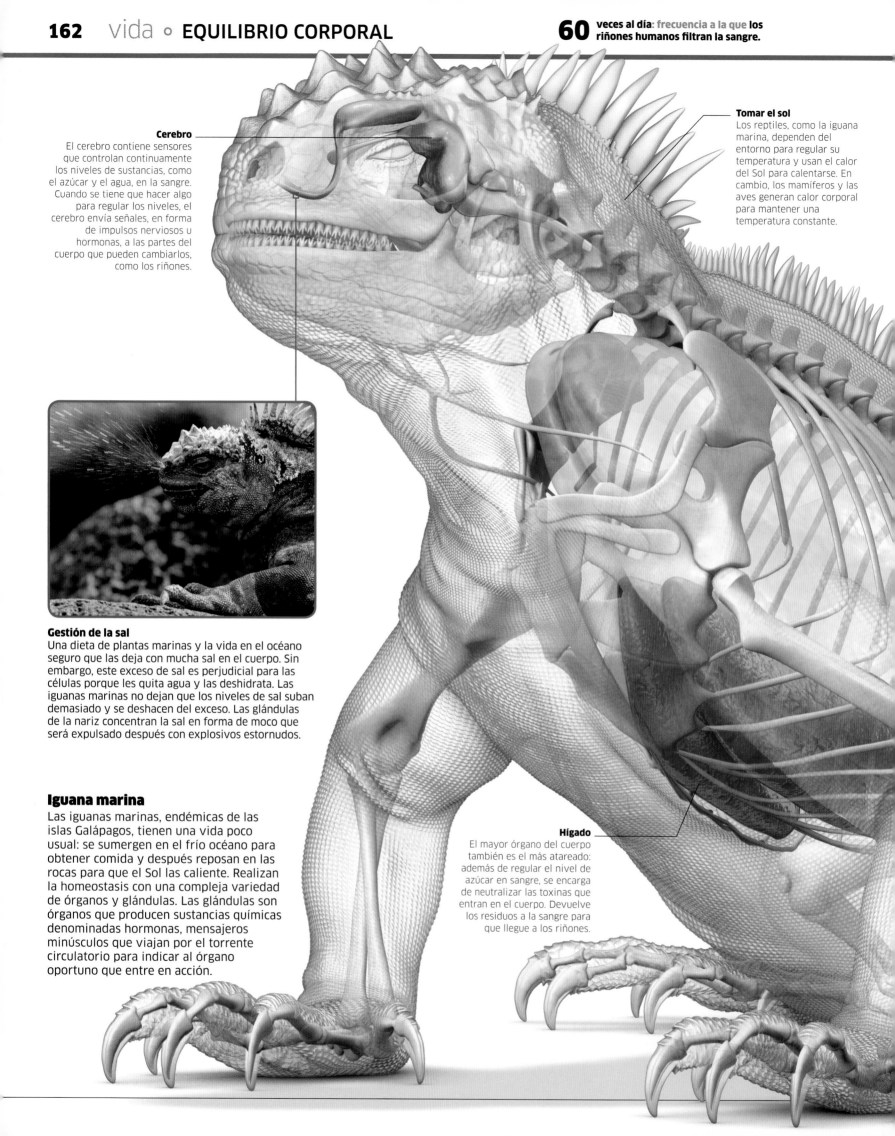

**Cerebro**
El cerebro contiene sensores que controlan continuamente los niveles de sustancias, como el azúcar y el agua, en la sangre. Cuando se tiene que hacer algo para regular los niveles, el cerebro envía señales, en forma de impulsos nerviosos u hormonas, a las partes del cuerpo que pueden cambiarlos, como los riñones.

**Tomar el sol**
Los reptiles, como la iguana marina, dependen del entorno para regular su temperatura y usan el calor del Sol para calentarse. En cambio, los mamíferos y las aves generan calor corporal para mantener una temperatura constante.

**Gestión de la sal**
Una dieta de plantas marinas y la vida en el océano seguro que las deja con mucha sal en el cuerpo. Sin embargo, este exceso de sal es perjudicial para las células porque les quita agua y las deshidrata. Las iguanas marinas no dejan que los niveles de sal suban demasiado y se deshacen del exceso. Las glándulas de la nariz concentran la sal en forma de moco que será expulsado después con explosivos estornudos.

**Iguana marina**
Las iguanas marinas, endémicas de las islas Galápagos, tienen una vida poco usual: se sumergen en el frío océano para obtener comida y después reposan en las rocas para que el Sol las caliente. Realizan la homeostasis con una compleja variedad de órganos y glándulas. Las glándulas son órganos que producen sustancias químicas denominadas hormonas, mensajeros minúsculos que viajan por el torrente circulatorio para indicar al órgano oportuno que entre en acción.

**Hígado**
El mayor órgano del cuerpo también es el más atareado: además de regular el nivel de azúcar en sangre, se encarga de neutralizar las toxinas que entran en el cuerpo. Devuelve los residuos a la sangre para que llegue a los riñones.

**37 °C** Temperatura ideal para que las enzimas funcionen dentro del cuerpo humano.

**500** reacciones químicas realizan las células del hígado humano para desempeñar sus funciones diarias.

**163**

# Equilibrio corporal

**Aunque las condiciones externas cambien mucho, la parte interna del cuerpo de un animal está bajo control para garantizar que se realicen los procesos cruciales de la vida.**

Este proceso de equilibrio es la homeostasis. Los animales vertebrados complejos tienen unos sistemas de homeostasis especialmente buenos que regulan factores como temperatura, niveles de azúcar en sangre y niveles de agua. Además, otras áreas del cuerpo realizan el proceso de excreción para eliminar residuos, cuya acumulación es nociva. Esta regulación constante hace que el cuerpo tenga las condiciones adecuadas para realizar todas las funciones de la vida, como procesar alimentos y liberar energía.

## Sistema urinario

Aunque los riñones de mamíferos y reptiles tienen formas diferentes, ambos son un complejo sistema de vasos sanguíneos y tubos para filtrar la sangre de los productos de desecho. Los dos riñones y la vejiga componen el sistema urinario. Además de regular el exceso de agua, y al contrario que los de la iguana marina, la mayoría de los riñones también excretan en la orina cualquier sal no deseada.

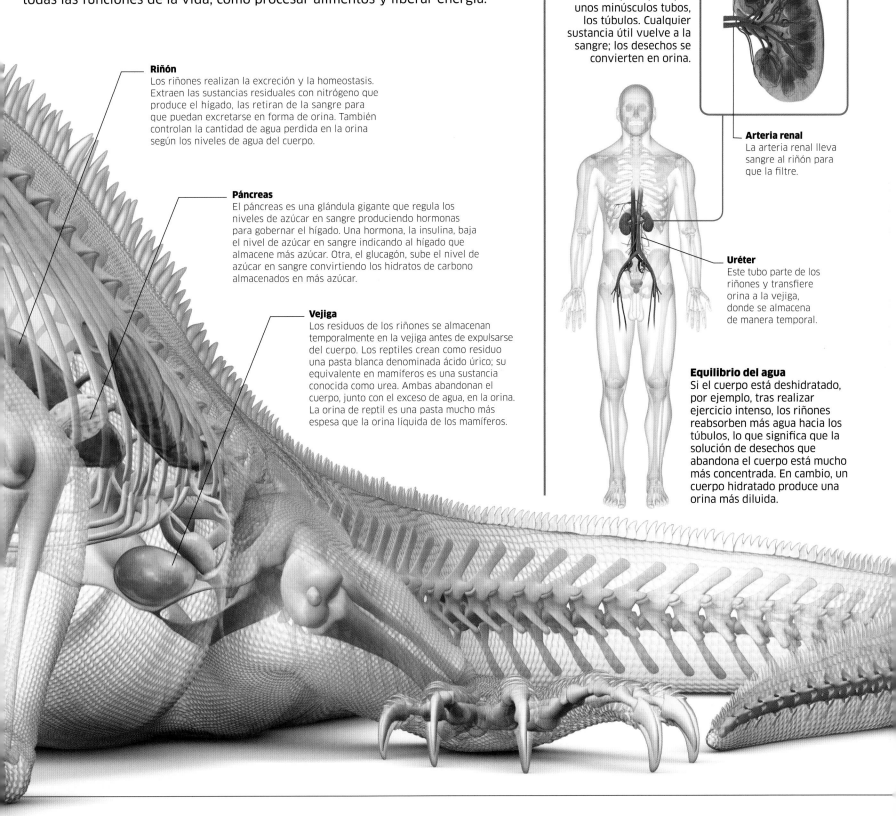

**Riñón**
Los riñones realizan la excreción y la homeostasis. Extraen las sustancias residuales con nitrógeno que produce el hígado, las retiran de la sangre para que puedan excretarse en forma de orina. También controlan la cantidad de agua perdida en la orina según los niveles de agua del cuerpo.

**Páncreas**
El páncreas es una glándula gigante que regula los niveles de azúcar en sangre produciendo hormonas para gobernar el hígado. Una hormona, la insulina, baja el nivel de azúcar en sangre indicando al hígado que almacene más azúcar. Otra, el glucagón, sube el nivel de azúcar en sangre convirtiendo los hidratos de carbono almacenados en más azúcar.

**Vejiga**
Los residuos de los riñones se almacenan temporalmente en la vejiga antes de expulsarse del cuerpo. Los reptiles crean como residuo una pasta blanca denominada ácido úrico; su equivalente en mamíferos es una sustancia conocida como urea. Ambas abandonan el cuerpo, junto con el exceso de agua, en la orina. La orina de reptil es una pasta mucho más espesa que la orina líquida de los mamíferos.

**Filtración de la sangre**
Los riñones filtran el líquido con residuos directamente de la sangre. Este líquido pasa por unos minúsculos tubos, los túbulos. Cualquier sustancia útil vuelve a la sangre; los desechos se convierten en orina.

**Arteria renal**
La arteria renal lleva sangre al riñón para que la filtre.

**Uréter**
Este tubo parte de los riñones y transfiere orina a la vejiga, donde se almacena de manera temporal.

**Equilibrio del agua**
Si el cuerpo está deshidratado, por ejemplo, tras realizar ejercicio intenso, los riñones reabsorben más agua hacia los túbulos, lo que significa que la solución de desechos que abandona el cuerpo está mucho más concentrada. En cambio, un cuerpo hidratado produce una orina más diluida.

**164** vida ∘ **SISTEMA NERVIOSO**

Con sus **alargadas fibras nerviosas,** las neuronas son las células más largas: hasta **1 m** de longitud.

## Neuronas y sinapsis

Las células del sistema nervioso tienen unas largas fibras que transportan señales eléctricas, conocidas como impulsos nerviosos, a grandes distancias. Cuando estas señales llegan a los pequeños espacios entre células, las sinapsis, provocan la liberación de un agente químico para cubrirlos, que estimula un nuevo impulso en la siguiente neurona.

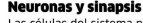

Los impulsos nerviosos se desplazan por la fibra de la neurona.

La mayoría de las fibras nerviosas tienen una vaina grasa que acelera los impulsos.

La fibra de la primera neurona se une a otra en esta sinapsis.

### Sinapsis
Unos minúsculos agentes químicos, los neurotransmisores, cubren el espacio entre neuronas. Los receptores del otro lado los recogen.

## Respuesta al entorno

El gorila usa los ojos para localizar comida sabrosa, como este apio silvestre. Al ver la comida, los ojos envían impulsos nerviosos (señales eléctricas) al cerebro, que a continuación envía instrucciones a los músculos del gorila para que arranquen la planta y se la coma.

### 1 Localización de la planta
Los receptores son células que detectan un cambio en el entorno: eso es un estímulo. Cuando los receptores del ojo detectan luz, o «ven» el apio, provocan impulsos eléctricos en las neuronas a las que están conectados.

### Fibras nerviosas
Cada nervio contiene un haz de fibras microscópicas de neuronas. Algunos nervios tienen fibras sensitivas y motoras; otros solo de uno u otro tipo.

### Impulsos
Un impulso nervioso es una veloz chispa de actividad eléctrica que se desplaza por las membranas celulares de las neuronas.

### 6 Respuesta de las manos
Las partes del cuerpo que se mueven en respuesta a un impulso nervioso se denominan efectores. Los músculos son algunos de los efectores más importantes del cuerpo de un animal. Cuando una neurona motora transmite un impulso nervioso a un músculo, hace que este se contraiga; en este caso, agarrar y romper el apio.

# Sistema nervioso

**El sistema orgánico más veloz tiene unos cables capaces de transportar mensajes más rápido que un coche de carreras y un centro de control más inteligente que el ordenador más potente.**

Los cables del sistema nervioso son los nervios y el centro de control es el cerebro. Cada momento que el cuerpo nota su entorno, todo el sistema envía una infinidad de impulsos eléctricos por miles de millones de fibras. Los nervios hacen que los músculos respondan y el cerebro coordina toda esta compleja actividad.

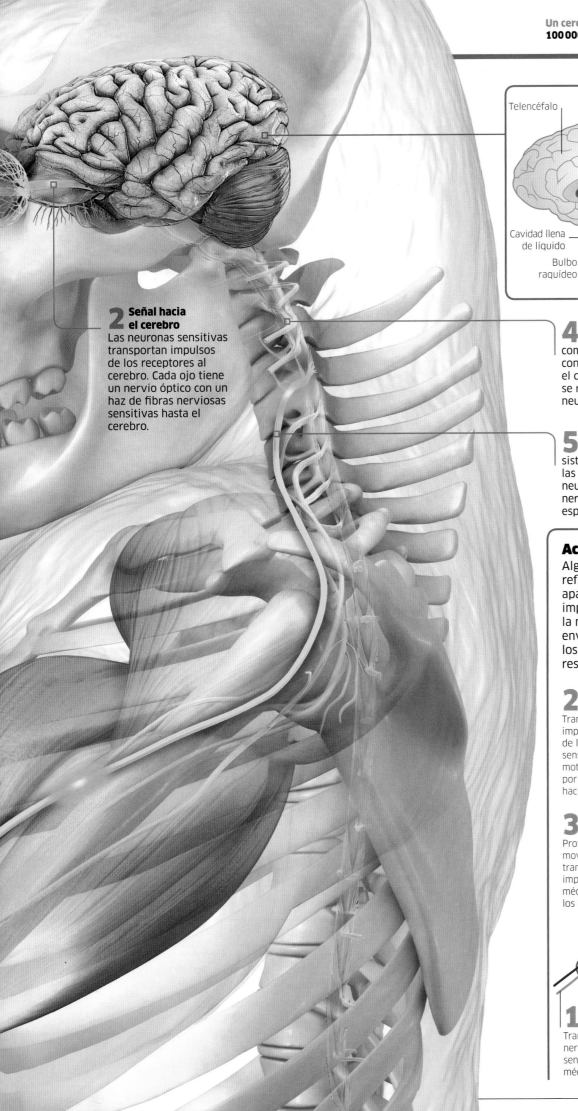

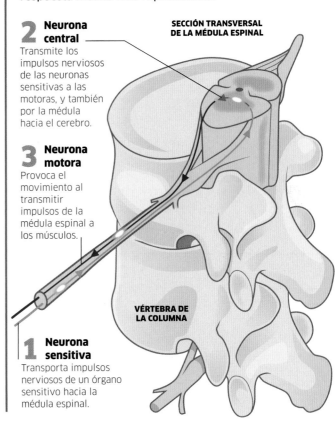

**SECCIÓN TRANSVERSAL**

Telencéfalo

Cavidad llena
de líquido

Bulbo
raquídeo

Cerebelo

### 3 Respuesta coordinada

El cerebro coordina dónde van los impulsos para controlar el comportamiento del cuerpo. El telencéfalo se encarga de las acciones complejas que requieren inteligencia, como pelar o romper la comida. El cerebelo controla acciones más rutinarias, como caminar; finalmente el bulbo raquídeo supervisa las funciones internas, como la respiración.

### 2 Señal hacia el cerebro

Las neuronas sensitivas transportan impulsos de los receptores al cerebro. Cada ojo tiene un nervio óptico con un haz de fibras nerviosas sensitivas hasta el cerebro.

### 4 Avance

Junto con el cerebro, la médula espinal compone el sistema nervioso central. Colabora con el cerebro para enviar las señales por todo el cuerpo. Los impulsos que salen del cerebro se ramifican desde la médula espinal hacia las neuronas motoras.

### 5 Señales hacia los músculos

Las células que transportan impulsos del sistema nervioso central a los músculos son las neuronas motoras. Los haces de fibras de neuronas motoras se agrupan para formar nervios, que cubren la distancia entre la médula espinal y los músculos de las extremidades.

## Acciones reflejas

Algunas respuestas automáticas, o acciones reflejas, no pasan por el cerebro, como cuando apartas la mano al quemarte. En estos casos, los impulsos viajan desde los órganos sensitivos a la médula espinal, donde las neuronas centrales envían la señal a los músculos. Al evitar el cerebro, los impulsos llegan a los efectores y generan una respuesta mucho más rápidamente.

### 2 Neurona central

Transmite los impulsos nerviosos de las neuronas sensitivas a las motoras, y también por la médula hacia el cerebro.

**SECCIÓN TRANSVERSAL
DE LA MÉDULA ESPINAL**

### 3 Neurona motora

Provoca el movimiento al transmitir impulsos de la médula espinal a los músculos.

**VÉRTEBRA DE
LA COLUMNA**

### 1 Neurona sensitiva

Transporta impulsos nerviosos de un órgano sensitivo hacia la médula espinal.

**166** vida ∘ **SENTIDOS**

Hay **diez veces más de papilas gustativas** en el cuerpo del siluro que en una lengua humana.

## Visión

Los animales ven gracias a las células sensibles a la luz que copan los ojos. Los vertebrados, como los humanos, tienen dos ojos parecidos a cámaras que concentran la luz en el fondo del ojo. Algunos invertebrados confían en muchos más ojos: la almeja gigante tiene cientos de diminutos ojos repartidos por el cuerpo. Los ojos de cada animal están especializados de diferentes maneras. Algunos son tan sensibles que captan la luz más tenue en las tinieblas nocturnas o las profundidades marinas.

**Pez de cuatro ojos**
Cuando sale a la superficie, los ojos a dos niveles de este pez le permiten enfocar objetos fuera y dentro del agua.

**Mosca de patas largas**
Las moscas y muchos otros insectos tienen ojos compuestos, formados por miles de minúsculas lentes.

**Tarsero**
Los ojos de este primate son los mayores entre los mamíferos en relación con su cabeza. Le permiten ver bien de noche.

## Tacto

Los animales tienen en la piel receptores que notan cuándo su cuerpo entra en contacto con cualquier cosa. Algunos receptores solo captan presiones firmes, y otros son sensibles al contacto más sutil. Las células receptoras se concentran especialmente en aquellas partes del cuerpo que deben notar bien las texturas o el movimiento. Nuestras puntas de los dedos están repletas de receptores del tacto, igual que los bigotes del gato y la estrambótica nariz del topo estrellado.

**Topo estrellado**
Los carnosos tentáculos de la nariz de este animal tienen seis veces más receptores que la mano humana.

# Sentidos

**Los animales notan su entorno con órganos que activan la luz, el sonido, los agentes químicos o muchas otras cosas.**

Los órganos sensoriales forman parte del sistema nervioso del animal. Contienen unas células especiales conocidas como receptores que se estimulan con los cambios en el entorno y transmiten señales al cerebro y el resto del cuerpo. A través de estos órganos los animales recogen una valiosa información sobre sus alrededores y eso les permite reaccionar a amenazas u oportunidades. Cada tipo de animal tiene unos órganos sensoriales muy adaptados a su manera de vivir.

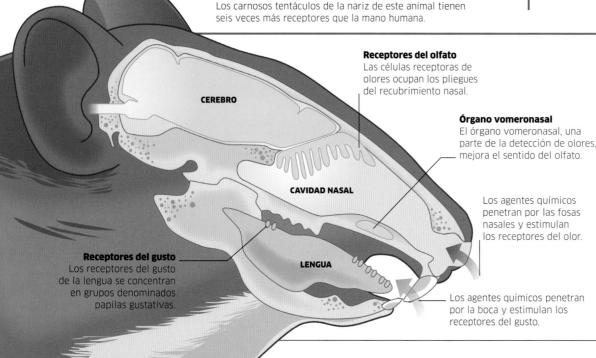

**Receptores del olfato**
Las células receptoras de olores ocupan los pliegues del recubrimiento nasal.

**Órgano vomeronasal**
El órgano vomeronasal, una parte de la detección de olores, mejora el sentido del olfato.

Los agentes químicos penetran por las fosas nasales y estimulan los receptores del olor.

CEREBRO

CAVIDAD NASAL

LENGUA

**Receptores del gusto**
Los receptores del gusto de la lengua se concentran en grupos denominados papilas gustativas.

Los agentes químicos penetran por la boca y estimulan los receptores del gusto.

## Gusto y olfato

El gusto y el olfato son dos sentidos muy parecidos, ya que ambos detectan agentes químicos. Los receptores de la lengua degustan los agentes químicos disueltos en la comida y la bebida, mientras que los receptores de la cavidad nasal captan los agentes químicos de los olores. Algunos animales que dependen especialmente de los sentidos químicos o que no tienen otros receptores poseen una zona concentrada de receptores sobre el paladar, el órgano vomeronasal.

### Sentidos de ratón

Como la mayoría de los mamíferos, el ratón tiene una nariz aguda. Usa el olfato para comunicarse con otros de su especie: marca el territorio o muestra la intención de aparearse. La lengua del ratón detecta el gusto de la comida; tanto la lengua como la nariz envían señales al cerebro.

Los tiburones tienen **puntos sensitivos en los hocicos para detectar los campos eléctricos** de las presas.

Los **mosquitos captan el olor corporal y el dióxido de carbono** que emiten sus víctimas.

**167**

Pabellón auricular

## Oído

Los animales oyen porque sus oídos contienen receptores sensibles a las ondas de sonido. Cuando estas entran en el oído, hacen vibrar una membrana, el tímpano. Las vibraciones cruzan una cadena de huesecillos para llegar a los receptores del oído interno.

**Oído externo**
La oreja y el canal auditivo conducen las ondas de sonido hacia el tímpano.

**Oído medio**
Unos huesecillos del oído medio transmiten la vibración del tímpano.

**Oído interno**
Las espirales con líquido en la parte más profunda del oído contienen receptores sensibles al sonido y el equilibrio.

**TÍMPANO**

Sonido entrando

### Zorro orejudo

Los mamíferos tienen pabellones auriculares, unos embudos carnosos en las aberturas de los oídos para recoger el sonido. El zorro orejudo del desierto los tiene tan grandes que también los utiliza para irradiar calor y evitar calentarse demasiado.

### Límites del oído

El tono, o frecuencia, de un sonido se determina en hercios (Hz): el número de vibraciones por segundo. Los diferentes tipos de animales detectan diferentes intervalos de tonos; muchos son sensibles a ultrasonidos e infrasonidos fuera de los límites del oído humano.

120 000 Hz
20 000 Hz
20 Hz

**LÍMITES DEL OÍDO HUMANO**
20-20 000 Hz

**DELFÍN**
90-105 000 Hz

**ULTRASONIDOS**

**MURCIÉLAGO**
2000-120 000 Hz

**AVE**
1000-15 000 Hz

**ELEFANTE**
16-12 000 Hz

**BALLENA**
14-36 Hz

**INFRASONIDOS**

## Otras maneras de sentir el mundo

Las vidas de muchos tipos de animales dependen de unos increíbles sistemas sensitivos. Algunos tienen unos receptores peculiares sin parangón en cualquier otro animal que les otorgan la capacidad de sentir el entorno de maneras totalmente desconocidas para nosotros, por ejemplo detectando campos eléctricos o magnéticos.

### Electrorrecepción
El flexible pico del ornitorrinco, un mamífero acuático que pone huevos, contiene receptores que detectan las señales eléctricas de los músculos de las presas en movimiento. Así encuentra gusanos y cangrejos de río en aguas turbias.

### Ecolocalización
Murciélagos y delfines usan la ecolocalización para desplazarse y encontrar comida. Al emitir un sonido y escuchar el eco que rebota en los objetos cercanos, calculan las posiciones de obstáculos y presas.

### Detección de fuego
La mayoría de los animales huyen del fuego, pero el tucu-tucu se pirra por las llamas. Sus receptores recogen la radiación infrarroja del fuego y lo atraen hacia árboles quemados, donde puede multiplicarse sin tener que preocuparse por los predadores.

### Magnetorrecepción
Las aves notan el campo magnético terrestre. Al combinarlo con información sobre la hora del día y la posición del Sol y las estrellas, pueden orientarse en sus migraciones de larga distancia.

### Equilibrio
Todos los vertebrados tienen receptores del equilibrio en los oídos para conocer la posición de la cabeza y dónde está arriba y abajo. Así, los humanos caminamos derechos y los animales trepadores, como los monos capuchinos, no se caen de los árboles.

### Tiempo
Los animales pequeños, como los insectos, experimentan el tiempo más lentamente porque sus sentidos procesan más información cada segundo. En comparación con los humanos, las moscas domésticas lo ven todo a cámara lenta, lo que les ayuda a evitar a los predadores.

### Sentidos de serpiente

La lengua de la serpiente no contiene receptores, sino que transfiere olores y gustos de presas y enemigos al órgano sensorial encima del paladar. Un pequeño orificio nasal capta más olores.

**Órgano vomeronasal**
Los agentes químicos de la punta de la lengua se transfieren aquí para su detección.

Los receptores del olfato transmiten las señales al cerebro a través de los nervios.

**ORIFICIO NASAL**

**CEREBRO**

La lengua recoge los agentes químicos del aire, las superficies o la comida.

La punta bífida permite recoger agentes químicos procedentes de derecha e izquierda.

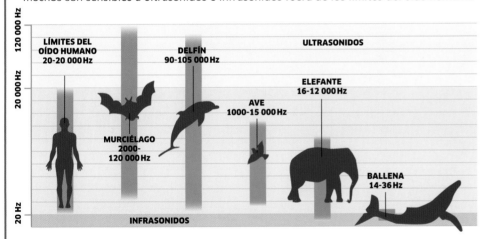

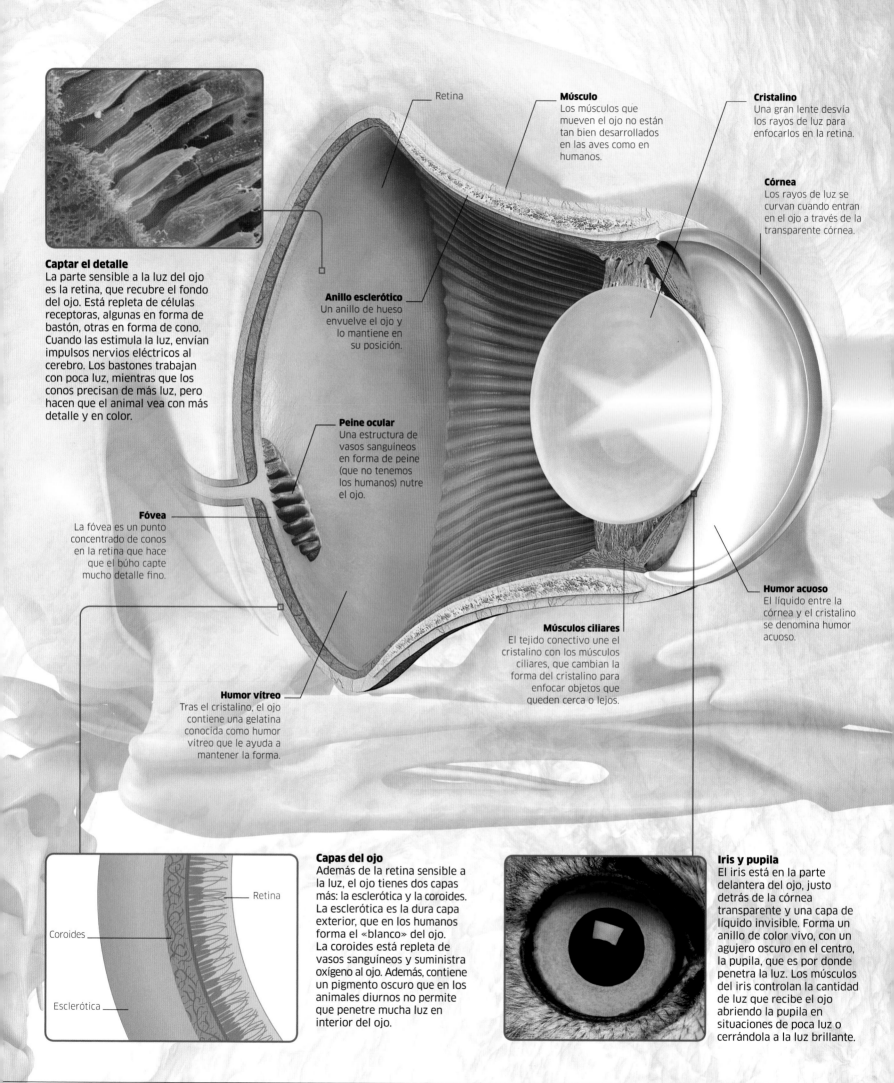

**Retina**

**Músculo**
Los músculos que
mueven el ojo no están
tan bien desarrollados
en las aves como en
humanos.

**Cristalino**
Una gran lente desvía
los rayos de luz para
enfocarlos en la retina.

**Córnea**
Los rayos de luz se
curvan cuando entran
en el ojo a través de la
transparente córnea.

**Captar el detalle**
La parte sensible a la luz del ojo
es la retina, que recubre el fondo
del ojo. Está repleta de células
receptoras, algunas en forma de
bastón, otras en forma de cono.
Cuando las estimula la luz, envían
impulsos nervios eléctricos al
cerebro. Los bastones trabajan
con poca luz, mientras que los
conos precisan de más luz, pero
hacen que el animal vea con más
detalle y en color.

**Anillo esclerótico**
Un anillo de hueso
envuelve el ojo y
lo mantiene en
su posición.

**Peine ocular**
Una estructura de
vasos sanguíneos
en forma de peine
(que no tenemos
los humanos) nutre
el ojo.

**Fóvea**
La fóvea es un punto
concentrado de conos
en la retina que hace
que el búho capte
mucho detalle fino.

**Humor acuoso**
El líquido entre la
córnea y el cristalino
se denomina humor
acuoso.

**Músculos ciliares**
El tejido conectivo une el
cristalino con los músculos
ciliares, que cambian la
forma del cristalino para
enfocar objetos que
queden cerca o lejos.

**Humor vítreo**
Tras el cristalino, el ojo
contiene una gelatina
conocida como humor
vítreo que le ayuda a
mantener la forma.

**Capas del ojo**
Además de la retina sensible a
la luz, el ojo tienes dos capas
más: la esclerótica y la coroides.
La esclerótica es la dura capa
exterior, que en los humanos
forma el «blanco» del ojo.
La coroides está repleta de
vasos sanguíneos y suministra
oxígeno al ojo. Además, contiene
un pigmento oscuro que en los
animales diurnos no permite
que penetre mucha luz en
interior del ojo.

Retina

Coroides

Esclerótica

**Iris y pupila**
El iris está en la parte
delantera del ojo, justo
detrás de la córnea
transparente y una capa de
líquido invisible. Forma un
anillo de color vivo, con un
agujero oscuro en el centro,
la pupila, que es por donde
penetra la luz. Los músculos
del iris controlan la cantidad
de luz que recibe el ojo
abriendo la pupila en
situaciones de poca luz o
cerrándola a la luz brillante.

Los mamíferos nocturnos, como los gatos, tienen una capa reflectora de luz tras la retina que hace brillar sus ojos al iluminarlos.

Ningún animal es capaz de ver en la oscuridad absoluta. Todos deben detectar al menos un poco de luz para tener visión.

**169**

# Visión

## La capacidad de ver hace que los animales puedan construirse una imagen detallada de su entorno, crucial para encontrar comida y evitar peligros.

Para que un animal vea el mundo, sus ojos tienen que captar luz y usar los cristalinos para enfocarla en las células receptoras sensibles a la luz. Estas células a su vez envían señales al cerebro, que compone una imagen visual de todo el campo de visión. Los animales con la vista muy aguda perciben imágenes con mucho detalle, aunque haya poca luz.

### Visión nocturna

Los ojos de las aves son tan grandes en comparación con su cabeza que están bien fijados dentro de las órbitas, por eso las aves tienen que rotar su cuello flexible para mirar alrededor. Los ojos de las aves nocturnas son especialmente grandes y están diseñados para una buena visión nocturna. Su insólita forma deja más espacio en el fondo del ojo, que está más repleto aún de células sensibles a la luz.

### Ver en color

Los conos son las células que permiten ver en color. Detectan diferentes longitudes de onda, desde las azules más cortas hasta las rojas más largas. Los animales con más tipos de conos ven más colores, pero los que solo tienen uno únicamente ven el mundo en blanco y negro.

Los humanos tenemos tres tipos de cono; los delfines, solo uno.

Con los tres conos vemos tres colores primarios, rojo, verde y azul, y todas sus combinaciones.

Muchas aves diurnas tienen un tipo de cono más que los humanos, lo que les permite **ver el ultravioleta.**

### Cerca y lejos

El cristalino del ojo enfoca la luz hacia la retina, y puede cambiar de forma para enfocar mejor los objetos que están cerca o lejos. Un anillo muscular controla esta forma. Se contrae para hacerlo más redondo y enfocar cerca, y se relaja para hacerlo más plano y enfocar lejos.

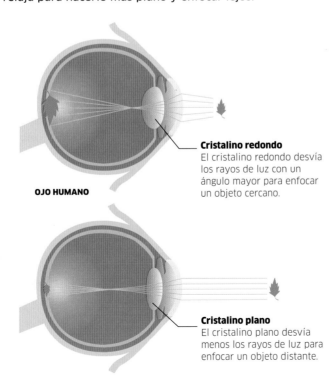

**OJO HUMANO**

**Cristalino redondo**
El cristalino redondo desvía los rayos de luz con un ángulo mayor para enfocar un objeto cercano.

**Cristalino plano**
El cristalino plano desvía menos los rayos de luz para enfocar un objeto distante.

### Visión binocular

Cuando los campos de visión de dos ojos que miran adelante se solapan, producen visión binocular. De esta manera, el animal tiene una visión tridimensional del mundo, lo que le permite juzgar la distancia, una habilidad especialmente importante cuando los predadores cazan. Los animales con ojos en los lados de la cabeza tienen una amplitud inferior de visión binocular, pero una mejor visión integral.

**Ojos mirando adelante**
El búho mide la distancia de una ancha área de visión binocular.

Área ciega

Área de visión binocular

Área de visión monocular

**Ojos en los laterales**
La mayoría de las otras aves, como los playeros, solo tienen visión binocular delante y detrás, pero tienen una área de visión total más amplia.

Visión monocular

Área ciega

Visión binocular

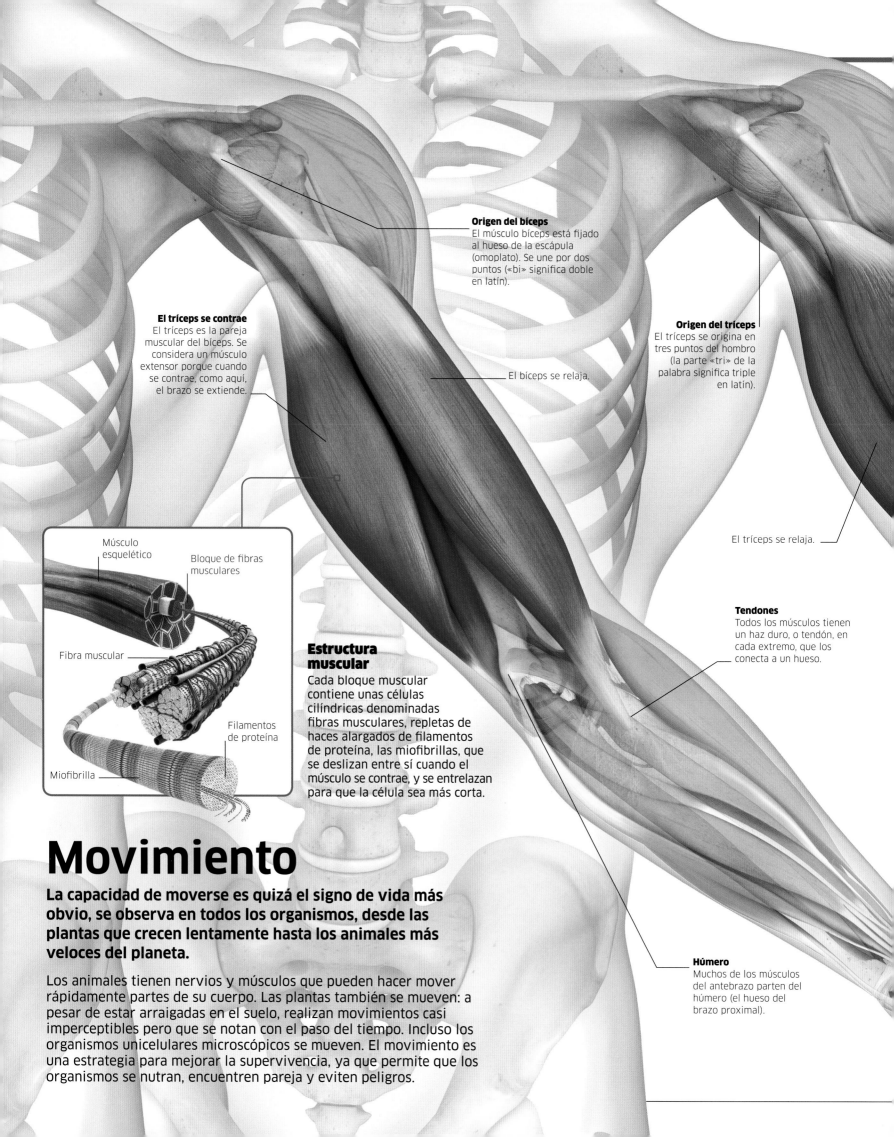

**Origen del bíceps**
El músculo bíceps está fijado al hueso de la escápula (omoplato). Se une por dos puntos («bi» significa doble en latín).

**El tríceps se contrae**
El tríceps es la pareja muscular del bíceps. Se considera un músculo extensor porque cuando se contrae, como aquí, el brazo se extiende.

**Origen del tríceps**
El tríceps se origina en tres puntos del hombro (la parte «tri» de la palabra significa triple en latín).

El bíceps se relaja.

El tríceps se relaja.

Músculo esquelético

Bloque de fibras musculares

Fibra muscular

**Tendones**
Todos los músculos tienen un haz duro, o tendón, en cada extremo, que los conecta a un hueso.

Filamentos de proteína

**Estructura muscular**
Cada bloque muscular contiene unas células cilíndricas denominadas fibras musculares, repletas de haces alargados de filamentos de proteína, las miofibrillas, que se deslizan entre sí cuando el músculo se contrae, y se entrelazan para que la célula sea más corta.

Miofibrilla

# Movimiento

**La capacidad de moverse es quizá el signo de vida más obvio, se observa en todos los organismos, desde las plantas que crecen lentamente hasta los animales más veloces del planeta.**

Los animales tienen nervios y músculos que pueden hacer mover rápidamente partes de su cuerpo. Las plantas también se mueven: a pesar de estar arraigadas en el suelo, realizan movimientos casi imperceptibles pero que se notan con el paso del tiempo. Incluso los organismos unicelulares microscópicos se mueven. El movimiento es una estrategia para mejorar la supervivencia, ya que permite que los organismos se nutran, encuentren pareja y eviten peligros.

**Húmero**
Muchos de los músculos del antebrazo parten del húmero (el hueso del brazo proximal).

El movimiento de cierre de la **Venus atrapamoscas** lo controla un **impulso eléctrico**.

El músculo cardiaco es **el único que puede contraerse espontáneamente** sin que lo active un impulso nervioso.

**171**

Un músculo tarda
## el doble en
relajarse que en contraerse.

**Se contrae el bíceps**
El bíceps del brazo proximal se considera un músculo flexor porque cuando se contrae, como se ilustra aquí, tira del antebrazo para flexionar (doblar) el codo.

**Movimiento de los dedos**
Los dedos no tienen músculos, solo tendones, que se conectan a los músculos del resto de la mano.

**Músculos del antebrazo**
Los músculos del antebrazo controlan los complejos movimientos de la muñeca, la mano y los dedos.

## Trabajo en pareja
Los músculos son haces de células largas que se contraen (encogen) o relajan (estiran) según ordene el sistema nervioso. El tipo más habitual son los que están conectados a los huesos del esqueleto. Tiran de los huesos al contraerse y provocan acciones, como este movimiento del brazo. Como los músculos no pueden empujar, tienen que actuar en pareja: un músculo tira del brazo hacia arriba y otro tira hacia abajo.

**Rotación del brazo**
Además de tirar del antebrazo, el bíceps también hace que gire, de manera que la palma de la mano mire hacia arriba.

## Movimiento vegetal
Igual que los animales, las plantas también se mueven para aprovechar al máximo el entorno. Los brotes de las plantas son muy sensibles a la puntas y se inclinan lentamente hacia una fuente de luz. La auxina, un agente químico que regula el crecimiento, hace que el lado sombreado del brote crezca más para doblar la planta hacia el Sol.

La auxina (en rosa) producida en la punta se reparte por todo el brote para que crezca vertical.

Si la luz brilla en una única dirección, la auxina se desplaza hacia el lado sombreado.

Aquí la auxina estimula las células vegetales para que crezcan más, de manera que el brote girará hacia la luz.

## Estructuras de soporte
Los animales tienen un esqueleto que sostiene el cuerpo y protege los órganos blandos. Es muy importante para los animales terrestres grandes cuyo cuerpo no sostiene el agua. Los esqueletos también aportan un soporte firme para los músculos al contraerse y que los animales tengan la fuerza necesaria para desplazarse.

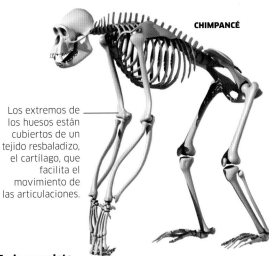

**CHIMPANCÉ**

Los extremos de los huesos están cubiertos de un tejido resbaladizo, el cartílago, que facilita el movimiento de las articulaciones.

### Endoesqueleto
Los animales vertebrados, incluidos peces, anfibios, reptiles, aves y mamíferos, tienen un esqueleto interno duro en el interior del cuerpo. Los músculos envuelven el esqueleto y tiran de los huesos.

El esqueleto es más flexible y fino cerca de las articulaciones.

**CANGREJO FANTASMA CORNUDO**

### Exoesqueleto
Muchos tipos de invertebrados, como los insectos y los crustáceos, tienen un esqueleto externo que les cubre el cuerpo, como si fuera una armadura, y los músculos dentro. Los exoesqueletos no crecen con el resto del cuerpo y se mudan periódicamente.

**MEDUSA COMÚN**

Los músculos de la medusa se contraen alrededor de una capa de fina gelatina que mantiene firme su cuerpo.

### Hidroesqueleto
Determinados tipos de animales de cuerpo blando, como las anémonas de mar y las lombrices, tienen como soporte unas bolsas internas cuya firmeza se mantiene gracias al agua, que llena estas bolsas sobre las que se apoyan los músculos al moverse.

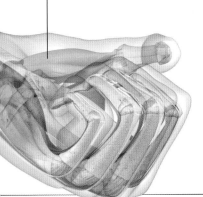

## Pulsación

La medusa ni avanza ni retrocede, sino que sube y baja por el agua gracias al anillo de músculos alrededor de la umbrela. Cuando se contrae, la umbrela se cierra un poco, expulsa el agua y envía al animal hacia arriba.

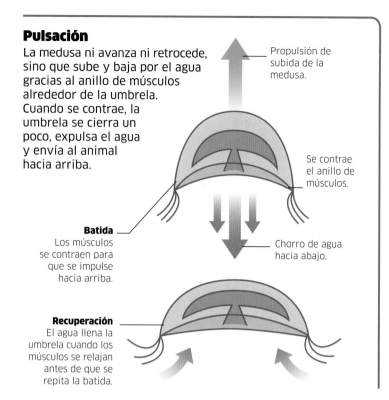

Propulsión de subida de la medusa.

Se contrae el anillo de músculos.

Chorro de agua hacia abajo.

**Batida**
Los músculos se contraen para que se impulse hacia arriba.

**Recuperación**
El agua llena la umbrela cuando los músculos se relajan antes de que se repita la batida.

# Desplazarse

**Ya sea por tierra, agua o aire, los animales se desplazan de maneras extraordinarias cuando todos los músculos cooperan.**

Aunque todos los seres vivos mueven partes del cuerpo hasta cierto grado, solo los animales son capaces de desplazarse, o mover todo el cuerpo hacia una ubicación diferente. Algunos animales lo hacen sin mover un solo músculo, ya sea dejándose llevar por la corriente del océano o el viento. Sin embargo, la mayoría de los animales se desplazan por su propio esfuerzo. Tienen diferentes motivos para hacerlo: encontrar comida o pareja, o escapar de predadores. Algunos animales migran enormes distancias de estación en estación, o incluso a diario.

Los tiburones pigmeos del océano profundo no miden más de 20 cm, pero cada noche
## nadan 1,5 km hasta la superficie y bajan de nuevo
para alimentarse.

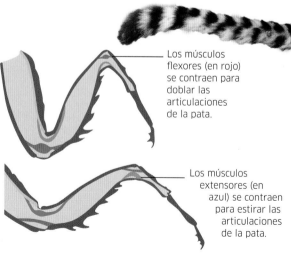

El escarabajo tigre tiene patas largas para correr más.

### Escarabajo tigre
Los escarabajos tigre son unos predadores al esprint. Como todos los insectos, tienen seis patas; levantan tres cuando corren mientras las otras tres continúan en contacto con el suelo. Sin embargo, sus grandes ojos no soportan tanta velocidad, por lo tienen visión borrosa cada vez que corren.

## Carrera

Cualquier animal que se desplace por tierra necesita músculos para moverse. También hace falta un buen equilibrio para mantenerse en pie: para eso los músculos y el esqueleto deben coordinarse con el sistema nervioso. Algunos animales son lentos aunque tengan prisa; otros, en cambio, son corredores natos. Los más rápidos, además de músculos potentes para mover las extremidades más rápido, tienen una zancada mucho más larga.

El guepardo acelera hasta los
## 100 km/h
en solo 3 segundos.

Los músculos flexores (en rojo) se contraen para doblar las articulaciones de la pata.

Los músculos extensores (en azul) se contraen para estirar las articulaciones de la pata.

### Pata multiarticulada
Los artrópodos, que incluyen insectos, arañas y cangrejos, tienen patas multiarticuladas compuestas por un esqueleto exterior a modo de armadura y músculos en el interior, que trabajan en parejas en cada articulación: uno para flexionar (doblar) y el otro para extender.

La columna flexible hace que el cuerpo se doble arriba y abajo al esprintar.

Las patas largas le permiten dar enormes zancadas.

Las cuatro patas están simultáneamente en el aire como mínimo dos veces por zancada.

### Guepardo
El guepardo tiene la aceleración más rápida entre los animales terrestres, pero no es solo gracias a sus largas patas. Los humanos corren con las plantas de los pies; los felinos, en cambio, apoyan todo el peso sobre los dedos, lo que alarga la extremidad. La flexible columna vertebral del guepardo hace que sus patas basculen más, lo que alarga un 10 % su zancada.

Los **campeones de salto** son los **cercopoideos**, cuyo salto cubre **una distancia setenta veces el tamaño de su cuerpo.**

**120** km/h: velocidad del halcón común bajando en picado por el cielo. Es **el animal más rápido del mundo.**

**173**

## Galerías

La vida bajo tierra supone retos especiales. Estos animales precisan la fuerza necesaria para cavar por el suelo y crear un pasadizo, y la capacidad de cruzar pequeñas aberturas. Los topos usan las patas a modo de palas para apartar la tierra; las lombrices, en cambio, se abren paso con todo el cuerpo.

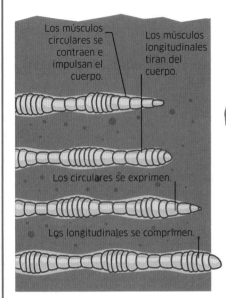

Los músculos circulares se contraen e impulsan el cuerpo.

Los músculos longitudinales tiran del cuerpo.

Los circulares se exprimen.

Los longitudinales se comprimen.

### Lombriz

La lombriz de tierra tiene dos conjuntos de músculos: uno rodea el cuerpo y lo exprime adelante, igual que el dentífrico al salir del tubo; el otro tira del cuerpo hacia delante.

### Inseparable de Namibia

Estas aves tienen una adaptación máxima al vuelo: disponen de unos enormes músculos de vuelo para batir las alas, huesos huecos para pesar poco y plumas aerodinámicas.

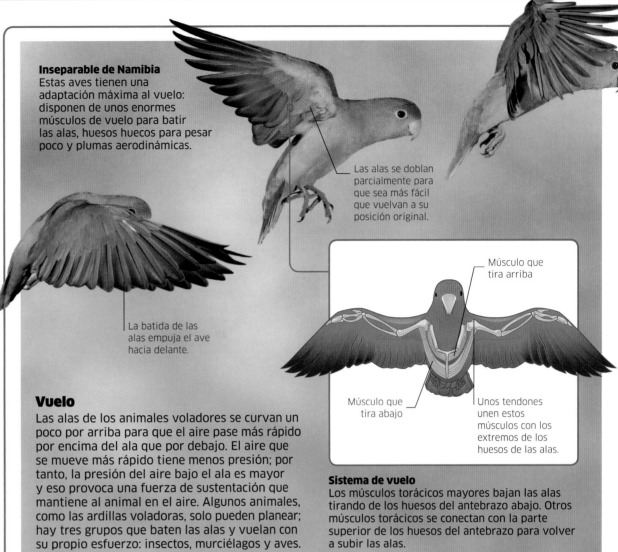

Las alas se doblan parcialmente para que sea más fácil que vuelvan a su posición original.

La batida de las alas empuja el ave hacia delante.

Músculo que tira arriba

Músculo que tira abajo

Unos tendones unen estos músculos con los extremos de los huesos de las alas.

### Vuelo

Las alas de los animales voladores se curvan un poco por arriba para que el aire pase más rápido por encima del ala que por debajo. El aire que se mueve más rápido tiene menos presión; por tanto, la presión del aire bajo el ala es mayor y eso provoca una fuerza de sustentación que mantiene al animal en el aire. Algunos animales, como las ardillas voladoras, solo pueden planear; hay tres grupos que baten las alas y vuelan con su propio esfuerzo: insectos, murciélagos y aves.

### Sistema de vuelo

Los músculos torácicos mayores bajan las alas tirando de los huesos del antebrazo abajo. Otros músculos torácicos se conectan con la parte superior de los huesos del antebrazo para volver a subir las alas.

## Natación

El agua es más espesa que el aire y por eso ejerce una fuerza mayor, la resistencia, contra cualquier animal que se mueva a través de ella. Los animales nadadores la reducen con su forma estilizada. Aunque los animales marinos, como los peces y los delfines, tienen poca relación entre sí, todos tienen formas similares para impulsarse por el agua.

### Natación del pez

Los peces tienen bloques de músculos en ambos lados del cuerpo que se contraen para doblar el cuerpo en forma de «S», que la cola barra de lado a lado e impulse al pez adelante.

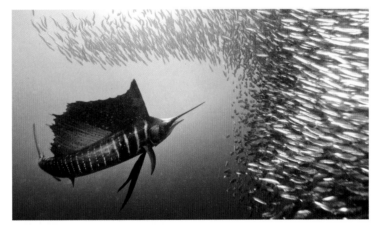

### Pez vela

La enorme aleta del pez vela le ayuda a equilibrar el cuerpo para poder acercarse a sus presas sin ser detectado. No obstante, cuando la retrae, se convierte en el cazador más rápido del océano.

Los músculos se contraen por este lado, mueven la cola hacia un lado y doblan el resto del cuerpo.

Los pares de aletas ayudan a controlar la dirección y frenar.

La cola se dobla hacia el otro lado.

El movimiento lateral impulsa al pez hacia delante.

La aleta dorsal no deja que el pez gire en espiral por el agua.

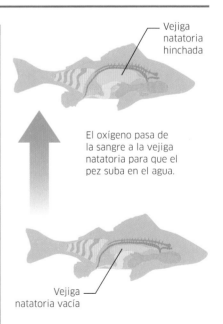

Vejiga natatoria hinchada

El oxígeno pasa de la sangre a la vejiga natatoria para que el pez suba en el agua.

Vejiga natatoria vacía

### Control de la flotación

Los peces pesan más que el agua, pero la mayoría de los peces óseos tienen una cámara llena de gas, la vejiga natatoria, que les hace flotar mientras nadan. Al controlar el volumen de gas de su interior, los peces pueden subir o bajar dentro del agua.

# Polinización

**Pese a vivir fijas en el suelo, las plantas se esfuerzan para garantizar la supervivencia de su especie. Con la ayuda del viento, el agua y los animales, se fecundan y dispersan las semillas a lo largo y ancho del planeta.**

Las flores son los órganos reproductores de la mayoría de las plantas y contienen células masculinas y femeninas. Las masculinas (encerradas dentro de los granos de polen) fecundan los óvulos de las partes hembra de la flor. Cada minúscula planta joven que se produce queda encerrada dentro de una semilla: una cápsula de supervivencia que la protege hasta que pueda germinar.

Las abejas carpinteras visitan las flores para recoger el dulce néctar, un alimento energético.

**Estambre**
Los estambres amarillos, que producen polen, son la parte masculina de la planta.

**1 Floración**
Las llamativas franjas púrpura de la flor guían a la abeja carpintera hasta las glándulas de néctar del centro. Otras plantas con flores menos atractivas pueden esparcir el polen al viento.

**2 Polinización**
Los estambres amarillos llenan los pelos del insecto de polen, que llevará hasta los estigmas púrpura de otra planta de la misma especie.

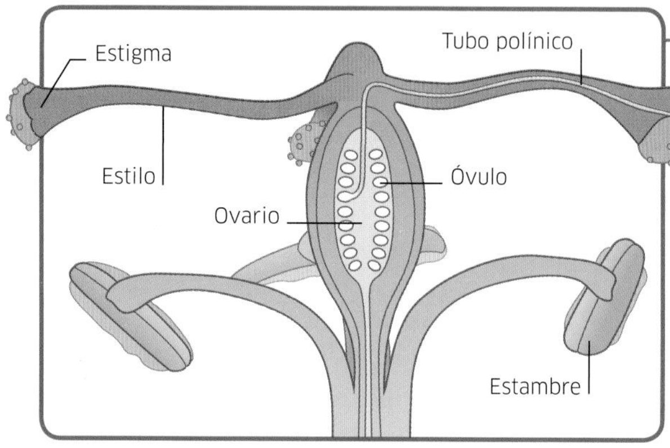

Estigma

Tubo polínico

Estilo

Óvulo

Ovario

Grano de polen

Estambre

**3 Fecundación**
Los granos de polen caen en el estigma y sacan unos tubos microscópicos para acercar las células masculinas por el estilo hasta llegar a los óvulos. Cada óvulo fecundado se convierte en embrión y queda encerrado dentro de una cápsula blanca.

## Asociaciones reproductivas

Como muchos tipos de planta, la passiflora de Sudamérica precisa de la ayuda de animales para reproducirse. Las grandes y peludas abejas carpinteras a la caza del dulce néctar llevan el polen de flor en flor, mientras que las aves que se pirran por la fruta, como este bienteveo común, esparcen las semillas.

Tras la fecundación, los pétalos de la flor se arrugan y caen.

**4 Producción de fruta**
Tras la fecundación, la base de la flor empieza a convertirse en una fruta carnosa. Los óvulos de su interior se endurecen y forman las semillas.

Los insectos polinizan **muchos tipos de flores**, aunque
otras las polinizan **aves o incluso murciélagos**.

Las **semillas de abeto** y plantas relacionadas se
desarrollan a partir de **piñas en lugar de flores**.

**175**

**6 Germinación**
Si la semilla cae
en suelo húmedo, el
embrión que contiene
empieza a crecer y la
semilla germina. Las
raíces crecen abajo
para absorber agua y
minerales, mientras
que los brotes salen
arriba para convertirse
en hojas.

Sale un brote nuevo
de la cápsula partida
de la semilla.

Las hojas van subiendo a
medida que crece la planta.

**Estigma**
Los estigmas púrpura son las
partes femeninas de la flor que
recogen los granos de polen.

**Estilo**
Cada estigma está conectado con el
ovario de su base a través de un estilo.

**5 Dispersión
de semillas**
La fruta se vuelve
naranja y más dulce
al madurar, lo que
atrae a los frugívoros,
como este bienteveo
común, que consume
la fruta y reparte las
semillas de las plantas
en sus excrementos.

Las aves pueden esparcir
las semillas lejos de la
planta original; no obstante,
esta no es la única manera
que tienen de viajar. Otras
especies de semillas se van
con el viento o el agua.

## Reproducción asexual

Muchas plantas tienen reproducción asexual: no
producen células sexuales masculinas y femeninas.
Algunas presentan brotes que se convierten en
nuevas plantas. Otras pocas producen pequeñas
plantas en sus hojas.

Estas nuevas plantitas que crecen en las
hojas del helecho pikopiko se caen y
producen helechos totalmente nuevos.

## Reproducción por esporas

Los musgos y helechos no dan flores ni semillas,
sino que esparcen esporas. Estas se diferencian de
las semillas porque contienen una única célula y no
un embrión fecundado. Estas células se convierten
en plantas con órganos reproductores, que deben
fecundarse entre sí para convertirse en plantas
maduras que puedan producir una nueva
generación de esporas.

Cápsula de espora

**1 Dispersión de esporas**
Los brotes de musgo ya
desarrollados liberan un sinfín
de esporas unicelulares, que
se lleva el viento. Se convierten
en una planta nueva allí donde
aterricen.

Macho            Hembra

**2 Desarrollo de los
órganos sexuales**
Tras aterrizar en suelo húmedo,
las esporas se convierten en brotes
con órganos sexuales microscópicos.
Los órganos masculinos producen
espermatozoides y los femeninos
producen óvulos.

**3 Fecundación**
La lluvia hace que los
espermatozoides puedan
llegar al óvulo de los
órganos femeninos, donde
los fecundan.

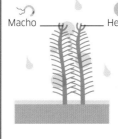

Brote productor de esporas

**4 Crecimiento de la cápsula
de espora**
Cada óvulo fecundado se convierte
en un brote productor de esporas
con una cápsula de espora capaz de
crear más esporas y repetir el ciclo.

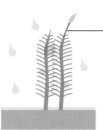

**176** vida ∘ **PRODUCIR CRÍAS**

La letal **hembra de mantis religiosa se come la cabeza del macho** al aparearse, para que entre **más esperma** en su cuerpo.

# Producir crías

**El impulso por reproducirse es uno de los instintos más básicos de todos los animales. Muchas especies dedican toda su vida a encontrar pareja y tener crías.**

La manera más habitual que tienen los animales de reproducirse es a través de la reproducción sexual: los espermatozoides del macho fecundan un óvulo de la hembra. Este óvulo fecundado se convierte en un embrión que crecerá y se desarrollará lentamente hasta convertirse en un nuevo animal. Muchos animales acuáticos liberan espermatozoides y óvulos en el agua, pero los animales terrestres deben aparearse para que los espermatozoides penetren en el cuerpo de la hembra y puedan nadar hasta llegar a los óvulos.

## Poner huevos en tierra

Algunos animales terrestres, como aves y reptiles, fertilizan los huevos dentro del cuerpo de la madre para después ponerse, por lo general, en un nido. Estos huevos tienen una dura cáscara protectora que envuelve al embrión en su interior y evita que se seque. También contienen una gran reserva de alimento (la yema) para el embrión en desarrollo. Pueden pasar semanas o incluso meses antes de que la cría sea bastante grande para salir y sobrevivir en el exterior.

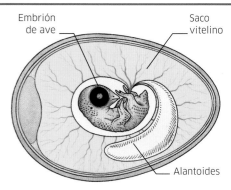

**Un huevo de ave por dentro**
La cáscara de un huevo de ave deja pasar el aire para que el embrión respire. El saco vitelino aporta nutrientes mientras crece hasta ser un pollito; otra bolsa, el alantoides, recoge oxígeno y residuos.

## Parir crías vivas

Salvo una pocas especies ponedoras de huevos (los monotremas), todos los mamíferos paren crías vivas. La madre hace crecer los embriones dentro del cuerpo, una exigente tarea que implica ingerir más nutrientes. Los bebés se desarrollan en la parte del cuerpo de la madre conocida como el útero, o matriz, donde un órgano especial, la placenta, aporta alimento y oxígeno.

### Una nueva generación de ratones

Algunos mamíferos, como los humanos, suelen tener una cría por embarazo. Otros, en cambio, pueden tener grandes camadas; los ratones, por ejemplo, pueden tener hasta catorce crías de golpe. Cada una empieza como un único óvulo fecundado, se convierte en embrión y nace al cabo de solo 3 semanas.

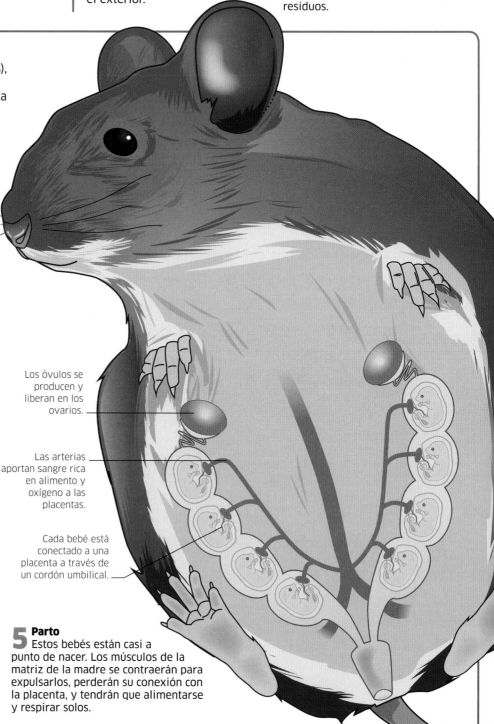

Los óvulos se producen y liberan en los ovarios.

Las arterias aportan sangre rica en alimento y oxígeno a las placentas.

Cada bebé está conectado a una placenta a través de un cordón umbilical.

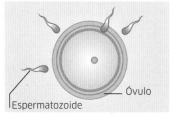

Espermatozoide — Óvulo

**1 Fecundación**
Cuando un ratón macho se aparea con una hembra, miles de espermatozoides penetran en su cuerpo para nadar hacia los óvulos. El primero que llega hasta un óvulo penetra en él y lo fecunda.

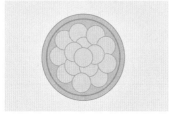

**2 Formación del embrión**
El óvulo fecundado ahora contiene una mezcla de genes del espermatozoide y el óvulo. Se divide varias veces para formar una bola microscópica de células conocida como embrión.

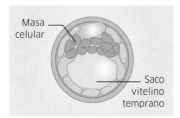

Masa celular — Saco vitelino temprano

**3 Implantación**
El embrión se convierte en una bola vacía. La masa celular de un lado se convertirá en el cuerpo del ratón. La bola viaja hasta la matriz para fijarse a su pared en lo que se conoce como implantación.

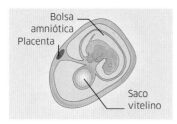

Bolsa amniótica
Placenta — Saco vitelino

**4 Crecimiento de la placenta**
El bebé ratón empieza a formarse y recibe nutrientes, primero de un saco vitelino temporal y después de la placenta. Una bolsa llena de líquido, la bolsa amniótica, protege al embrión.

**5 Parto**
Estos bebés están casi a punto de nacer. Los músculos de la matriz de la madre se contraerán para expulsarlos, perderán su conexión con la placenta, y tendrán que alimentarse y respirar solos.

**300** millones de huevos puede producir el pez luna de una tirada, más que cualquier otro vertebrado.

Las hembras de caballito de mar ponen los huevos en una bolsa del cuerpo del macho; por tanto, es el padre quien da a luz.

**177**

## Poner huevos en el agua

Los peces fecundan externamente sus huevos: las hembras ponen los huevos sin fecundar directamente en el agua. En lugar de tener cáscaras duras, los huevos de los peces suelen tener una cubierta gelatinosa que protege a los embriones en desarrollo. La mayoría de los peces no esperan a que se desarrollen los embriones, sino que suelen esparcir muchos huevos y espermatozoides y que decida la suerte. Sin embargo, algunas especies, como el pez payaso, cuidan mucho a sus bebés.

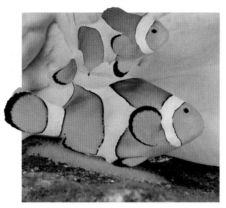

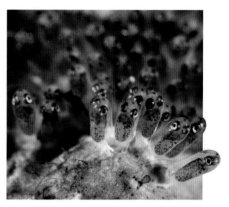

**1 Puesta y fecundación**
La hembra de pez payaso pone los huevos en una superficie dura. El macho libera el esperma para fecundarlos.

**2 Cuidado de los huevos**
Durante la semana que tardan en abrirse, el padre vigila los huevos; usa su boca para limpiarlos.

**3 Eclosión**
Los diminutos bebés, o alevines, salen de los huevos. Crecen rápido alimentándose de los nutrientes del saco vitelino.

## Invertir en las crías

Todos los animales dedican mucho tiempo y esfuerzo en reproducirse, pero la energía se invierte de manera diferente. Algunos, como muchos insectos y casi todos los peces, producen miles de huevos de golpe y unos pocos incluso mueren tras reproducirse. Otros producen un único bebé cada vez, pero dedican mucho tiempo a cuidarlo.

### Vidas reproductoras

Los animales deben tener un sistema reproductor maduro antes de reproducirse; algunos tardan años en desarrollarlo. Mientras que algunos animales se reproducen a menudo durante una larga vida, otras especies de vida más breve compensan su corta esperanza de vida produciendo muchas crías cada vez.

Se aparea una única vez a los 5 años.

**Salmón rojo**
El salmón vuelve del océano al río para esparcir millones de huevos. Tras este enorme esfuerzo, muere; por ello, solo se reproduce una vez.

El embarazo de una elefanta **dura 22 meses,** el más largo entre todos los mamíferos.

**Sapo común**
Los sapos pueden reproducirse durante 7 años en la vida adulta; cada año producen miles de huevos.

Empieza a reproducirse a los 3 años.

Puede reproducirse hasta los 10 años.

**Elefante africano**
Una cría de elefante necesita tantos cuidados para crecer que los elefantes solo crían cada pocos años. No obstante, se reproducen durante décadas.

Empieza a reproducirse a los 20 años.

Continúa reproduciéndose hasta los 60 años.

## Cuidados familiares

La mejor manera de garantizar la supervivencia de las crías es cuidarlas bien cuando son más vulnerables; sin embargo, los progenitores animales tienen diferentes niveles de devoción por sus crías. Muchos invertebrados apenas las cuidan. Sin embargo, los progenitores de mamíferos pueden alimentar a sus crías durante años.

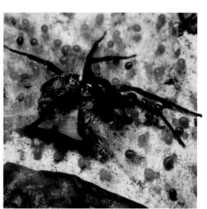

Los canguros recién nacidos **viven en una bolsa** en el cuerpo de su madre, donde continúan creciendo y desarrollándose.

**Coral**
El coral adulto no se preocupa de sus crías. Las microscópicas fases jóvenes del coral, conocidas como larvas, deben valerse por sí solas en el océano, donde la mayoría acabará en la boca de los predadores.

**Araña tejedora de encaje negro**
Esta araña madre se somete al sacrificio definitivo para sus crías: tras poner más huevos para que los bebés se los coman, les incita a que la muerdan para espolear sus instintos predadores. Acaba siendo devorada por sus hijos.

**Orangután**
La infancia de este simio habitante de los árboles dura hasta los 12 años, igual que los humanos. Durante este tiempo, la cría está cerca de su madre para protegerse y aprender técnicas vitales de supervivencia.

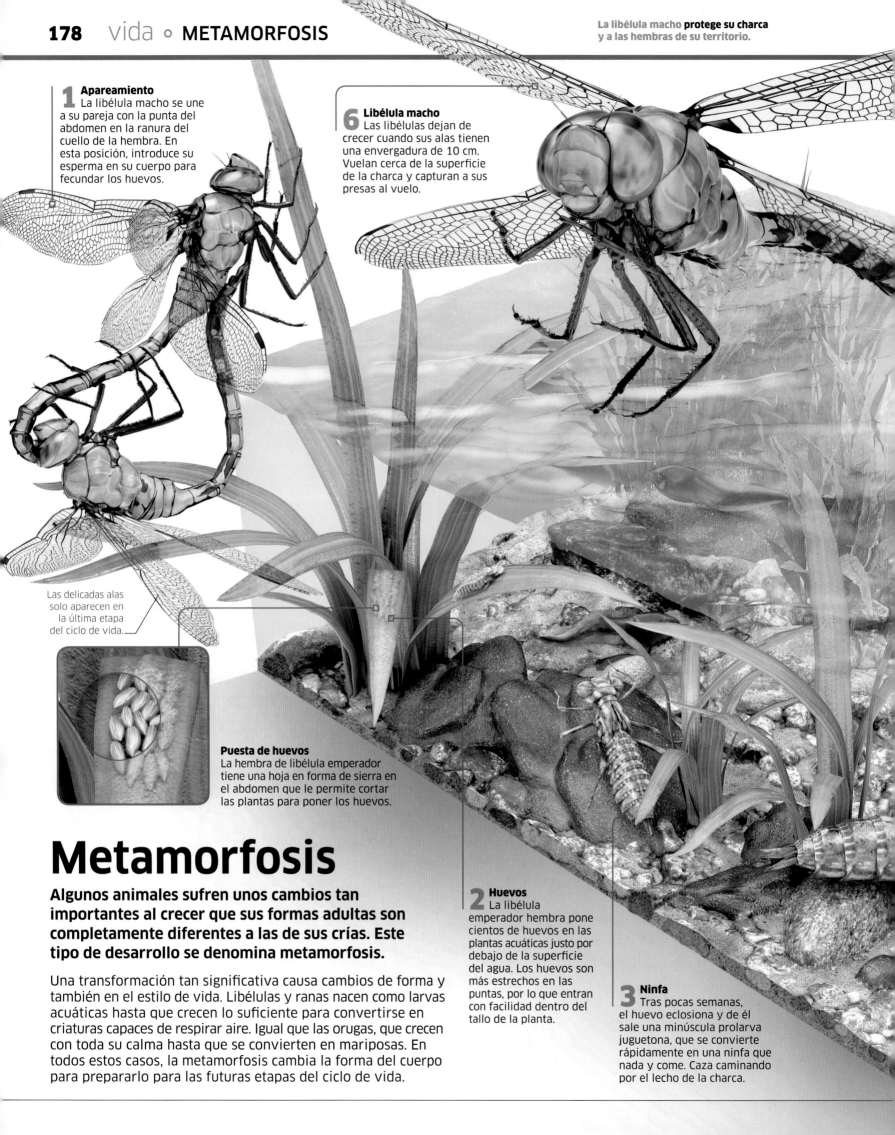

La libélula macho **protege su charca** y a las hembras de su territorio.

**1 Apareamiento**
La libélula macho se une a su pareja con la punta del abdomen en la ranura del cuello de la hembra. En esta posición, introduce su esperma en su cuerpo para fecundar los huevos.

**6 Libélula macho**
Las libélulas dejan de crecer cuando sus alas tienen una envergadura de 10 cm. Vuelan cerca de la superficie de la charca y capturan a sus presas al vuelo.

Las delicadas alas solo aparecen en la última etapa del ciclo de vida.

**Puesta de huevos**
La hembra de libélula emperador tiene una hoja en forma de sierra en el abdomen que le permite cortar las plantas para poner los huevos.

# Metamorfosis

**Algunos animales sufren unos cambios tan importantes al crecer que sus formas adultas son completamente diferentes a las de sus crías. Este tipo de desarrollo se denomina metamorfosis.**

Una transformación tan significativa causa cambios de forma y también en el estilo de vida. Libélulas y ranas nacen como larvas acuáticas hasta que crecen lo suficiente para convertirse en criaturas capaces de respirar aire. Igual que las orugas, que crecen con toda su calma hasta que se convierten en mariposas. En todos estos casos, la metamorfosis cambia la forma del cuerpo para prepararlo para las futuras etapas del ciclo de vida.

**2 Huevos**
La libélula emperador hembra pone cientos de huevos en las plantas acuáticas justo por debajo de la superficie del agua. Los huevos son más estrechos en las puntas, por lo que entran con facilidad dentro del tallo de la planta.

**3 Ninfa**
Tras pocas semanas, el huevo eclosiona y de él sale una minúscula prolarva juguetona, que se convierte rápidamente en una ninfa que nada y come. Caza caminando por el lecho de la charca.

**5 Aparición de la libélula**
Justo antes de la última muda, la ninfa se encarama a una planta fuera del agua. Esta vez emerge una libélula de la piel.

Pueden pasar hasta tres horas hasta que las alas del insecto se endurezcan y puedan volar.

## Metamorfosis completa

Como muchos otros insectos, la metamorfosis de la mariposa es diferente a la de la libélula. Su larva es una oruga, un devorador de hojas sin parecido alguno a la forma adulta, que se convierte en una mariposa voladora en una única transformación. Este proceso se diferencia de la metamorfosis incompleta, en la que las múltiples formas de la larva son versiones más pequeñas del adulto.

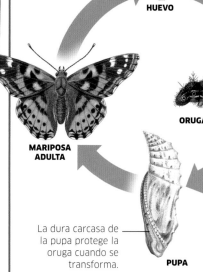

HUEVO

ORUGA

MARIPOSA ADULTA

La dura carcasa de la pupa protege la oruga cuando se transforma.

PUPA

## Ciclo de vida anfibio

Los anfibios crecen de manera más paulatina que los insectos porque no tienen que mudar la piel. Los minúsculos renacuajos, con sus branquias para respirar bajo el agua, salen cuando eclosionan los huevos de rana; después tardan semanas o meses en crecer y convertirse en ranas capaces de respirar aire. Durante este tiempo, sus patas crecen lentamente, igual que su cuerpo va absorbiendo la cola.

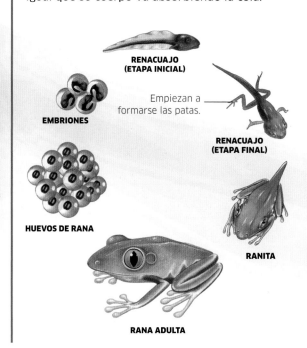

RENACUAJO (ETAPA INICIAL)

Empiezan a formarse las patas.

EMBRIONES

RENACUAJO (ETAPA FINAL)

HUEVOS DE RANA

RANITA

RANA ADULTA

**4 Ninfa grande**
La ninfa sufre varias mudas más y cada vez es más grande. Todos los insectos deben mudar la piel externa de manera periódica porque su protección no crece con su cuerpo.

**Armas de caza**
La ninfa de libélula emperador tiene un «labio» inferior con una gran pinza que puede disparar para atrapar a su presa. Las ninfas pueden superar los 5 cm, longitud suficiente para cazar presas grandes, por ejemplo peces.

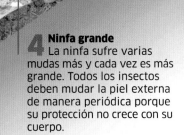

**180** vida ∘ **GENÉTICA Y ADN**

Dos **cromosomas determinan el sexo de un bebé:** las hembras tienen
dos **cromosomas X**, mientras que los machos tienen uno **X** y uno **Y**.

# Genética y ADN

**Un conjunto de instrucciones dentro de todas las células del cuerpo determina las características de un ser vivo, su esencia y su aspecto.**

## Condensar la información

El núcleo de cada célula del cuerpo humano contiene 46 moléculas de ADN que encierran toda la información necesaria para crear y mantener un ser humano. Cada molécula tiene forma de escalera enrollada, denominada doble hélice, y comprimida en un haz conocido como cromosoma. La información genética se encuentra en la secuencia de diferentes unidades químicas, o bases, que componen los peldaños de la escalera.

El ADN (ácido desoxirribonucleico) contiene las instrucciones para crear el cuerpo y mantenerlo en correcto funcionamiento. El orden de los bloques químicos que componen el ADN determina si un ser vivo crece en forma de roble, ser humano o cualquier otro tipo de organismo. El ADN también se copia siempre que las células se dividen, de manera que todas las células del cuerpo tienen estas mismas instrucciones genéticas vitales. La mitad del ADN de cada organismo pasa a la siguiente generación en las células sexuales masculinas o femeninas.

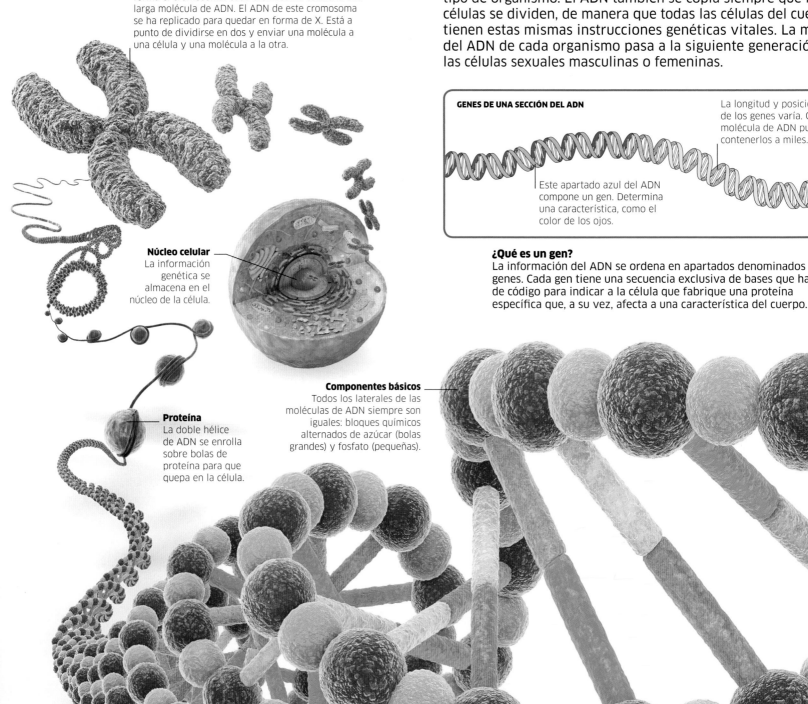

**Cromosoma**
Una mezcla muy comprimida de proteína y ADN forma el cromosoma. Cada cromosoma contiene una larga molécula de ADN. El ADN de este cromosoma se ha replicado para quedar en forma de X. Está a punto de dividirse en dos y enviar una molécula a una célula y una molécula a la otra.

**Núcleo celular**
La información genética se almacena en el núcleo de la célula.

**Proteína**
La doble hélice de ADN se enrolla sobre bolas de proteína para que quepa en la célula.

**Componentes básicos**
Todos los laterales de las moléculas de ADN siempre son iguales: bloques químicos alternados de azúcar (bolas grandes) y fosfato (pequeñas).

**GENES DE UNA SECCIÓN DEL ADN**

La longitud y posición de los genes varía. Cada molécula de ADN puede contenerlos a miles.

Este apartado azul del ADN compone un gen. Determina una característica, como el color de los ojos.

## ¿Qué es un gen?

La información del ADN se ordena en apartados denominados genes. Cada gen tiene una secuencia exclusiva de bases que hace de código para indicar a la célula que fabrique una proteína específica que, a su vez, afecta a una característica del cuerpo.

**2** m: longitud del **ADN de una única célula humana** si se **estirara completamente**.

**181**

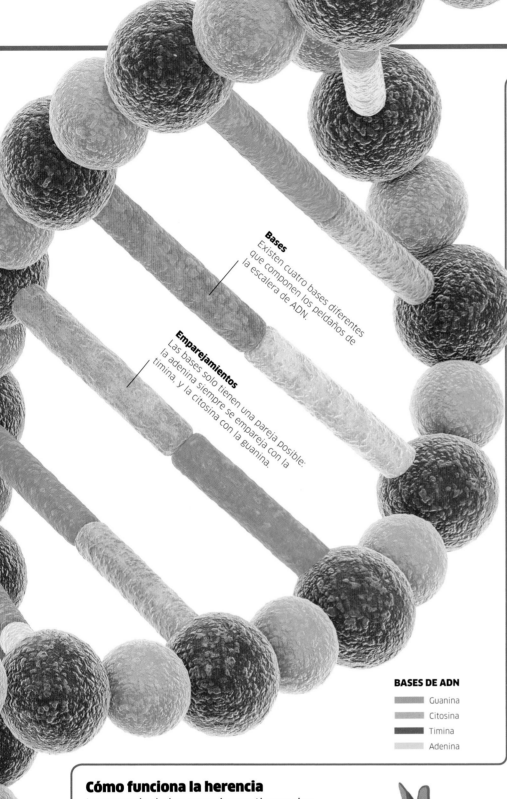

**Bases**
Existen cuatro bases diferentes que componen los peldaños de la escalera de ADN.

**Emparejamientos**
Las bases solo tienen una pareja posible: la adenina siempre se empareja con la timina, y la citosina con la guanina.

**BASES DE ADN**

 Guanina
Citosina
Timina
Adenina

## Replicación del DNA

Las células se replican partiéndose en dos. Deben copiarse todas las instrucciones que contiene el ADN antes de que se divida, para que la nueva célula lo tenga entero. El ADN lo hace dividiéndose en dos cadenas. Cada cadena sirve como plantilla para producir una nueva doble hélice.

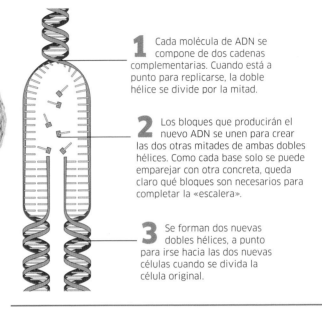

**1** Cada molécula de ADN se compone de dos cadenas complementarias. Cuando está a punto para replicarse, la doble hélice se divide por la mitad.

**2** Los bloques que producirán el nuevo ADN se unen para crear las dos otras mitades de ambas dobles hélices. Como cada base solo se puede emparejar con otra concreta, queda claro qué bloques son necesarios para completar la «escalera».

**3** Se forman dos nuevas dobles hélices, a punto para irse hacia las dos nuevas células cuando se divida la célula original.

## ¿Qué se hereda?

Muchas características humanas, como el color de los ojos o del pelo y el grupo sanguíneo, se deben a unos genes concretos. Las diferentes variedades de genes, denominados alelos, determinan la variación de estas características. Otras características, como la altura, son producto de diversos genes juntos, además de otros factores, como la dieta.

**Genes**
Algunas características solo se heredan de los progenitores.

**Genes y entorno**
Otras características se ven influidas por los genes y el entorno.

**COLOR DE LOS OJOS**    **FORMA DEL LÓBULO**    **EDAD EN LA QUE EL PELO SE TORNA GRIS**    **VISTA**

## Cómo funciona la herencia

La mayoría de los organismos tienen dos conjuntos de cada tipo de gen: uno de cada progenitor. Muchos genes tienen dos o más variaciones, o alelos, de manera que los genes que hereda un animal de su madre y padre pueden ser idénticos o diferentes. Cuando dos animales, como estos conejos, se reproducen, existen muchas posibles combinaciones de alelos que pueden recibir sus crías. Algunos son dominantes (como los del pelo pardo); cuando una cría de conejo tiene dos alelos diferentes presentará la característica del alelo dominante. Los otros alelos son recesivos y los bebés solo tendrán la característica que determinan si tienen los dos. Por eso algunos niños heredan características físicas que sus padres no presentan.

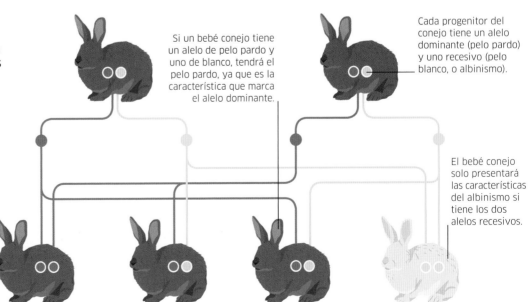

Si un bebé conejo tiene un alelo de pelo pardo y uno de blanco, tendrá el pelo pardo, ya que es la característica que marca el alelo dominante.

Cada progenitor del conejo tiene un alelo dominante (pelo pardo) y uno recesivo (pelo blanco, o albinismo).

El bebé conejo solo presentará las características del albinismo si tiene los dos alelos recesivos.

# Un sitio para vivir

**Toda forma de vida (cualquier especie de planta, animal o microbio) tiene un conjunto específico de necesidades que solo le permite proliferar en sitios concretos.**

Los hábitats son los sitios donde viven los organismos y pueden ser tan pequeños como un tronco pudriéndose o tan grandes como el océano abierto. Cada uno ofrece una combinación diferente de condiciones que se adapta a una comunidad concreta de especies. Aquí, los habitantes que estén adaptados a dichas condiciones (al clima, alimentación y resto de los factores del hábitat) crecen y sobreviven hasta producir la siguiente generación.

## Vida entre las mareas

En ningún sitio se aprecia mejor la diversidad entre hábitats que en la orilla del mar. Las condiciones varían de manera espectacular en la orilla rocosa, desde pozas de marea sumergidas en los niveles inferiores hasta la tierra expuesta más arriba. Con el movimiento diario de subida y bajada de la marea, las especies deben adaptarse a una vida parcialmente al aire y parcialmente bajo el agua.

**Supralitoral**
Solo las especies más duras del océano sobreviven en la parte más alta y seca de la orilla. Esta planta marina, la *Pelvetia canaliculata*, sobrevive perdiendo más del 60% de su contenido en agua.

**Mesolitoral**
En la zona media de la orilla, una planta marina, el sargazo vejigoso, pasa el 50% de su vida en el agua y el 50% restante fuera del agua, siguiendo el ritmo de las mareas.

**Infralitoral**
La vida en la parte más baja de la orilla suele quedar cubierta por agua de mar, un buen hábitat para los organismos que no pueden sobrevivir expuestos al aire.

**Alga dentada**
El alga dentada, una planta marina, solo sobrevive en el infralitoral, donde queda al descubierto con las mareas más bajas.

**Caracoles**
Muchos animales, como los caracoles que pastan algas, solo pueden alimentarse bajo el agua.

Muchos organismos tienen **hábitats urbanos**, desde los **ratones domésticos** hasta los **leopardos** que campan a sus anchas por la ciudad de Mumbai, India.

Cualquier comunidad cuenta con **bacterias microscópicas**. Puede haber **miles de especies** de bacterias en tan solo **una cucharadita de tierra**.

**183**

**Bellotas de mar**
Las bellotas son unos parientes de las gambas que se fijan a las rocas. Se alimentan por filtración del agua oceánica cuando la marea alta las cubre.

**Lapas**
Estos pequeños moluscos se mantienen pegados a la roca en la marea baja.

**Poblaciones**
Todos los individuos de la misma especie que viven y se reproducen juntos componen una población, como la de estas bellotas de mar fijadas en las rocas.

**Poza de marea**
Las pozas de marea son refugios para los organismos oceánicos, ya que les permiten estar bajo el agua más arriba de la orilla, incluso en mareas bajas.

**Comunidades**
Todas las especies que interaccionan en un hábitat, como esta colorida colección de anémonas, plantas marinas y estrellas de mar, componen una comunidad. Las comunidades y las partes inertes del entorno, como el aire, la roca y el agua, conforman el ecosistema.

# Interacciones entre especies

En una comunidad de un hábitat, las especies interactúan entre sí de muchas maneras. Estas interacciones se denominan simbiosis; existen diferentes tipos de asociación: algunas beneficiosas, otras nocivas.

Relación beneficiosa

Relación nociva

### Mutualismo

La abeja poliniza a la flor; esta, a cambio, ofrece su néctar al insecto.

**FLOR**

**ABEJA**

### Parasitismo

Una garrapata obtiene su alimento de la sangre de su huésped animal; el erizo sale perjudicado.

**GARRAPATA**

**ERIZO**

### Predación

Los predadores mantienen una asociación extrema al matar a sus presas para comérselas.

**TIGRE**

**CABRA**

### Competencia
Los carroñeros que compiten por el mismo cadáver se reparten el alimento.

**BUITRE**

**HIENA**

# Nichos

El nicho son las condiciones necesarias para una especie (por ejemplo, el agua) y el papel que desempeña dicha especie en su hábitat. No existen dos especies con el mismo nicho exacto. El antias cola de lira y el tetra cardenal comparten algunas condiciones (ambos necesitan aguas templadas), pero no todas (uno vive en agua dulce, el otro en agua salada).

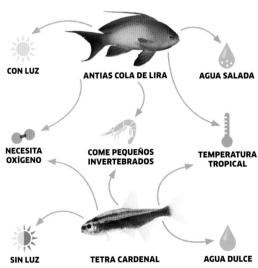

**CON LUZ**

**ANTIAS COLA DE LIRA**

**AGUA SALADA**

**NECESITA OXÍGENO**

**COME PEQUEÑOS INVERTEBRADOS**

**TEMPERATURA TROPICAL**

**SIN LUZ**

**TETRA CARDENAL**

**AGUA DULCE**

**184** vida ○ **HÁBITATS Y BIOMAS**

Los arrecifes de coral cubren menos del **1 %** del lecho oceánico, pero alojan más del **25 %** de todas las especies conocidas.

## Zonas oceánicas

Cubriendo casi tres cuartas partes de la superficie de la Tierra y con una profundidad máxima de 11 km, los océanos suponen el mayor bioma por volumen. Toda su vida vive inmersa en la salada agua marina, pero sus condiciones varían mucho entre la orilla y el fondo oceánico.

### Zona de luz solar
(0-200 m)
La luz solar da energía a las algas, el primer eslabón de las cadenas tróficas oceánicas.

### Zona crepuscular
(200-1000 m)
La luz solar no puede bajar mucho; a mayor profundidad, las condiciones son demasiado oscuras para las algas, pero ciertos animales viven bien.

### Zona batial
(1000-4000 m)
Los animales tienen distintas maneras de sobrevivir en las oscuras profundidades del océano. Muchos usan la bioluminiscencia: tienen órganos emisores de luz para hallar comida o evitar peligros.

### Zona abisal
(4000-6000 m)
Cerca del lecho oceánico, la presión del agua es tal que podría aplastar un coche. Su temperatura se acerca a la de congelación. Aquí la mayoría de las cadenas tróficas se mantienen por la lluvia de partículas de materia muerta.

### Zona hadal
(6000-11 000 m)
El lecho oceánico cae en picado en fosas que conforman las partes más profundas del océano. Incluso aquí existe vida: algunos peces bajan hasta 8000 m, los invertebrados viajan incluso a una mayor profundidad.

## Biomas

Los lugares expuestos a conjuntos de condiciones parecidas, por ejemplo de temperatura o precipitación, tienen hábitats de aspecto similar, aunque estén en sitios muy alejados, como América y Asia. Estos grupos de hábitats son los biomas. Incluyen, en continentes e islas, tundra, desiertos, praderas, bosques… y lagos y ríos de agua dulce.

### Tundra
En la tierra cercana a los polos las condiciones son tan frías que el suelo es de permafrost: está todo el año congelado. Aquí apenas hay árboles, si consiguen crecer. La poca vegetación que sobrevive son hierbas, líquenes y pequeños arbustos.

### Taiga
El mayor bioma terrestre es un ancho cinturón de bosque de coníferas que rodea el mundo por debajo de la tundra ártica. Las coníferas, los pinos y los árboles relacionados tienen hojas en forma de aguja para sobrevivir a bajas temperaturas. Son de hoja perenne, no pierden el follaje ni durante el invierno más duro.

### Bosque templado
Las zonas temperadas de la Tierra se sitúan entre las frías regiones polares y los trópicos cerca del ecuador. Muchos de los bosques de estas regiones estacionales son de hoja caduca: lucen hojas en los cálidos veranos y las pierden en los fríos inviernos.

### Pradera templada
Si el clima es muy seco para los bosques pero demasiado húmedo para el desierto, la tierra queda cubierta de hierba, un hábitat ideal para un gran abanico de rumiantes. Las praderas templadas experimentan cambios estacionales de temperatura, pero conservan el color verde todo el año.

### Bosque tropical de coníferas seco
Algunas regiones tropicales tienen estaciones secas de meses de duración. Aquí muchos tipos de árboles pierden las hojas durante la sequía. Otros se adaptan para ser de hoja perenne. En algunos lugares estos bosques están dominados por coníferas con hojas resistentes a la sequía.

Los extremófilos son organismos que viven en hábitats extremos, como las bacterias que proliferan a 120 °C en las chimeneas volcánicas.

Los hábitats cambian: la Antártida está cubierta de hielo y nieve ahora, pero hace 52 millones de años estaba cubierta de bosques.

**185**

**Agua dulce**
La precipitación que se acumula en ríos y lagos crea hábitats de agua dulce. Las plantas acuáticas crecen en las aguas poco profundas y los animales nadan por sus profundidades o se arrastran por los lechos de barro o piedra. En las desembocaduras, la sal del océano afecta al agua.

# Hábitats y biomas

**Por toda la Tierra, plantas, animales y otros organismos viven en hábitats tan dispares como los desiertos más secos y batidos por el viento y los océanos más profundos y oscuros.**

Las condiciones entre una parte del mundo y otra varían, y tienen un gran impacto sobre los tipos de seres vivos que sobreviven juntos en cualquier sitio. Los gélidos polos experimentan un invierno de oscuridad perpetua durante medio año, mientras que el ecuador se achicharra bajo temperaturas tropicales todo el año. El mundo de los océanos abarca desde las soleadas superficies hasta los abismos más oscuros.

**Bosque mediterráneo**
El clima típico mediterráneo presenta veranos cálidos y secos e inviernos húmedos y suaves. Es muy típico de las zonas temperadas bañadas por la suave brisa oceánica. Sus bosques están llenos de árboles esclerófilos, como el eucalipto, que resiste el calor.

**Praderas de montaña y matorral**
Las temperaturas caen a mayor altitud, por eso cambia el hábitat en las regiones de montaña. Los bosques dan paso a las praderas en las pendientes expuestas, que se sustituyen más arriba por una vegetación más escasa, la tundra de montaña.

**Selva tropical**
La selva tropical prolifera si se mantienen altas la temperatura, precipitación y humedad durante todo el año. Son las condiciones ideales para que crezcan muchos animales y plantas, y que se produzca la evolución de especies más diferentes que en cualquier otro bioma terrestre.

**Desierto**
En algunas partes del mundo, en regiones temperadas o tropicales, llueve tan poco que las condiciones son demasiado secas para la mayoría de las hierbas y árboles. En los sitios áridos con días calientes y noches frías, las plantas suculentas sobreviven almacenando agua en raíces, tallos u hojas.

**Pradera tropical**
En las praderas de los trópicos viven algunos de los grupos más grandes y diversos de rumiantes de la Tierra. Al contrario que la mayoría de las plantas, las hierbas crecen por la base de las hojas, por eso pueden proliferar a pesar de que un descomunal número de rumiantes consuman la parte superior de su follaje.

# Ciclos de la materia

**Muchos de los materiales de la Tierra más importantes para la vida se reciclan de manera constante en el entorno.**

Todos los átomos que componen el mundo a nuestro alrededor se han reciclado de un modo u otro. Las reacciones químicas de los seres vivos, como la fotosíntesis y la respiración, son las responsables de gran parte de este reciclaje. Estos procesos ayudan a transmitir elementos importantes como el carbono y el nitrógeno entre los seres vivos, el suelo y la atmósfera.

El gas nitrógeno suma unos
## dos tercios de la atmósfera terrestre.

Átomo de oxígeno
Átomo de carbono
Átomo de nitrógeno
Átomo de hidrógeno
**AMINOÁCIDO**

**Nitrógeno en las moléculas**
Las plantas, animales y bacterias, como este aminoácido, usan moléculas que contienen nitrógeno. Facilita el crecimiento y otras funciones vitales.

Las plantas usan el nitrato de las raíces para producir alimento. Cuando caen, las hojas tienen aún nitrógeno.

**MOLÉCULAS DE NITRÓGENO**

### El ciclo del nitrógeno
El nitrógeno existe en muchas formas dentro de los seres vivos; está incluido en el ADN, las proteínas y los aminoácidos. Los animales y muchas bacterias obtienen el nitrógeno alimentándose de otros organismos, vivos o muertos. Las plantas lo absorben en forma de mineral, el nitrato, un agente químico que las bacterias liberan el suelo.

La materia muerta y en descomposición de los seres vivos contiene nitrógeno.

Algunas bacterias convierten los nitratos en gas nitrógeno, que se libera en la atmósfera. Este proceso se denomina desnitrificación.

**NITRATO**

Las hojas caídas contienen aminoácidos con nitrógeno.

Los rayos pueden hacer que el gas nitrógeno reaccione con el oxígeno, lo que libera el nitrógeno mineral de vuelta al suelo. Este proceso es la fijación de nitrógeno.

Algunos tipos de bacterias ayudan a liberar minerales, como el nitrato, en el suelo tras alimentarse de hojas muertas. Esto se conoce como nitrificación.

Las plantas obtienen nitrógeno saborbiendo nitrato por la raíz.

Los océanos contienen grandes cantidades de carbono:
unas **cincuenta veces más** que la cantidad en la atmósfera.

**187**

En las plantas secas, el carbono supone un

## 50% de su peso.

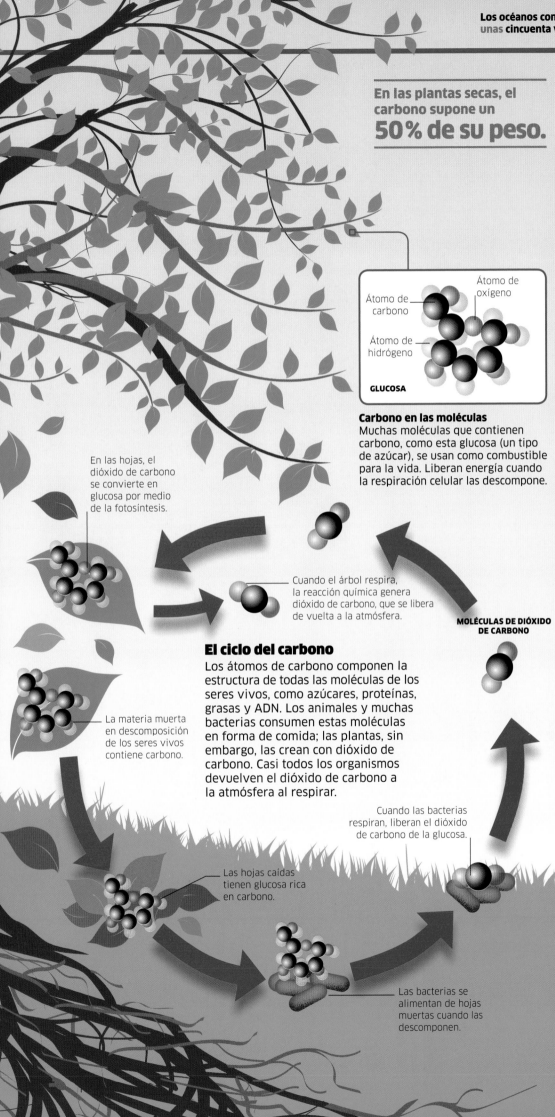

Átomo de oxígeno

Átomo de carbono

Átomo de hidrógeno

**GLUCOSA**

### Carbono en las moléculas
Muchas moléculas que contienen carbono, como esta glucosa (un tipo de azúcar), se usan como combustible para la vida. Liberan energía cuando la respiración celular las descompone.

En las hojas, el dióxido de carbono se convierte en glucosa por medio de la fotosíntesis.

Cuando el árbol respira, la reacción química genera dióxido de carbono, que se libera de vuelta a la atmósfera.

**MOLÉCULAS DE DIÓXIDO DE CARBONO**

### El ciclo del carbono
Los átomos de carbono componen la estructura de todas las moléculas de los seres vivos, como azúcares, proteínas, grasas y ADN. Los animales y muchas bacterias consumen estas moléculas en forma de comida; las plantas, sin embargo, las crean con dióxido de carbono. Casi todos los organismos devuelven el dióxido de carbono a la atmósfera al respirar.

La materia muerta en descomposición de los seres vivos contiene carbono.

Cuando las bacterias respiran, liberan el dióxido de carbono de la glucosa.

Las hojas caídas tienen glucosa rica en carbono.

Las bacterias se alimentan de hojas muertas cuando las descomponen.

### Reciclaje del agua
El agua se compone de dos elementos, oxígeno e hidrógeno, y se desplaza por tierra, mar y aire en el ciclo global del agua, dominado por dos procesos: evaporación y precipitación.
El agua líquida de océanos y lagos e incluso de las hojas de las plantas se evapora para formar el gaseoso vapor de agua. Después el vapor de agua se condensa para formar las minúsculas gotitas de las nubes, antes de volver a la tierra en forma de precipitación: lluvia, granizo o nieve.

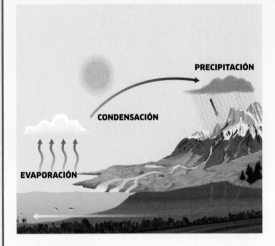

PRECIPITACIÓN

CONDENSACIÓN

EVAPORACIÓN

### El ciclo del agua
El calor del Sol es el responsable del reciclaje del agua. Al calentarse, el agua de la superficie se evapora hacia la atmósfera; al enfriarse se condensa para formar lluvia o nieve. La precipitación se filtra o baja hasta océanos y lagos para completar el ciclo.

### El ciclo del carbono a largo plazo
Los organismos y el aire reciclan el carbono en días; otros cambios más profundos en la Tierra tardan millones de años. Los cuerpos de los organismos muertos en el océano o bajo tierra contienen una gran cantidad de carbono y acaban formando los combustibles fósiles. Solo vuelven a la atmósfera en caso de fenómenos naturales, como erupciones volcánicas, o cuando lo quemamos los humanos, por ejemplo en forma de carbón (ver pp. 36-37).

**Mina de carbón**
En esta instalación minera de Australia se extrae del suelo carbón rico en carbono.

**1 Luz solar**
Cuando el Sol brilla mucho, cada metro cuadrado de superficie del océano recoge más de mil julios de energía por segundo, energía suficiente para activar un horno microondas.

Las aves que comen pescado y vuelven a la orilla, transfieren parte de la energía de la cadena trófica marina a la tierra.

**2 Fitoplancton**
El plancton se compone de minúsculos organismos que flotan por billones en el agua. Contienen el fitoplancton, unas algas que crean alimento mediante la fotosíntesis. Como obtienen su energía directamente del Sol, se consideran los productores de la cadena trófica.

**3 Zooplancton**
Unos diminutos animales, el zooplancton, se alimentan del fitoplancton. Incluye una variedad de gambas y larvas de peces, que son los consumidores primarios, animales que solo comen algas o plantas. Son el segundo eslabón de la cadena trófica.

**4 Arenque**
El arenque del Pacífico es un eslabón crucial de la cadena trófica oceánica: es un omnívoro que come fitoplancton y zooplancton, y es el consumidor secundario de la cadena; nada en grandes bancos y son presa fácil de los predadores más grandes.

**Desperdicio**
En partes más profundas y oscuras del océano no llega suficiente luz para hacer la fotosíntesis; allí, las cadenas tróficas dependen de organismos que bajan por el agua.

La fotosíntesis del fitoplancton oceánico genera alrededor del
**70 % del oxígeno del aire.**

Los animales muertos bajan a las profundidades, donde carroñeros y los descomponedores los devoran.

El océano tiene **cadenas tróficas que empiezan con minerales producidos por chimeneas volcánicas** y no con la luz del sol.

Aunque la mayoría de los consumidores primarios deben comer un gran número de plantas, con un único **gran árbol es posible alimentar a miles de herbívoros.**

**189**

# Cadenas tróficas

**Los seres vivos se alimentan unos de otros. La energía de una cadena trófica pasa del Sol a las plantas, después a los animales y finalmente a los predadores, en la parte superior de la cadena.**

El Sol es la fuente de energía definitiva para la vida en la Tierra. Las plantas y algas transforman la energía lumínica en energía química con la fotosíntesis. Los animales vegetarianos (herbívoros) consumen este alimento y, en su debido momento, son presa de carnívoros. La energía sube por la cadena, y además se transfiere a carroñeros y descomponedores (ver pp. 146-147) cuando se alimentan de restos de organismos muertos.

### Cadena trófica oceánica

Cerca de la superficie del océano, donde la brillante luz del sol impacta sobre el agua, miles de millones de algas microscópicas producen alimento a través de la fotosíntesis. Así inician una cadena trófica que acaba con los mayores comilones del planeta.

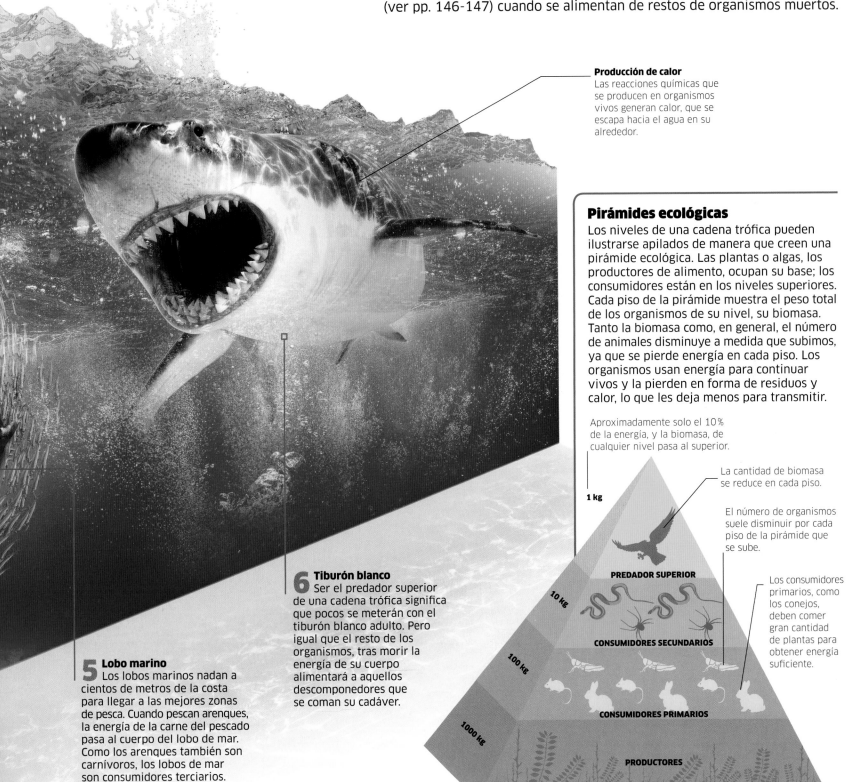

**Producción de calor**
Las reacciones químicas que se producen en organismos vivos generan calor, que se escapa hacia el agua en su alrededor.

### Pirámides ecológicas

Los niveles de una cadena trófica pueden ilustrarse apilados de manera que creen una pirámide ecológica. Las plantas o algas, los productores de alimento, ocupan su base; los consumidores están en los niveles superiores. Cada piso de la pirámide muestra el peso total de los organismos de su nivel, su biomasa. Tanto la biomasa como, en general, el número de animales disminuye a medida que subimos, ya que se pierde energía en cada piso. Los organismos usan energía para continuar vivos y la pierden en forma de residuos y calor, lo que les deja menos para transmitir.

Aproximadamente solo el 10% de la energía, y la biomasa, de cualquier nivel pasa al superior.

**1 kg**

La cantidad de biomasa se reduce en cada piso.

El número de organismos suele disminuir por cada piso de la pirámide que se sube.

Los consumidores primarios, como los conejos, deben comer gran cantidad de plantas para obtener energía suficiente.

**PREDADOR SUPERIOR**

**10 kg**

**CONSUMIDORES SECUNDARIOS**

**100 kg**

**CONSUMIDORES PRIMARIOS**

**1000 kg**

**PRODUCTORES**

**6 Tiburón blanco**
Ser el predador superior de una cadena trófica significa que pocos se meterán con el tiburón blanco adulto. Pero igual que el resto de los organismos, tras morir la energía de su cuerpo alimentará a aquellos descomponedores que se coman su cadáver.

**5 Lobo marino**
Los lobos marinos nadan a cientos de metros de la costa para llegar a las mejores zonas de pesca. Cuando pescan arenques, la energía de la carne del pescado pasa al cuerpo del lobo de mar. Como los arenques también son carnívoros, los lobos de mar son consumidores terciarios.

# Especies en peligro

**Las actividades humanas, como la destrucción del hábitat y la caza, amenazan con la extinción de muchas especies de plantas y animales.**

En 1964, la Unión Internacional para la Conservación de la Naturaleza (IUCN, por sus siglas en inglés), la máxima autoridad planetaria en conservación, empezó a enumerar especies en peligro de extinción en su Lista Roja. Desde entonces ha ido creciendo hasta contener miles de especies.

## CRITERIOS DE LA LISTA ROJA

Los científicos eligen un nivel de amenaza para cada especie entre siete categorías, según los resultados de estudios y demás investigaciones. La octava categoría incluye aquellas especies que deben estudiarse más antes de tomar una decisión.
A continuación se detalla el número de especies en la Lista Roja a finales de 2017.

○ **Preocupación menor:** 30 385

○ **Casi amenazadas:** 5445

○ **Vulnerables:** 10 010

○ **En peligro de extinción:** 7507

○ **En peligro crítico:** 5101

○ **Extintas en estado silvestre:** 68

◉ **Extintas:** 844

**Números amenazados**
La Lista Roja ha priorizado a los grupos que se cree que están en mayor riesgo, como anfibios, reptiles y aves. La mayoría de las especies, especialmente los invertebrados, que suman el 97 % de todas las especies animales, aún están por valorar.

**De vuelta de la tumba**
La población de paloma de Mauricio había caído hasta los 10 individuos en 1990. Los esfuerzos para su conservación permitieron que remontara hasta unos posibles 380 en 2011.

## ○ PREOCUPACIÓN MENOR

Especies comunes y abundantes sin amenaza de extinción actual: algunas proliferan en hábitats cerca de los humanos y se han introducido en países donde no existían.

### HUMANO
*Homo sapiens*
**Localización:** por todo el planeta
**Población:** 7500 millones; en aumento

### ÁNADE REAL
*Anas platyrhynchos*
**Localización:** por todo el planeta
**Población:** 19 millones; en aumento

### SAPO DE CAÑA
*Rhinella marina*
**Localización:** América tropical, introducido en cualquier otro sitio
**Población:** desconocida; en aumento

## ○ CASI AMENAZADAS

Especies que se enfrentan a retos que las pueden amenazar en un futuro cercano: una población en descenso aumenta el riesgo.

### JAGUAR
*Panthera onca*
**Localización:** América Central y Sudamérica
**Población:** 64 000; en descenso

Abundantes plumas rojizas

### GARZA PIQUIRROSA
*Egretta rufescens*
**Localización:** América Central y Sudamérica
**Población:** desconocida; en descenso

Piel húmeda

### SALAMANDRA GIGANTE DEL JAPÓN
*Andrias japonicus*
**Localización:** Japón
**Población:** desconocida; en descenso

### PISTACHO
*Pistacia vera*
**Localización:** suroeste asiático
**Población:** desconocida, en descenso

## ○ VULNERABLES

Especies que pueden ser abundantes, pero se enfrentan a la destrucción de su hábitat y a la caza.

### PÁJARO BOBO DE HUMBOLDT
*Spheniscus humboldti*
**Localización:** Sudamérica occidental
**Población:** 30 000- 40 000

Enormes alas coloridas

### ALAS DE PÁJARO DE ROTHSCHILD
*Ornithoptera rothschildi*
**Localización:** Nueva Guinea occidental
**Población:** desconocida

### HÁMSTER SIRIO
*Mesocricetus auratus*
**Localización:** Siria, Turquía
**Población:** desconocida; en descenso

Hocico largo en forma de espátula

### PEZ ESPÁTULA
*Polyodon spathula*
**Localización:** cuenca del Misisipi
**Población:** Más de 10 000

**La paloma migratoria** había sido el **ave más común de Norteamérica**, pero la caza provocó su extinción: la última murió en el zoo de Cincinnati en 1914.

**Los proyectos de conservación**, como proteger los hábitats forestales, han aumentado el número de **pandas gigantes** del mundo; ya no **están en peligro**.

**191**

## EN PELIGRO

Especies en áreas pequeñas o con poblaciones pequeñas: los proyectos de conservación, como la protección de los hábitats, puede salvarlas de la extinción.

### TIBURÓN BALLENA
*Rhincodon typus*
**Localización:** océanos cálidos de todo el planeta
**Población:** 27 000-238 000; en descenso

Cara plana con ojos mirando adelante

### CHIMPANCÉ
*Pan troglodytes*
**Localización:** África central
**Población:** 173 000-300 000; en descenso

### IGUANA BANDEADA DE FIYI
*Brachylophus bulabula*
**Localización:** Fiyi
**Población:** unas 6000; en descenso

### PITA DE GURNEY
*Hydrornis gurneyi*
**Localización:** Birmania, Tailandia
**Población:**
10 000-17 200;
en descenso

Partes inferiores amarillas y negras en los machos

## EN PELIGRO CRÍTICO

Las especies en mayor peligro: algunas hace tanto que no se ven en estado silvestre que quizá ya se han extinguido; otras han perdido gran parte de su población.

### DELFÍN CHINO DE RÍO
*Lipotes vexillifer*
**Localización:** río Yangtsé
**Población:** vista por última vez en 2002; posible extinción

### RAYA NORUEGA
*Dipturus batis*
**Localización:** Atlántico noreste
**Población:** desconocida; en descenso

### GUACAMAYO DE SPIX
*Cyanopsitta spixii*
**Localización:** Brasil
**Población:** vista por última vez en 2016; posible extinción en estado silvestre

Plumaje azul

### ALIGÁTOR CHINO
*Alligator sinensis*
**Localización:** China
**Población:** posiblemente menos de 150 en estado silvestre

Gruesa piel protectora

## EXTINTA EN ESTADO SILVESTRE

Especies que sobreviven en cautividad: alguna, como el milú, reintroducida en hábitats silvestres a partir de poblaciones cautivas.

### ALCIÓN MICRONESIO
*Todiramphus cinnamominus*
**Último registro en estado silvestre:** Guam, 1986
**Población:** 124 en cautividad

### TORTUGA NEGRA DE CAPARAZÓN BLANDO
*Nilssonia nigricans*
**Último registro en estado silvestre:** Bangladés, 2002
**Población:** 700 en estanque artificial

### MILÚ
*Elaphurus davidianus*
**Último registro en estado silvestre:**
China, hace 1800 años
**Población:** grandes rebaños cautivos; reintroducida

Cornamenta larga y hacia atrás en los machos

### CÍCADA DE WOOD
*Encephalartos woodii*
**Último registro en estado silvestre:** Sudáfrica, 1916
**Población:** contados clones de una misma planta en jardines botánicos

## EXTINTA

Especies no encontradas ya en estado silvestre, incluso tras realizar todos los esfuerzos posibles, y cuya existencia en cautividad o cultivo tampoco se conoce: en estas circunstancias, se supone que ha muerto el último individuo.

### SAPO DE MONTEVERDE
*Incilius periglenes*
**Último registro en estado silvestre:** Costa Rica, 1989
**Población:** declarada extinta en 2004

### COTORRA DE CAROLINA
*Conuropsis carolinensis*
**Último registro en estado silvestre:**
EE. UU., 1904
**Población:** la última murió en un zoo en 1918

### LOBO MARSUPIAL
*Thylacinus cynocephalus*
**Último registro en estado silvestre:** Tasmania, 1930
**Población:** el último murió en un zoo en 1936

### TIJERETA GIGANTE
*Labidura herculeana*
**Último registro en estado silvestre:** Santa Helena, 1967
**Población:** declarada extinta en 2001

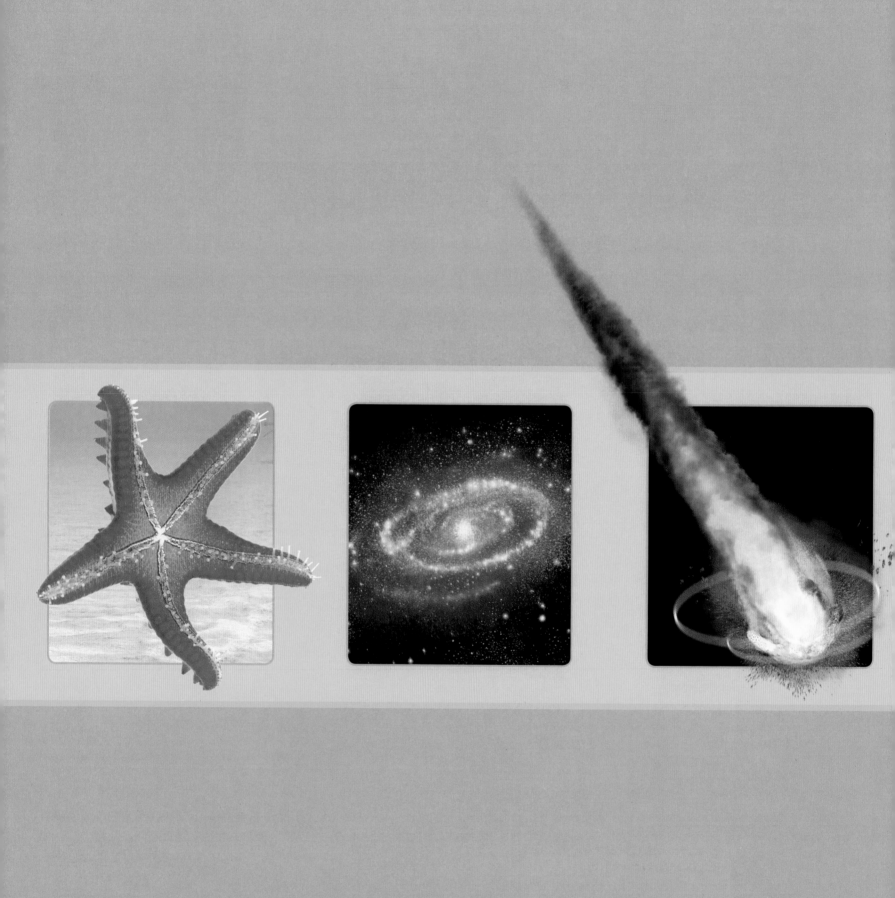

# REFERENCIA

La ciencia tiene unos límites muy amplios. Los científicos estudian la enorme expansión del universo y todo su contenido, incluida la diversidad de la vida y su evolución. Observar, medir y experimentar con atención les ayuda a comprender el mundo.

# La escala del universo

**La diferencia de  tamaño entre las cosas más grandes y más pequeñas es inimaginable: desde las partículas subatómicas hasta las galaxias.**

Nadie conoce el tamaño del universo, que se expande desde su formación en el Big Bang hace 13 700 millones de años. Las distancias son tan enormes que los cosmólogos las miden en años luz, la distancia que viaja la luz por el espacio en un año, equivalente a 9,5 billones de kilómetros. Existen partes del universo separadas por miles de millones de años luz.

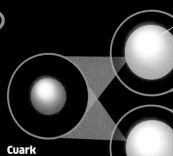

**Protón**
Partícula del núcleo atómico de carga positiva.

**Cuark**
Los diferentes tipos de cuark son las partículas subatómicas que componen los protones y neutrones y son demasiado pequeños para medirlos.

**Neutrón**
Partícula del núcleo atómico sin carga.

**Átomo de carbono**
Con seis electrones orbitando alrededor de un núcleo de seis protones y seis neutrones, el átomo de carbono mide menos de una milmillonésima de metro.

**Roca caliza**
Una mezcla sólida de miles de millones de minúsculos caparazones fosilizados y fragmentos de mineral componen la roca caliza, que contiene carbonato cálcico, un compuesto de átomos de calcio, carbono y oxígeno.

**El vecino más cercano**
Andrómeda, la galaxia mayor más cercana a la Vía Láctea, está a 2,5 millones de años luz de la Tierra.

**ANDRÓMEDA**

**TRIÁNGULO**

**GRUPO LOCAL**

**VÍA LÁCTEA**

**Cúmulo del grupo**
Nuestro Grupo Local está situado dentro de un supercúmulo de 110 millones de años luz de diámetro.

**Supercúmulo**
Los grupos de galaxias ocupan una región del espacio diez veces más grande que el Grupo Local. Un supercúmulo así puede contener decenas de miles de galaxias. La Vía Láctea está dentro del supercúmulo de Virgo. Los científicos creen que existen unos 10 millones de supercúmulos en el universo observable.

**Grupo Local**
La Vía Láctea forma parte del denominado Grupo Local, con unas 50 galaxias y que ocupa 10 millones de años luz de espacio, unas cien veces el diámetro de la Vía Láctea. Las galaxias están millones de veces más separadas que las estrellas que contienen. Andrómeda es la mayor galaxia del Grupo Local. El resto son mucho más pequeñas.

Viajando a la velocidad de la luz, tardaríamos **100 000 años en cruzar la Vía Láctea**.

El **Sol** contiene el **99,8 % de la masa** de nuestro sistema solar.

**Miles de exoplanetas** se han descubierto **fuera de nuestro sistema solar** desde que se identificó el primero en 1995.

**195**

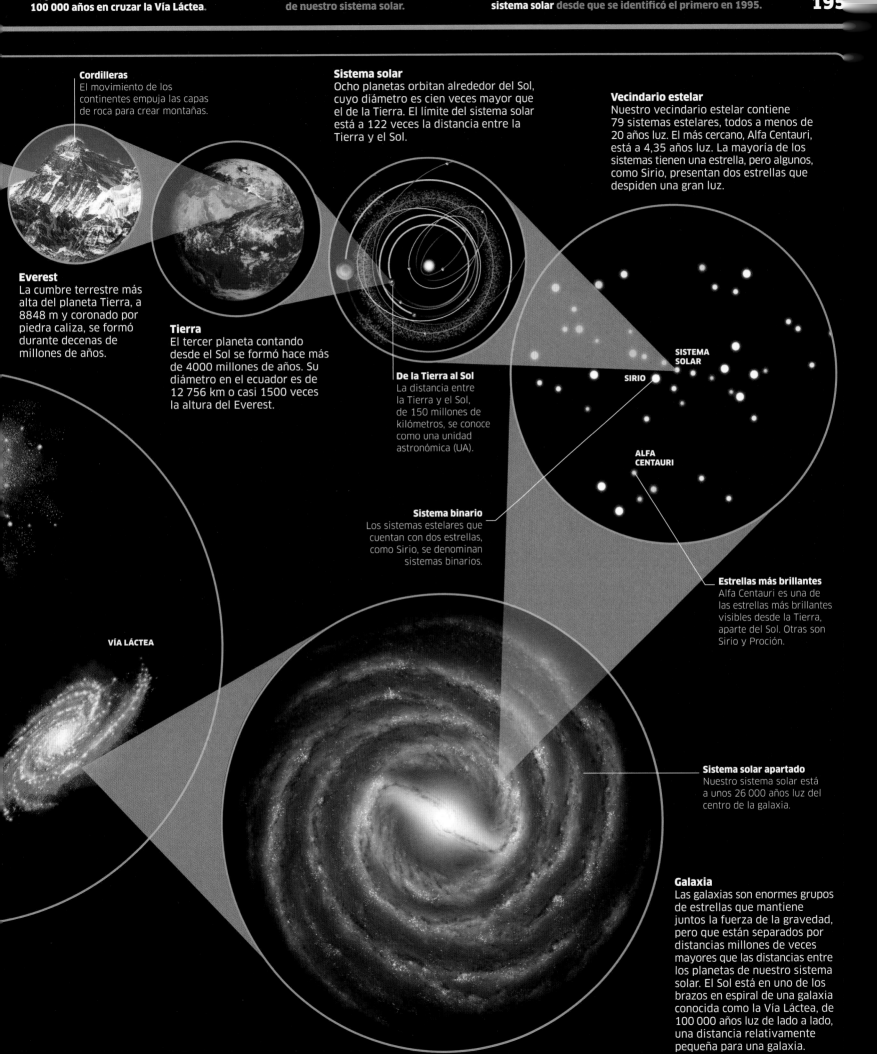

**Cordilleras**
El movimiento de los continentes empuja las capas de roca para crear montañas.

**Everest**
La cumbre terrestre más alta del planeta Tierra, a 8848 m y coronado por piedra caliza, se formó durante decenas de millones de años.

**Tierra**
El tercer planeta contando desde el Sol se formó hace más de 4000 millones de años. Su diámetro en el ecuador es de 12 756 km o casi 1500 veces la altura del Everest.

**Sistema solar**
Ocho planetas orbitan alrededor del Sol, cuyo diámetro es cien veces mayor que el de la Tierra. El límite del sistema solar está a 122 veces la distancia entre la Tierra y el Sol.

**De la Tierra al Sol**
La distancia entre la Tierra y el Sol, de 150 millones de kilómetros, se conoce como una unidad astronómica (UA).

**Vecindario estelar**
Nuestro vecindario estelar contiene 79 sistemas estelares, todos a menos de 20 años luz. El más cercano, Alfa Centauri, está a 4,35 años luz. La mayoría de los sistemas tienen una estrella, pero algunos, como Sirio, presentan dos estrellas que despiden una gran luz.

**SISTEMA SOLAR**

**SIRIO**

**ALFA CENTAURI**

**Sistema binario**
Los sistemas estelares que cuentan con dos estrellas, como Sirio, se denominan sistemas binarios.

**Estrellas más brillantes**
Alfa Centauri es una de las estrellas más brillantes visibles desde la Tierra, aparte del Sol. Otras son Sirio y Proción.

**VÍA LÁCTEA**

**Sistema solar apartado**
Nuestro sistema solar está a unos 26 000 años luz del centro de la galaxia.

**Galaxia**
Las galaxias son enormes grupos de estrellas que mantiene juntos la fuerza de la gravedad, pero que están separados por distancias millones de veces mayores que las distancias entre los planetas de nuestro sistema solar. El Sol está en uno de los brazos en espiral de una galaxia conocida como la Vía Láctea, de 100 000 años luz de lado a lado, una distancia relativamente pequeña para una galaxia.

# Unidades de medida

Los científicos miden las cantidades, como la longitud, la masa o el tiempo, con números para que puedan compararse sus magnitudes. Para cada tipo de cantidad, estas medidas deben tomarse en unidades que signifiquen la misma cosa en cualquier parte del mundo.

**Unidades del SI**
La abreviatura «SI» significa Sistema Internacional. Es un sistema estándar de unidades métricas adoptado por los científicos de todo el mundo para que todas las medidas se tomen del mismo modo.

## Magnitudes fundamentales

Con tan solo siete magnitudes obtenemos la información más básica de todo nuestro entorno. Cada una se determina en unidades del SI y usa un símbolo como abreviatura. El SI es métrico: las unidades más pequeñas y más grandes se obtienen dividiendo o multiplicando por 10, 100, 1000, etc. Un centímetro, por ejemplo, es cien veces más pequeño que un metro, mientras que un kilómetro es mil veces más grande.

### LONGITUD
**Unidad del SI:** metro (m)

Un metro es lo que suele medir un niño de 3 años y medio, o cinco escalones de la típica escalera.

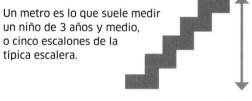

- Una millonésima de metro (1 micrómetro) = longitud de una bacteria.
- Una milésima de metro (1 milímetro) = diámetro de la cabeza de un alfiler.
- 1000 metros (1 kilómetro) = promedio de distancia que camina un adulto en 12 minutos.

### TEMPERATURA
**Unidad del SI:** kelvin (K)

Un grado de temperatura de más basta para que sientas que tienes fiebre.

**Escalas de temperatura**
La escala de temperatura del día a día suele ser en grados Celsius (°C), que se divide en 100 unidades entre el punto de ebullición y el de congelación del agua al nivel del mar. Los Kelvin miden a partir del cero absoluto, donde el calor no produce energía.

| K | °C | |
|---|---|---|
| 373,15 | 100 | Punto de ebullición del agua |
| 310,15 | 37 | Temperatura habitual de nuestro cuerpo |
| 273,15 | 0 | Punto de congelación del agua |
| 0 | –273 | Cero absoluto |

- 0 Kelvin = cero absoluto, donde todos los objetos y sus partículas están quietos.
- 1 Kelvin = el objeto más frío conocido del universo: la nebulosa del bumerán.
- 1000 Kelvin = temperatura de un fuego de leña.

### MASA
**Unidad del SI:** kilogramo (kg)

Un kilogramo es la masa de un litro de agua, más o menos la masa de una piña normal.

- Una milbillonésima de kilogramo (1 picogramo) = masa de una bacteria.
- Una milésima de kilogramo (1 gramo) = masa de un clip.
- 1000 kilogramos (1 tonelada métrica) = masa de una morsa adulta.

### CORRIENTE ELÉCTRICA
**Unidad del SI:** amperio (A)

Un amperio corresponde a la corriente que pasa por una bombilla de 100 W.

- Una milésima de amperio (1 miliamperio) = corriente de un audífono.
- 100 000 amperios = corriente de los relámpagos más grandes.
- 10 billones de amperios = corriente de los brazos en espiral de la Vía Láctea.

### INTENSIDAD DE LUZ
**Unidad del SI:** candela (cd)

Una candela es la intensidad de luz que emite la llama de una vela.

- Una millonésima de candela = intensidad de luz mínima que percibe la visión humana.
- Una milésima de candela = el cielo nocturno típico lejos de la luz de la ciudad.
- 1000 millones de candelas = intensidad del Sol vista desde la Tierra.

### TIEMPO
**Unidad del SI:** segundo (s)

Un segundo es el tiempo necesario para tragarse un bocado de comida o para escribir una sola cifra.

- Una milésima de segundo (1 milisegundo) = tiempo que tarda el cerebro en enviar un impulso nervioso.
- Una décima de segundo (1 deciseundo) = parpadeo de los ojos.
- 1000 millones de segundos (1 gigasegundo) = 32 años.

### CANTIDAD DE SUSTANCIA
**Unidad del SI:** mol (mol)

Un mol es un número fijo de átomos, moléculas u otras partículas. Dado que todas las sustancias tienen estructuras atómicas diferentes, un mol de una sustancia puede ser muy diferente a un mol de otra.

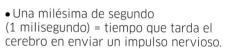

Seis monedas de oro suman más o menos un mol de átomos de oro.

Un mol de moléculas de azúcar llena más o menos dos tacitas.

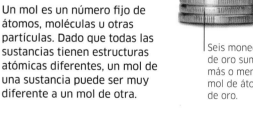

- Una décima de mol de átomos de hierro = cantidad de hierro en el cuerpo humano.
- 1000 moles de átomos de carbono = cantidad de carbono en el cuerpo humano.
- 10 trillones de moléculas de oxígeno = cantidad de oxígeno en la atmósfera terrestre.

## Magnitudes derivadas
En ciencia también son útiles otros tipos de magnitudes; se calculan a partir de magnitudes fundamentales mediante ecuaciones científicas. Por ejemplo, combinamos las medidas de masa,

distancia y tiempo del SI para obtener la medida de fuerza del SI. Por eso la fuerza se considera una magnitud derivada.

### FUERZA
**Unidad del SI:** newton (N)

Un newton es más o menos la fuerza de la gravedad de una manzana.

$$\text{Fuerza en newtons} = \frac{\text{Masa en kilogramos x distancia en metros}}{\text{Tiempo en segundos}^2}$$

- Una diezmillonésima de newton = fuerza necesaria para romper seis enlaces químicos de una molécula.
- 10 newtons = peso de un objeto de 1 kilogramo de masa.

### FRECUENCIA
**Unidad del SI:** hercio (Hz)

Un hercio es más o menos la frecuencia del corazón humano: un latido por segundo.

$$\text{Frecuencia en hercios} = \frac{\text{Número de ciclos}}{\text{Tiempo en segundos}}$$

- 100 hercios = frecuencia del ciclo del motor de un coche a toda velocidad.
- 10 000 hercios = frecuencia de las ondas de radio.

### PRESIÓN
**Unidad del SI:** pascal (Pa)

Un pascal es más o menos la presión que ejerce un billete sobre una superficie plana.

$$\text{Presión en pascales} = \frac{\text{Fuerza en newtons}}{\text{Área en metros}^2}$$

- Una diezmilbillonésima de pascal = la menor presión registrada en el espacio exterior.
- 1 millón de pascales (1 megapascal) = presión de un mordisco humano.

### POTENCIA
**Unidad del SI:** vatio (W)

Un vatio es más o menos la potencia que consume una luz del árbol de Navidad.

$$\text{Potencia en vatios} = \frac{\text{Energía en julios}}{\text{Tiempo en segundos}}$$

- Una millonésima de vatio (1 microvatio) = potencia consumida por un reloj de pulsera.
- 1000 millones de vatios (1 gigavatio) = potencia producida por una central hidroeléctrica.

### ENERGÍA
**Unidad del SI:** julio (J)

Un julio es más o menos la energía necesaria para levantar un tomate de tamaño medio a 1 metro de altura.

$$\text{Energía en julios} = \text{Fuerza en newtons x distancia en metros}$$

- Una millonésima de julio (1 microjulio) = energía de movimiento de seis mosquitos volando.
- 1000 julios (1 kilojulio) = la máxima energía del Sol que recibe 1 metro cuadrado de la superficie de la Tierra cada segundo.

### DIFERENCIA DE POTENCIAL
**Unidad del SI:** voltio (V)

La tensión determina la diferencia de energía eléctrica entre dos puntos: la fuerza necesaria para hacer mover la electricidad. Un voltio es más o menos la tensión de una pila de limón.

$$\text{Diferencia de potencial en voltios} = \frac{\text{Potencia en vatios}}{\text{Corriente en amperios}}$$

- 220 voltios = tensión eléctrica de Europa.

### CARGA Y RESISTENCIA ELÉCTRICA
**Unidad del SI:** Carga: culombio (C)
Resistencia: ohmio (Ω)

Todas las mediciones relacionadas con la electricidad están vinculadas. La carga mide el nivel de partículas positivas o negativas y se puede calcular a partir de la corriente y el tiempo. La resistencia determina la dificultad de paso de una corriente; se calcula a través de la tensión y la corriente.

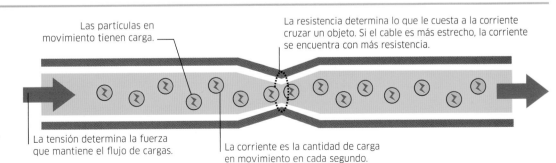

Las partículas en movimiento tienen carga.

La resistencia determina lo que le cuesta a la corriente cruzar un objeto. Si el cable es más estrecho, la corriente se encuentra con más resistencia.

La tensión determina la fuerza que mantiene el flujo de cargas.

La corriente es la cantidad de carga en movimiento en cada segundo.

$$\text{Resistencia en ohmios} = \frac{\text{Diferencia de potencial en voltios}}{\text{Corriente en amperios}}$$

$$\text{Carga en culombios} = \text{Corriente en amperios x tiempo en segundos}$$

# Clasificar la vida

**Los científicos han descrito más de un millón y medio de especies de seres vivos, que clasifican en grupos basándose en su relación.**

Existen muchas maneras de clasificar organismos. Insectos, aves y murciélagos podrían agruparse como animales voladores, o las plantas podrían agruparse por el uso que le damos, pero estos sistemas no reflejan las relaciones naturales. La clasificación biológica se basa en agrupar las especies relacionadas. Los murciélagos, por ejemplo, están más vinculados a los monos que a las aves, porque ambos son mamíferos peludos que han evolucionado desde un único antepasado mamífero.

Los organismos unicelulares son la forma de vida más común en algunos reinos, como las arqueas, bacterias y protozoos.

**Siete reinos de organismos**

| Arqueas | Bacterias | Protozoos |
|---|---|---|

**Más de 30 filos de animales, que incluyen...**

| Platelmintos | Anélidos | Moluscos |
|---|---|---|

**12 clases de cordados, que incluyen...**

| Ascidias | Peces sin mandíbula | Peces cartilaginosos | Peces de aletas carnosas | Peces de aletas radiadas |
|---|---|---|---|---|

**29 órdenes de mamíferos, que incluyen...**

| Monotremas | Marsupiales | Elefantes | Osos perezosos y hormigueros | Primates | Roedores | Conejos, liebres y picas |
|---|---|---|---|---|---|---|

**15 familias de primates, que incluyen...**

| Lémures enano y ratón | Lémures verdaderos | Sifakas y parientes | Gálagos | Aye-aye | Lorinos y parientes | Tarseros |
|---|---|---|---|---|---|---|

## Nombre científico

Cada especie tiene un nombre científico formado por dos palabras en latín y que se reconoce internacionalmente. La primera parte identifica el género; la segunda, la especie. Leones y tigres pertenecen al género *Panthera* de grandes felinos, pero tienen diferentes nombres de especie.

***Panthera leo***
León

***Panthera tigris***
Tigre

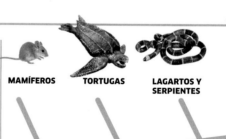

| MAMÍFEROS | TORTUGAS | LAGARTOS Y SERPIENTES | COCODRILOS | AVES |
|---|---|---|---|---|

El ADN y los fósiles demuestran que las aves son los parientes más cercanos del cocodrilo.

## Clasificación de las aves

Las aves y los reptiles se separan tradicionalmente en dos clases, pero las aves evolucionaron a partir de antepasados de los reptiles (ver pp. 136-137), y por eso muchos científicos consideran que deberían ser un subgrupo de estos.

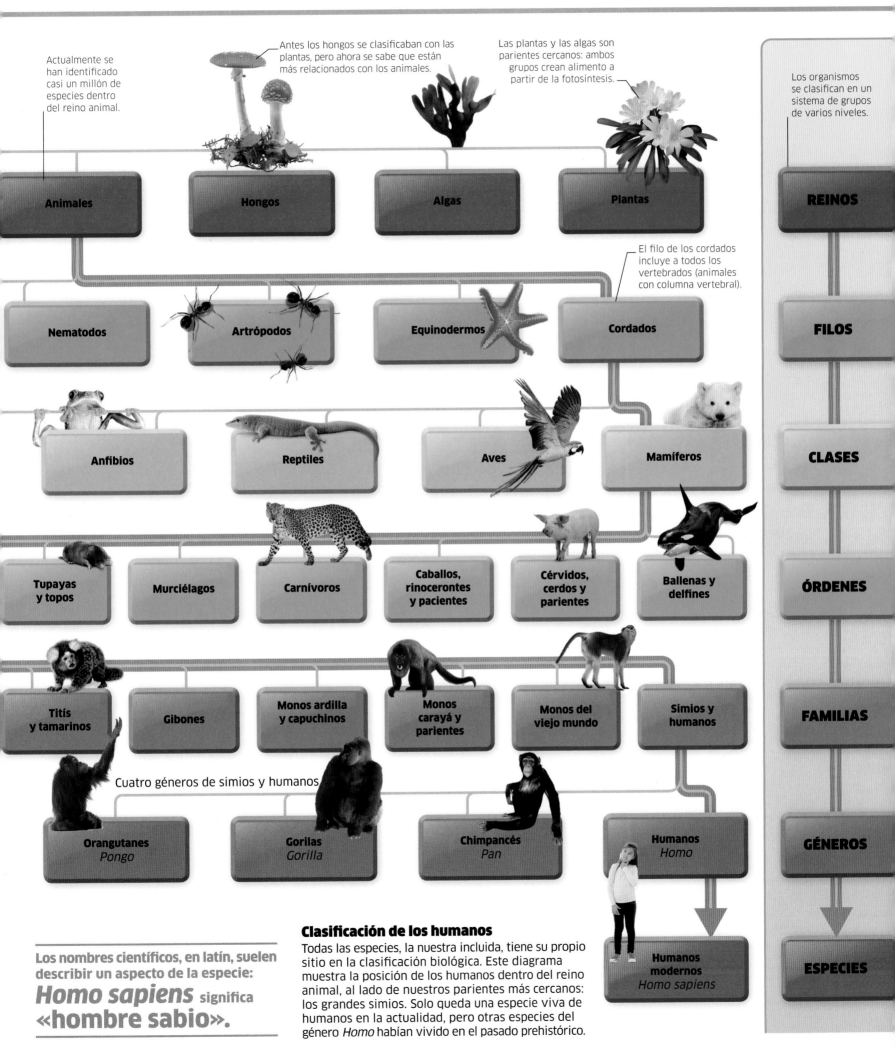

**90** %: especies de plantas que sacan flor. El resto son plantas productoras de esporas, como los musgos.

La mayoría de las especies de la Tierra todavía esperan ser descubiertas. Es posible que **menos del 20%** se hayan clasificado hasta ahora.

**199**

Actualmente se han identificado casi un millón de especies dentro del reino animal.

Antes los hongos se clasificaban con las plantas, pero ahora se sabe que están más relacionados con los animales.

Las plantas y las algas son parientes cercanos: ambos grupos crean alimento a partir de la fotosíntesis.

Los organismos se clasifican en un sistema de grupos de varios niveles.

**Animales**

**Hongos**

**Algas**

**Plantas**

**REINOS**

El filo de los cordados incluye a todos los vertebrados (animales con columna vertebral).

**Nematodos**

**Artrópodos**

**Equinodermos**

**Cordados**

**FILOS**

**Anfibios**

**Reptiles**

**Aves**

**Mamíferos**

**CLASES**

**Tupayas y topos**

**Murciélagos**

**Carnívoros**

**Caballos, rinocerontes y pacientes**

**Cérvidos, cerdos y parientes**

**Ballenas y delfines**

**ÓRDENES**

**Titís y tamarinos**

**Gibones**

**Monos ardilla y capuchinos**

**Monos carayá y parientes**

**Monos del viejo mundo**

**Simios y humanos**

**FAMILIAS**

Cuatro géneros de simios y humanos

**Orangutanes** *Pongo*

**Gorilas** *Gorilla*

**Chimpancés** *Pan*

**Humanos** *Homo*

**GÉNEROS**

**Humanos modernos** *Homo sapiens*

**ESPECIES**

Los nombres científicos, en latín, suelen describir un aspecto de la especie:

*Homo sapiens* significa «hombre sabio».

### Clasificación de los humanos

Todas las especies, la nuestra incluida, tiene su propio sitio en la clasificación biológica. Este diagrama muestra la posición de los humanos dentro del reino animal, al lado de nuestros parientes más cercanos: los grandes simios. Solo queda una especie viva de humanos en la actualidad, pero otras especies del género *Homo* habían vivido en el pasado prehistórico.

Los humanos modernos aparecieron hace tan solo 250 000 años; un instante en la vida en la Tierra.

**65 MA**

**PALEÓGENO**

**Elasmosaurio**
Los reptiles más grandes incluían los plesiosaurios, unos predadores de cuello largo.

**Impacto de cometa**
La bajada del nivel del mar y el impacto de un cometa puso fin a los dinosaurios.

**Período paleógeno**
Los mamíferos sustituyeron a los dinosaurios como los grandes animales dominantes; muchos pastaban un nuevo tipo de planta que crecía en el campo abierto: la hierba.

**Tiranosaurio**
Los dinosaurios se convirtieron en los mayores animales terrestres de la historia; incluían predadores magníficos.

**EXTINCIÓN DEL CRETÁCEO-PALEÓGENO**

**145 MA**

**CRETÁCEO**

**Período cretáceo**
Aparecieron plantas con flor en las tierras dominadas por los reptiles hasta que un asteroide eliminó la mitad de las especies, incluidos todos los dinosaurios, lo que facilitó las cosas a los mamíferos.

**Pteranodon**
Algunos reptiles alados fueron los animales voladores más grandes.

**Archaeopteryx**
Las primeras aves, cuyos ancestros evolutivos son dinosaurios, asaltaron el aire.

**Stenopterygius**
Estos ictiosaurios en forma de delfín nadaban por los mares jurásicos a la búsqueda de peces.

# Cronología de la vida

**Hace 500 millones de años los únicos seres vivos eran pequeños y simples. Con el paso del tiempo, la evolución ha creado un espectacular mundo de plantas y animales.**

La línea del tiempo de la vida se divide en períodos dominados por tipos concretos de organismos, como por ejemplo invertebrados, peces o reptiles. Algunos organismos han salido ganando con los cambios de la superficie de la Tierra, mientras que otros se han quedado por el camino. Los continentes cambian, los mares suben y bajan, y las exuberantes selvas se convierten en áridos desiertos y viceversa. Las catástrofes, como el impacto de un asteroide o una era glacial, han provocado la extinción de grandes grupos. Todo esto ha dejado su señal en los seres vivos. Sin embargo, a lo largo de la historia de la Tierra, la vida ha continuado adelante generación tras generación hasta llegar al mundo natural que conocemos.

**305 MA**

**Bosque carbonífero**
Los árboles de las ciénagas carboníferas eran altos. Sus restos formaron los depósitos de carbón de la actualidad.

**Eryops**
Los descendientes anfibios de los peces se convirtieron en grandes vertebrados.

**Meganeura**
Los primeros animales que pudieron volar fueron insectos como esta libélula del tamaño de un cuervo.

**359 MA**

**CARBONÍFERO**

**Período carbonífero**
Cálidos y ricos bosques pantanosos eran el hábitat perfecto de anfibios e insectos gigantes, mientras que los primeros reptiles empezaron a poner huevos de cáscara dura.

**EXPLOSIÓN CÁMBRICA**

**541 MA**

**Período cámbrico**
Tras la aparición de los animales pluricelulares, tuvo lugar una explosión evolutiva que produjo los primeros representantes de los grupos principales de seres vivos actuales.

**Haikouichthys**
Este pequeño animal está emparentado con nuestros antepasados vertebrados.

**Anomalocaris**
Los primeros animales, como este invertebrado acuático, no se parecían a los actuales.

**488 MA**

**ORDOVÍCICO**

**23 MA**

**Período neógeno**
Muchos de los grupos de
mamíferos conocidos, como
roedores, primates, antílopes
y felinos, evolucionaron
durante el Neógeno; las
aves se diversificaron en
el cielo.

**Megacerops**
Sus ancestros evolucionaron
en grandes mamíferos que
sustituyeron a los dinosaurios.

NEÓGENO

**Thylacosmilus**
Los mamíferos predadores,
como los gatos de dientes
de sable, cazaban rumiantes
en la pradera abierta.

**2,6 MA**

CUATERNARIO

**Período cuaternario**
Los mamíferos y las
aves sobrevivieron a
las glaciaciones del
Cuaternario, pero una
especie (los humanos)
ha llevado a muchas
otras a la extinción, ya
sea cazando o destruyendo
su hábitat, en la extinción
masiva de la modernidad.

Las líneas rojas indican
extinciones masivas.

**201 MA**

**Período jurásico**
En la época dorada
de los dinosaurios
aparecieron reptiles
gigantes terrestres
y marinos, entre los
que había los animales
terrestres más grandes.

JURÁSICO

**EXTINCIÓN DEL
TRIÁSICO-JURÁSICO**

**Impacto de asteroide**
Una roca espacial chocó
contra la Tierra y eliminó
el 25% de las especies.

**Eoraptor**
Los primeros dinosaurios,
algunos ya bípedos,
evolucionaron a partir de
reptiles supervivientes
de la extinción del
Pérmico-Triásico.

**Períodos de tiempo**
Esta línea del tiempo detalla
la prehistoria terrestre,
dividida en períodos
geológicos. Cada período
representa un
fragmento de tiempo
cuyas marcas se han
encontrado en
rocas con fósiles
u otras pruebas.

**299 MA**

**Período pérmico**
Los continentes
se secaron, lo que
dio ventaja a los
reptiles escamosos
respecto de los
anfibios. Hubo
grandes erupciones.

PÉRMICO

**EXTINCIÓN DEL
PÉRMICO-TRIÁSICO**

**Dimetrodon**
Con la decadencia de los anfibios,
los reptiles como este carnívoro
ocupaban su lugar.

**Período triásico**
Los primeros dinosaurios
habitaron los nuevos
bosques de coníferas y
cícadas hasta que el
hipotético impacto de un
asteroide provocó otra
extinción masiva.

TRIÁSICO

**251 MA**

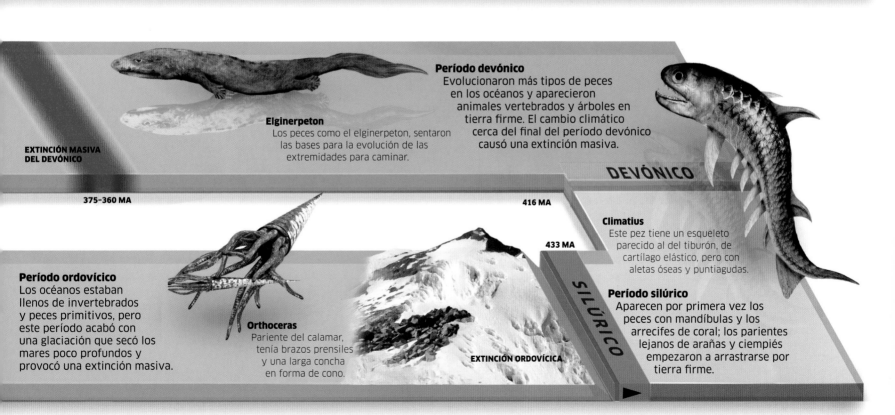

**Período devónico**
Evolucionaron más tipos de peces
en los océanos y aparecieron
animales vertebrados y árboles en
tierra firme. El cambio climático
cerca del final del período devónico
causó una extinción masiva.

**Elginerpeton**
Los peces como el elginerpeton, sentaron
las bases para la evolución de las
extremidades para caminar.

**EXTINCIÓN MASIVA
DEL DEVÓNICO**

DEVÓNICO

**375–360 MA**

**416 MA**

**433 MA**

**Climatius**
Este pez tiene un esqueleto
parecido al del tiburón, de
cartílago elástico, pero con
aletas óseas y puntiagudas.

**Período ordovícico**
Los océanos estaban
llenos de invertebrados
y peces primitivos, pero
este período acabó con
una glaciación que secó los
mares poco profundos y
provocó una extinción masiva.

**Orthoceras**
Pariente del calamar,
tenía brazos prensiles
y una larga concha
en forma de cono.

**EXTINCIÓN ORDOVÍCICA**

SILÚRICO

**Período silúrico**
Aparecen por primera vez los
peces con mandíbulas y los
arrecifes de coral; los parientes
lejanos de arañas y ciempiés
empezaron a arrastrarse por
tierra firme.

# Glosario

**ÁCIDO**
Sustancia con pH inferior a 7.

**ADN**
Material de las células de todos los organismos con las instrucciones de aspecto y funcionamiento.

**AISLANTE**
Material que evita que el calor pase de un objeto caliente a otro frío.

**ÁLCALI**
Ver base.

**ALEACIÓN**
Mezcla de dos o más metales, o de un metal y un no metal.

**ALGAS**
Organismos vegetales que convierten la luz del sol en comida.

**ANALÓGICO**
Relativo a señales o información representadas por un valor de variación continua, como una onda.

**ATMÓSFERA**
Capa de gases respirables (oxígeno, nitrógeno...) que envuelve la Tierra.

**ÁTOMO**
Unidad mínima de un elemento.

**BACTERIAS**
Organismos microscópicos unicelulares.

**BASE**
Sustancia con pH superior a 7. Las bases solubles en agua se denominan

álcalis. También, uno de los cuatro agentes químicos que componen los «peldaños» de la doble hélice de ADN.

**BIOLOGÍA**
Ciencia que estudia los seres vivos.

**CARGA ELÉCTRICA**
Si una partícula es positiva o negativa.

**CATALIZADOR**
Sustancia que hace que una reacción química se produzca mucho más rápido, que no cambia con la reacción.

**CÉLULA**
Unidad mínima de vida.

**CLIMA**
Condiciones meteorológicas más habituales en una zona durante un largo período de tiempo.

**COMBUSTIBLE FÓSIL**
Sustancia formada por los restos de organismos antiguos que quema rápidamente y libera energía.

**COMBUSTIÓN**
Reacción química en la que una sustancia reacciona con el oxígeno para liberar calor y llamas.

**COMPUESTO**
Sustancia química con dos o más elementos unidos.

**CONCENTRACIÓN**
Cantidad de una sustancia mezclada en un volumen conocido de la otra.

**CONDENSACIÓN**
Proceso por el que un gas se transforma en líquido.

**CONDUCTOR**
Sustancia por la que fluye el calor o la corriente eléctrica con facilidad.

**CROMOSOMA**
Estructura en forma de hilo, hallada en el núcleo de las células y que se compone de cadenas enrolladas de ADN. Los humanos tenemos 46 cromosomas en cada célula del cuerpo.

**DISOLVENTE**
Sustancia que puede contener otras sustancias disueltas.

**ECOSISTEMA**
Comunidad de organismos y entorno inerte a su alrededor.

**ELECTRÓN**
Una de las minúsculas partículas del átomo. Tiene carga eléctrica negativa.

**ELEMENTO**
Sustancia simple de átomos de igual tipo.

**ENERGÍA**
Lo que permite realizar un trabajo. Existe en muchas formas y no puede crearse ni destruirse, solo transferirse.

**ENLACE COVALENTE**
Enlace químico de una molécula en el que los átomos comparten uno o más electrones.

**ENLACE IÓNICO**
Tipo de enlace químico en el que uno o más electrones pasan de un átomo a otro para crear dos iones de carga opuesta que se atraen entre sí.

**ENLACE QUÍMICO**
Atracción entre partículas, como átomos o iones.

**ENZIMA**
Sustancia producida en los organismos vivos que actúa como catalizador y acelera las reacciones químicas.

**EROSIÓN**
Proceso por el que el viento, el agua o el hielo desgastan las rocas y el suelo de la superficie terrestre.

**EVAPORACIÓN**
Proceso por el que un líquido se convierte en gas.

**EVOLUCIÓN**
Proceso por el que las especies de la tierra van cambiando durante largos periodos de tiempo, por ejemplo millones de años, para producir nuevas especies.

**EXCRECIÓN**
Proceso por el que los organismos vivos expulsan o se deshacen de los desechos de las células del cuerpo.

**FECUNDACIÓN**
Unión de células sexuales masculinas y femeninas para crear una nueva vida.

**FÍSICA**
Ciencia de la materia, energía, fuerzas y movimiento.

**FISIÓN**
División; la fisión nuclear es la división del núcleo de un átomo.

**FLOTACIÓN**
Tendencia de un sólido a flotar o hundirse en líquidos.

**FÓSIL**
Restos o impresiones conservados de vidas anteriores.

**FOTOSÍNTESIS**
Proceso a través del que las plantas verdes crean hidratos de carbono a partir de la energía del Sol, dióxido de carbono y agua.

**FRICCIÓN**
Fuerza de resistencia que se produce cuando un objeto se mueve por encima de otro.

**FUSIÓN**
Unión; la fusión nuclear es la unión de dos núcleos atómicos.

**GAS**
Estado de la materia que fluye hasta llenar un recipiente; puede comprimirse.

**GEN**
Una de las pequeñas unidades del ADN que determina el aspecto y funcionamiento de un ser vivo.

**GLUCOSA**
Hidrato de carbono o azúcar simple creado mediante la fotosíntesis y usado por las células como fuente de energía.

**GRAVEDAD**
Fuerza que atrae dos objetos entre sí y que evita que las cosas de la Tierra se vayan flotando hacia el espacio.

**HÁBITAT**
Área natural de vida de un animal.

**HERENCIA**
Serie de características naturales que los progenitores transmiten a las crías.

**HIDRATO DE CARBONO**
Sustancia rica en energía, como el azúcar o el almidón.

**IMÁN**
Objeto con campo magnético que atrae o repele otros objetos magnéticos.

**ION**
Átomo que ha perdido o ganado uno o más electrones y que tiene carga eléctrica positiva o negativa.

**ISÓTOPO**
Uno de dos o más átomos de un elemento químico cuyo número de neutrones es diferente al de los otros átomos del elemento.

**LÍQUIDO**
Estado de la materia que fluye y adopta la forma de su recipiente; no puede comprimirse.

**LONGITUD DE ONDA**
Distancia entre crestas de onda, normalmente en referencia a ondas de sonido o electromagnéticas.

**MAGMA**
Roca líquida y caliente bajo la superficie de la Tierra.

**MASA**
Medida que determina la cantidad de materia de un objeto.

**METAL**
Cualquiera de los muchos elementos que por lo general suelen ser sólidos brillantes y buenos conductores de la electricidad.

**MICROBIO**
Ver microorganismo.

**MICROORGANISMO**
Organismo minúsculo solo visible con un microscopio; microbio.

**MINERAL**
Material sólido e inerte que existe de manera natural en la Tierra y que consiste en un tipo concreto de compuesto químico.

**MOLÉCULA**
Partícula formada por dos o más átomos unidos mediante enlaces covalentes.

**MONÓMERO**
Molécula que puede unirse a otras moléculas parecidas para formar un polímero.

**NERVIO**
Fibra que transporta mensajes eléctricos (impulsos nerviosos) de una parte del cuerpo a otra.

**NEUTRÓN**
Una de las minúsculas partículas del átomo. No tiene carga eléctrica.

**NÚCLEO**
Centro de control de las células de la mayoría de los organismos vivos. Contiene material genético en forma de ADN. También: parte central de un átomo, compuesto por protones y neutrones.

**NUTRIENTE**
Sustancia esencial de la vida para poder existir y crecer.

**ONDA**
Vibración que transfiere energía entre dos sitios sin transferir la materia por la que fluye.

**ÓRBITA**
Ruta de un objeto, por ejemplo un planeta, que da vueltas alrededor de otro.

**ORGANISMO**
Ser vivo.

**ÓRGANO**
Grupo de tejidos que compone una parte del cuerpo con una función especial. Los órganos importantes incluyen corazón, pulmones, hígado y riñones.

**ÓRGANOS SEXUALES**
Órganos de un organismo que le permiten reproducirse. Suelen producir células sexuales: espermatozoides en machos, huevos u óvulos en hembras.

**PARTÍCULA**
Minúscula parte de materia.

**PESO**
Fuerza que aplica la gravedad a una masa.

**PIGMENTO**
Sustancia química que da color a un objeto.

**POLEN**
Granos minúsculos de las flores que contienen las células masculinas necesarias para fertilizar las semillas.

**POLÍMERO**
Molécula larga de cadena compuesta por moléculas más pequeñas unidas.

**PRESIÓN**
Cantidad de fuerza aplicada en una superficie por unidad de área.

**PRODUCTO**
Sustancia producida por una reacción química.

**PROTEÍNA**
Tipo de agente químico complejo hallado en todos los seres vivos, usado como enzimas y en los músculos.

**PROTÓN**
Una de las minúsculas partículas del átomo. Tiene carga eléctrica positiva.

**QUÍMICA**
Ciencia que estudia la materia y los elementos.

**RADIACIÓN**
Ondas de energía que viajan por el espacio. La radiación incluye la luz visible, calor, rayos X y ondas de radio. La radiación nuclear incluye partículas subatómicas y fragmentos de átomos.

**RADIACTIVO**
Describe un material inestable porque los núcleos de sus átomos se dividen y emiten radiación nuclear.

**REACCIÓN QUÍMICA**
Proceso que convierte las sustancias en otras sustancias rompiendo y creando enlaces químicos.

**REACTIVO**
Sustancia que puede participar en una reacción química.

**RESISTENCIA**
Fuerza que aparece cuando un objeto avanza a través de un fluido, como el aire o el agua.

**RESPIRACIÓN CELULAR**
Proceso de todas las células vivas que libera la energía de la glucosa para permitir la vida.

**SINTÉTICO**
Agente químico artificial.

**SÓLIDO**
Estado de la materia en el que los átomos de un elemento están unidos formando una estructura rígida.

**SOLUTO**
Sustancia que se disuelve en otra.

**SUSTENTACIÓN**
Fuerza ascendente producida por las alas de un avión que lo mantiene en el aire.

**TEJIDO**
Grupo de células parecidas que desempeñan la misma función, como el tejido muscular, que se puede contraer.

**TEMPERATURA AMBIENTE**
Término científico estándar para indicar las condiciones de comodidad (para un ser humano), normalmente a una temperatura de 20 °C

**TÓXICO**
Sustancia que causa daño, como un veneno.

**ULTRASONIDO**
Sonido con una frecuencia muy alta, superior a la que es detectada por el oído humano.

**ULTRAVIOLETA**
Tipo de radiación electromagnética de longitud de onda inferior a la de la luz visible.

**UNIVERSO**
El conjunto de todo el espacio y todo su contenido.

**VOLCÁN**
Abertura en la corteza terrestre que sirve de salida para el magma cuando emerge a la superficie.

# Índice

Los números de página en **negrita**
indican las entradas principales.

# Agradecimientos

Los editores expresan su agradecimiento a las siguientes personas por su participación en la preparación del libro:

Ben Morgan por su consejo editorial y científico; Ann Baggaley, Jessica Cawthra, Sarah Edwards y Laura Sandford por su asistencia editorial; Caroline Stamps por la corrección de textos; Helen Peters por el índice; Simon Mumford por los mapas; Phil Gamble, KJA-Artists.com y Simon Tegg por las ilustraciones; avogadro.cc/cite y www.povray.org por los modelos moleculares en 3D.

**DK Delhi:**
Manjari Rathi Hooda: jefe de Operaciones Digitales
Nain Singh Rawat: director de Producción de Audio y Video
Mahipal Singh, Alok Singh: artistas 3D

**Smithsonian Enterprises:**
Kealy E. Gordon: director de Desarrollo de Producto
Ellen Nanney: dirección de Licencias
Brigid Ferraro: vicepresidente de Education y Productos de Consumo
Carol LeBlanc: vicepresidente sénior de Education y Productos de Consumo

**Conservador del Smithsonian:**
Dr. F. Robert van der Linden, conservador de Transporte Aéreo y Aeronaves de Uso General, National Air and Space Museum, Smithsonian

El nombre y el logo del Smithsonian son marcas registradas de Smithsonian Institution.

Los editores agradecen a las personas siguientes su permiso para reproducir sus fotografías:

(Clave: a: arriba; b: bajo/abajo c: centro; e: extremo; i: izquierda; d: derecha; s: superior)

**2 123RF.com:** Konstantin Shaklein (si). **3 Dorling Kindersley:** Clive Streeter / The Science Museum, Londres (cb). **TurboSquid:** Witalk73 (cda). **6 TurboSquid:** 3d_molier International (c). **10 123RF.com:** scanrail (ca). **Dorling Kindersley:** Ruth Jenkinson / Holts Gems (cda). **11 Dorling Kindersley:** Stephen Oliver (c). **Dreamstime.com:** Dirk Ercken / Kikkerdirk (c); Grafner (ca); Ron Sumners / Sumnersgraphicsinc (ci); Kellyrichardsonfl (cb/hojas); Heike Falkenberg / Dslrpix (bd). **13 Dreamstime.com:** Wisconsinart (cda). **Science Photo Library:** Dennis Kunkel Microscopy (cda/celulosa). **15 123RF.com:** molekuul (ci). **19 Dreamstime.com:** Fireflyphoto (cd). **20 Gary Greenberg, PhD / www.sandgrains.com:** (cib). **21 Alamy Stock Photo:** Jim Snyders (si). **National Geographic Creative:** David Liittschwager (cd). **22 Alamy Stock Photo:** Evan Sharboneau (bi). **Dreamstime.com:** Photographerlondon (cda). **Getty Images:** Wu Swee Ong (bc). **23 Dorling Kindersley:** Ruth Jenkinson / Holts Gems (ca). **Dreamstime.com:** Ali Ender Birer / Enderbirer (b). **Getty Images:** Alain Bachellier (bi). **24 Alamy Stock Photo:** Björn Wylezich (ecib). **Dorling Kindersley:** Natural History Museum, Londres (bi). **Getty Images:** De Agostini / A. Rizzi (cib). **National Museum of Natural History, Smithsonian Institution:** (cb). **24-25 Alamy Stock Photo:** Björn Wylezich. **25 Dreamstime.com:** Jefunne Gimpel (cda); Elena Moiseeva (cdb). **Science Photo Library:** James Bell (bd). **26-27 National Geographic Creative:** Carsten Peter / Speleoreresearch & Films (c). **30 Dorling Kindersley:** Ruth Jenkinson / RGB Research Limited (bc). **31 Dorling Kindersley:** Ruth Jenkinson / RGB Research Limited (todas las imágenes). **32-33 Dorling Kindersley:** Ruth Jenkinson / RGB Research Limited (todas las imágenes). **34 Alamy Stock Photo:** PjrStudio

(cib); Björn Wylezich (sd); Science History Images (cdb). **35 Dorling Kindersley:** Ruth Jenkinson / RGB Research Limited. **36 Dorling Kindersley:** Natural History Museum, Londres (bi); Ruth Jenkinson / RGB Research Limited (c, ci). **37 Dorling Kindersley:** Ruth Jenkinson / RGB Research Limited (cda). **Science Photo Library:** Eye of Science (cib). **38 123RF.com:** Konstantin Shaklein (ca); Romolo Tavani (cib). **Dreamstime.com:** Markus Gann / Magann (sd); Vit Kovalcik/Vkovalcik (cdb). **Fotolia:** VERSUSstudio (bi). **39 Alamy Stock Photo:** robertharding (b). **Dreamstime.com:** Hotshotsworldwide (cd). **40 Dorling Kindersley:** Ruth Jenkinson / RGB Research Limited (todas las imágenes). **41 123RF.com:** Dmytro Sukharevskyy / nevodka (c). **Alamy Stock Photo:** Neon Collection by Karin Hildebrand Lau (sd). **Dreamstime.com:** Reinhold Wittich (bi). **iStockphoto.com:** DieterMeyrl (bd). **42 iStockphoto.com:** Claudio Ventrella (ci). **42-43 iStockphoto.com:** MKucova (ca). **43 123RF.com:** Kittiphat Inthonprasit (ci). **iStockphoto.com:** ispain (cda); Claudio Ventrella (ca). **Science Photo Library:** Charles D. Winters (bd). **44 123RF.com:** Petra Schüller / pixelelfe (cd). **Alamy Stock Photo:** Alvey & Towers Picture Library (c). **Dorling Kindersley:** Ruth Jenkinson / RGB Research Limited (bi). **Science Photo Library:** Gustoimages (b). **47 Alamy Stock Photo:** Dusan Kostic (bi). **iStockphoto.com:** clubfoto (bd). **48-49 Science Photo Library:** Beauty Of Science. **50 123RF.com:** molekuul (ci). **50-51 TurboSquid:** 3d_molier International (b/troncos quemados). **51 TurboSquid:** 3d_molier International (c). **53 123RF.com:** mipan (bd). **Alamy Stock Photo:** Blaize Pascall (cdb). **Getty Images:** Matin Bahadori (cib); Mint Images - Paul Edmondson (s). **54-55 Benjamin Lappalainen:** blapphoto (c). **56 123RF.com:** Olegsam (bi). **Dorling Kindersley:** © The Board of Trustees of the Armouries (cib/casco); Natural History Museum, Londres (cib/mármol). **Dreamstime.com:** Jianghongyan (cib). **Fotolia:** apttone (cib/diamante). **iStockphoto.com:** Believe_In_Me (cia); Belyaevskiy (ca). **57 123RF.com:** Sangsak Aeiddam (bi). **Dreamstime.com:** Nataliya Hora (ci). **Getty Images:** Anadolu Agency (cia); Pallava Bagla (cib); Science & Society Picture Library (cib/tejido). **58 123RF.com:** bbtreesubmission (bc); yurok (c). **Alamy Stock Photo:** Tim Gainey (cib); Kidsada Manchinda (cda); Monkey Biscuit (cdb); Hemis (bd). **Dreamstime.com:** Hugoht (bi). **59 123RF.com:** belchonock (cia); Thuansak Srilao (cda); serezniy (cib); sauletas (cd); gresei (bi); Milic Djurovic (bc); Anton Starikov (cdb/Jar); Vladimir Nenov / nenovbrothers (bd). **Dreamstime.com:** Valentin Armianu / Asterixvs (cdb); Dmitry Rukhlenko / F9photos (ca). **60-61 Science Photo Library:** Clouds Hill Imaging Ltd. **62 123RF.com:** Robyn Mackenzie (cdb, bd); Matt Trommer / Eintracht (cb). **Alamy Stock Photo:** Interfoto (sd); Kristoffer Tripplaar (c); seen0001 (cib); Anastasiya Zolotnitskaya (bi). **Dorling Kindersley:** Frits Solvang / Norges Bank (cb/corona). **Getty Images:** © Santiago Urquijo (cib/puente). **63 123RF.com:** Manav Lohia / jackmicro (cib/moneda de diez centavos). **Alamy Stock Photo:** dinero y monedas @ ian sanders (cib/Yen); Zoonar GmbH (sc). **Dorling Kindersley:** Gerard Brown / Bicycle Museum Of America (cd). **Getty Images:** David Taylor-Bramley (sd). **iStockphoto.com:** knape (bi). **Photo courtesy Gabriel Vandervort | AncientResource.com:** (cib). **65 naturepl.com:** Alex Hyde (sd). **66 TurboSquid:** Witalk73 (ci). **68 Dreamstime.com:** Jochenschneider (bc). **69 Dorling Kindersley:** The Science Museum, Londres (ca, cda, cd, c). **Getty Images:** Oxford Science Archive / Print Collector (cdb). **72 Science Photo Library:** Tony Mcconnell (sd). **73 Alamy Stock Photo:** Universal Images Group North America LLC (cia). **74 Science Photo Library:** Patrick Landmann (bc). **76-77 TurboSquid:**

Witalk73. **78-79 Science Photo Library:** NASA (c). **80 Dreamstime.com:** Markus Gann / Magann (c). **Getty Images:** Digital Vision (si); Pete Rowbottom (sc). **Science Photo Library:** Gustoimages (ci); Edward Kinsman (cd); Richard Beech Photography (si). **81 ESA:** The Planck Collaboration (si). **ESO:** ALMA (ESO/NAOJ/NRAO), F. Kerschbaum https://creativecommons.org/licenses/by/4.0 (sc). **Getty Images:** William Douglas / EyeEm (si). **iStockphoto.com:** Turnervisual (cb). **84 Getty Images:** Don Farrall (ecrb); Wulf Voss / EyeEm (c); Melanie Hobson / EyeEm (cd); Francesco Perre / EyeEm (ecd); James Jordan Photography (cb); Steven Puetzer (cdb). **85 Science Photo Library:** Andrew Lambert Photography (ci). **88 Alamy Stock Photo:** Alchemy (ecia, cia); Naeblys (b). **90-91 Juan Carlos Casado:** STARRYEARTH (c). **92 123RF.com:** iarada (bi); Derrick Neill / neilld (cda). **Dreamstime.com:** Aprescindere (bi). **94 123RF.com:** Norasit Kaewsai / norgal (br). **Science Photo Library:** (ecdb, ebd); Tek Image (sd); Martyn F. Chillmaid (cdb). **97 Alamy Stock Photo:** geogphotos (bd). **102 Dreamstime.com:** Antartis (cdb). **103 Dreamstime.com:** Markus Gann / Magann (si). **106-107 TurboSquid:** Zerg_Lurker. **107 iStockphoto.com:** Mikita_Kavalenkau (cb). **112-113 NASA:** WMAP Science Team (sd). **112 NASA:** NASA / ESA / S. Beckwith(STScI) and The HUDF Team (cb). **Science Photo Library:** Take 27 Ltd (bi). **113 NASA:** WMAP Science Team (cdb). **114-115 Science Photo Library:** Mark Garlick. **114 NASA:** JPL-Caltech / ESA / CXC / STScI (cd). **Science Photo Library:** David A. Hardy, Futures: 50 Years In Space (bi). **115 Dreamstime.com:** Tose (bd). **Getty Images:** Robert Gendler / Visuals Unlimited, Inc. (cia). **iStockphoto.com:** plefevre (cia). **NASA:** ESA / JPL-Caltech / STScI (cda); JPL-Caltech (cib); X-ray: NASA / CXC / SAO / J.DePasquale; IR: NASA / JPL-Caltech; Optical: NASA / STScI (cb); ESA, S. Beckwith (STScI) and the Hubble Heritage Team (STScI / AURA) (cdb). **118-119 National Geographic Creative:** NASA / ESA (c). **120-121 Science Photo Library:** NASA. **120 Alamy Stock Photo:** Science Photo Library (cib). **Dreamstime.com:** Torian Dixon / Mrincredible (cia). **121 Getty Images:** Photodisc / StockTrek (sd). **123 Dreamstime.com:** Gregsi (sc, cda). **125 Alamy Stock Photo:** TAO Images Limited (sd). **127 Alamy Stock Photo:** Science History Images (cdb). **129 123RF.com:** mihtiander (cdb). **Getty Images:** Sirachai Arunrugstichai (ecdb). **133 Alamy Stock Photo:** World History Archive (bi); Z4 Collection (cb). **Dorling Kindersley:** The Science Museum, Londres (cdb). **Dreamstime.com:** Anetlanda (sc); Koolander (cia); Bolygomaki (cib). **134 Science Photo Library:** Eye of Science (ci). **135 123RF.com:** Eduardo Rivero / edurivero (bd). **Dreamstime.com:** Andrey Sukhachev / Nchuprin (cda/bacteria); Peter Wollinga (cdb). **Getty Images:** Roland Birke (cd/protozoos). **Science Photo Library:** Dennis Kunkel Microscopy (cda); Power And Syred (bc); Gerd Guenther (cd). **136 Science Photo Library:** Chris Hellier (ci). **137 Alamy Stock Photo:** Mopic (cda). **Dreamstime.com:** Steve Byland / Stevebyland (bd). **Gyik Toma / Paleobear:** (si). **138 Alamy Stock Photo:** Dave Watts (cdb). **139 123RF.com:** Iakov Filimonov / jackf (sd); Sergey Krasnoshchokov / most66 (cda); Christian Musat (cdb/oso de anteojos); Pablo Hidalgo (bc). **Dreamstime.com:** Mikhail Blajenov / Starper (cdb); Guoqiang Xue (cd); Ivanka Blazkova / Ivanka80 (cd/oso del sol); Minyun Zhou / Minyun9260 (bi). **140 Science Photo Library:** Steve Gschmeissner (bi). **141 Science Photo Library:** Eye of Science (cdb). **142 Science Photo Library:** Steve Gschmeissner (cd). **146 Science Photo Library:** Dr Jeremy Burgess (cb). **147 Science Photo Library:** Dennis Kunkel Microscopy (bd). **149 Getty**

**Images:** wallacefsk (cd). **iStockphoto.com:** BeholdingEye (ecd). **150 Dorling Kindersley:** Jerry Young (sa). **159 123RF.com:** Anastasija Popova / virgonira (bd). **161 Alamy Stock Photo:** FLPA (cb). **Getty Images:** Kiatanan Sugsompian (bc). **162 June Jacobsen:** (ci). **166 Dreamstime.com:** Haveseen (sd); Worldfoto (si). **Getty Images:** Visuals Unlimited, Inc. / Ken Catania (c). **iStockphoto.com:** lauriek (sc). **167 Alamy Stock Photo:** blickwinkel (cd). **Dorling Kindersley:** Jerry Young (cdb/mono). **Getty Images:** De Agostini Picture Library (cda/Bat); Yva Momatiuk & John Eastcott / Minden Pictures (si); Nicole Duplaix / National Geographic (cda). **iStockphoto.com:** arlindo71 (bd); sharply_done (cdb). **Science Photo Library:** Omikron (si). **168 iStockphoto.com:** GlobalP (bd). **Science Photo Library:** Omikron (si). **169 Dreamstime.com:** John Anderson / Johnandersonphoto (cda). **172 Dreamstime.com:** Stu Porter / Stuporter (bd). **iStockphoto.com:** TommyIX (ci). **173 Getty Images:** Gail Shumway (s); Alexander Safonov (cb). **174 Alamy Stock Photo:** garfotos (sd); Shoot Froot (cda); Richard Garvey-Williams (ci); John Richmond (cdb); Brian Haslam (bd). **Depositphotos Inc:** danakow (cd). **175 Alamy Stock Photo:** Brian Haslam (ci). **Harald Simon Dahl:** www.flickr.com/photos/haraldhobbit/14007088580/in/photostream (sc). **Getty Images:** Alan Murphy / BIA / Minden Pictures (bi). **SuperStock:** Konrad Wothe / Minden Pictures (cda). **177 Alamy Stock Photo:** Premaphotos (cb); Poelzer Wolfgang (si). **Getty Images:** David Doubilet (cib); Brook Peterson / Stocktrek Images (sc, sd); Stephan Naumann / EyeEm (cdb). **183 Getty Images:** Tim Laman / National Geographic (ci); John E Marriott (bc). **184 Alamy Stock Photo:** age fotostock (bd). **Dreamstime.com:** Chase Dekker (cda/Taiga); Max5128 (cda); Snehitdesign (c); Jeffrey Holcombe (cdb). **185 Dreamstime.com:** Eddydegroot (bi); Denis Polyakov (cia); Ivan Kmit (cda); Szefei (cdb); Zlikovec (bd). **iStockphoto.com:** ianwool (si). **186-187 Depositphotos Inc:** Olivier26. **187 iStockphoto.com:** pamspix (bd). **188 Getty Images:** Bill Curtsinger / National Geographic (cia). **190 123RF.com:** Anan Kaewkhammul / anankkml (ca). **Alamy Stock Photo:** Mark Daffey (ebi). **Dorling Kindersley:** Cotswold Wildlife Park (s). **Dreamstime.com:** Natalya Aksenova (cib); Johan Larson / Jaykayl (bi); Wrangel (ci, bd); David Spates (c); Anton Ignatenco / Dionisvera (bc); Sailorr (cd). **191 Alamy Stock Photo:** dpa picture alliance (cb). **Dorling Kindersley:** Twan Leenders (cda/tortuga). **Dreamstime.com:** Frozentime (cda/alción micronesio); Isselee (ci); Meunierd (cdb/ciervo). **194 Science Photo Library:** Sinclair Stammers (cd). **195 Dreamstime.com:** Koolander (cia); Daniel Prudek (si). **NASA:** JPL-Caltech (cb). **196 Dorling Kindersley:** Rotring UK Ltd (sd). **Dreamstime.com:** Dave Bredeson / Cammeraydave (cdb); Tanyashir (bc). **iStockphoto.com:** artisteer (cb). **197 Alamy Stock Photo:** Tetra Images (cd). **Dreamstime.com:** Yu Lan / Yula (ci). **iStockphoto.com:** lcsatlos (cdb); seb_ra (cb). **198 123RF.com:** Koji Hirano / kojihirano (ecdb); Eric Isselee / isselee (cd/gibón). **Dorling Kindersley:** Andrew Beckett (Illustration Ltd) (cb, cdb); David J Patterson (esd); Jerry Young (ci, bi). **Dreamstime.com:** Isselee (ci); Andrey Sukhachev / Nchuprin (sd). **199 123RF.com:** Andrejs Pidjass / NejroN (cda). **Dorling Kindersley:** Natural History Museum, Londres (sc); Jerry Young (cib, cdb). **Dreamstime.com:** Isselee (ecda); Janpietruszka (cia); Piotr Marcinski / B-d-s (bd); Volodymyrkrasyuk (ci)

Resto de las imágenes © Dorling Kindersley
Para más información: **www.dkimages.com**